아하! 학생 배움중심의

PCK 수업 설계 I

아하! 학생 배움중심의

PCK 수업설계 I

국어 | 수학 | 사회 | 과학

박태호 | 문지영 | 나미경 | 이옥경 | 최연석 지음

아카데미프레스

서문

2000년대 중반에 한국교육과정평가원이 주축이 되어 내용교수법 혹은 내용교수지식이라는 이름으로 PCK(Pedagogical Content Knowledge)를 교육 현장에 소개하였다. 더불어 영어, 수학, 사회, 과학 등 교과별 PCK 사례집을 발간하고, PCK 수업 컨설팅 전문가 양성 프로그램도 운영을 하였다. 당시는 전통적 수업 장학의 영향으로 활동중심의 수업, 방법중심의 수업, 평가자에 초점을 맞춘 보여주는 수업 등이 유행할 때였다. 이때에 특정 교과 내용을 특정 학생에게 가르치는 교수법을 교사의 수업 전문성으로 표방한 PCK의 등장은 신선함 그 자체였다.

잘 가르치는 교사를 표방하고 등장한 PCK에 대한 교육 현장의 반응은 긍정적이었다. 지역 교육청별로 PCK 수업 컨설팅 연구회가 만들어지고, 교과별 워크숍이 개최되었다. 일부 교육청에서는 PCK를 해당 교육청의 장학 이론이나 수업 컨설팅 이론으로 삼았고, PCK 교수 학습 과정(안) 작성법 대회를 개최하기도 하였다. 그러나 PCK에 대한 교육 정책 담당자나 교사들의 관심이 높아질수록 이론과 실제 혹은 총론과 각론 사이의 괴리도 점점 커져 갔고, 그 부담은 전적으로 현장 교사의 몫이 되었다.

PCK의 핵심 요소는 맥락 지식(Context Knowledge)과 교수 변환(눈높이 교수법)이다. 맥락 지식은 지금 이 자리에 있는 학생이 해당 교과의 내용에 대해 지니고 있는 선개념(기능), 오개념(기능), 난개념(기능)을 파악하는 지식이다. 교수 변환은 지금 이 자리에 있는 학생들이 해당 내용에 대해 지니고 있는 선개념(기능), 오개념(기능), 난개념(기능)을 학생의 눈높이에 맞게 변환하여 가르치는 지식이다. PCK를 창시한 Shulman(1986, 1987)을 비롯한 후속 연구자들은 교수 변환 도구의 유형으로 설명, 시범, 발문, 연습, 서사, 과제, 매체 등을 들었고, 우리는 수업 모형 중심의 큰 교수법과 대비되는 개념으로 사용하기 위해 이것을 '작은 교수법'으로 명명하였다. PCK의 핵심 요소인 맥락 지식과 교수 변환에 따르면 똑똑하지만 못 가르치는 교수 부진아, 열심히 가르치지만 학생 배움과 관계없이 가르치는 교수 부진아가 존재한다.

그러나 잘 가르치는 교사의 교수법을 중시하는 PCK 수업 설계는 교사주도의 수업으로 진행될 가능성이 높다. 아울러 교사의 가르침이 항상 학생의 배움으로 이어지는 것은 아니므로 PCK 역시 한계를 지닌다. 이에 우리는 구성주의 이론에 기초한 학생 공부법을 보완하였다. 여기에는 관찰, 추론, 조작, 메모, 요약, 토의와 토론, 발표 등이 해당되고, 우리는 이것을 학생 배움중심의 수업이라고 명명한다. 학생 배움중심의 수업을 실천하기 위해 CoRe를 활용한 교과별 PCK 수업 설계(안)을 구안하였다. 그런 다음에 교과별로 멘토와 멘티 혹은 컨설턴트와 컨설턴티가 함께 협력하여 학생 배움중심의 PCK 수업 설계(안)을 구안하고, 교실 수업에 적용한 다음에 수업자의 성찰 사례를 제시하였다.

이 책은 1부와 2부로 구성된다. 제1부에서는 전통적 수업 장학과 수업 왜곡, PCK의 개념과 요소, 학생 배움중심의 수업 모형과 요소를 다룬다. 제2부에서는 학생 배움중심의 PCK 수업 설계의 필요성과 국어, 수학, 사회, 과학 교과의 수업 설계 사례를 다룬다.

이 책이 나오기까지 많은 분의 도움이 있었다. 비록 집필진으로 함께 하지는 못하였지만 PCK 수업 설계의 단초를 제공하고 확장한 최민영(한국교원대학교 대학원 박사 과정) 선생에게 고마운 마음을 전한다. 아울러 저작권 관련 사항을 점검하고, 출판 간사의 역할을 수행한 진용성(한국교원대학교 대학원 석사 과정) 선생에게도 고마운 마음을 전한다. 원래 진용성 선생도 이 책의 공저자로 참여할 계획이었으나 '학생 배움중심의 수업 비평'을 별도의 책으로 꾸리기로 계획을 변경하면서 공동 저자에서 제외되었다. 다음으로 이 책의 편집을 맡아 열과 성을 다한 아카데미프레스의 편집 위원과 어려운 출판 상황에서도 이 책이 세상에 나올 수 있도록 도움을 주신 아카데미프레스 대표님께도 감사의 마음을 전한다.

차례

제1부 학생 배움중심의 PCK 수업 이해

제2부 학생 배움중심의 PCK 수업 설계

제1부

학생 배움중심의 PCK 수업 이해

학생 배움중심의 PCK 수업 이해

1 전통적 수업 장학과 수업 왜곡

2 PCK의 개념과 요소

3 학생 배움중심의 수업 모형과 요소

1

전통적 수업 장학과 수업 왜곡

제1절 | 전통적 수업 장학의 특징과 수업 평가

1. 전통적 수업 장학의 특징

교실 수업 검열과 통제, 행정 명령과 지시로 대변되는 전통적 수업 장학으로는 교실 수업 개선 및 교원의 수업 능력 개선이라는 본래의 취지를 달성하기 어렵다. 전통적 수업 장학은 장학 담당자의 요구에 의해서 시작된다. 주로 상급자(교장, 교감, 부장, 장학사)가 하급자인 교사를 대상으로 수업자를 지도하고 감독하며 통제하고, 획일적 수업 평가 기준에 의거하여 모든 수업자에게 표준화된 수업을 요구한다. 하급자인 수업자는 상명하복의 관계에 따라 상급자의 요구를 일방적으로 수용한다. 아울러 수업자는 획일적인 수업을 요구하는 이러한 폐쇄적이고 수직적이며 위계적인 수업 장학 구조에서 생존하기 위해 수업 장학자의 의도에 부합하는 기획된 수업, 보여주는 수업을 한다. 전통적 수업 장학의 구조적 특징으로 인해 수업자는 '수업 설계(수업 설계(Plan)–수업 실행(Do)–수업 분석(See))'의 세 요소 중에서 수업 설계에 특히 많은 공을 들이는 풍토가 조성되었다(서근원, 2011). 그 결과 수업에 대한 교사의 성찰과 성장을 강조하는 수업 후 연구 문화보다는 완벽한 수업, 멋진 수업을 강조하는 연구 후 수업 문화가 조성되었다.

지금까지의 논의를 간단히 정리하면 아래와 같다.

◎ 전통적 수업 장학의 특징

목적	교사의 수업 능력 향상	관계	수직적, 폐쇄적, 위계적
시기	장학 담당자의 요구	대상	문제가 없는 기획된 완벽한 수업
주체	교장, 교감, 부장, 장학사(직급중심 수업 장학)	횟수	일회성 행사(기획된 수업 문화, 보여주는 수업 문화)
성격	지도, 감독, 지시, 통제 등	수업	Plan(설계)–Do(실행)–See(분석)(연구 수업)

2. 양적 접근과 수업 평가

전통적 수업 장학에서는 양적 접근법에 기초한 수업 평가를 중시한다. 때문에 실증주의 관점을 바탕으로 관찰자의 추측과 편견을 최대한 배제하기 위해 노력하고, 정량평가를 활용하여 수업 현상을 객관적으로 설명하고자 한다. 주로 평정 척도법이나 플랜더스의 언어 분석법 등의 평가 방법을 활용하여 수업 형태, 교사와 학생 간의 상호작용 유형과 양상, 수업 분위기, 교수법 등을 평가한다(박남수, 2004).

양적 접근에 기초한 수업 평가의 특징을 들면 다음과 같다. 첫째, 수업을 객관적으로 평가한다. 관찰자의 주관적 평가(추측과 편견 등의 주관)를 배제하고, 객관적 평가를 유도하기 위해 점검표처럼 표준화되고 규격화된 관찰 요소와 기준을 제시한다. 둘째, 수업을 '계량화/수량화'해서 평가한다. 평정 척도법 등을 활용하여 수업을 정량적으로 평가한다. 셋째, 수업을 '분석적'으로 평가한다. 점검표에 제시된 평가 항목에 따라 수업을 분석적으로 평가한다.

양적 접근은 표준화된 수업 요소를 바탕으로 수업 현상을 분석하고 계량화해서 객관성을 확보할 수 있는 장점이 있다. 하지만 분절적이고 수치화된 각 요소로 수업의 모든 장면을 담을 수 없고, 심지어 효율성의 논리만을 지나치게 추구하여 수업 맥락을 경시하거나 배제하는 경향이 있다. 양적 수업 평가 도구 중에서 교육 현장에서 주로 활용되는 것이 점검표(Checklist)이다. 점검표는 수업 관찰자에게 좋은 수업에 대한 표준적이고, 객관적 요소를 구조적이고, 체계적으로 제시하는 나침반의 역할을 하고, 관찰자가 고도의 훈련 과정 없이도 쉽게 이해하고, 효과적으로 활용할 수 있어 교육 현장의 선호도가 아주 높다.

다음은 Danielson 외(2009)가 교원의 수업 전문성 평가를 위해 제시한 점검표이다. 이 점검표는 수업 설계, 수업 환경, 수업 실행, 교직 전문성의 네 범주로 되어 있고, 각각의 범주마다 하위 요소가 제시되어 있다. 수업 실행은 100점 만점에 40점이고, 수업 설계와 수업 환경 및 교직 전문성은 20점이며, 각 범주마다 미흡, 초보, 우수, 탁월의 네 단계 평정 척도로 구성되어 있다.

◎ **교사의 수업 전문성 평가표**

일시		학년 반		교사	
교과		단원		차시	
학습 목표					

1. 수업 설계	미흡	초보	우수	탁월
	1	2	3	4
A. 교과 내용과 교수법				
B. 학생 이해				
C. 학습 목표				
D. 수업 자료				
E. 수업 계획과 평가				
소계(20%)				/20
2. 수업 환경	미흡	초보	우수	탁월
	1	2	3	4
A. 존중과 배려				
B. 수업 문화				
C. 학급 운영				
D. 학생 통제				
E. 공간 활용				
소계(20%)				/20
3. 수업 실행	미흡	초보	우수	탁월
	2	4	6	8
A. 상호 작용				
B. 질문과 토론				
C. 학습 참여				
D. 학습 평가				
E. 수업 운영				
소계(40%)				/40
4. 교직 전문성	미흡	초보	우수	탁월
	2	2	3	4
A. 수업 반성				
B. 수업 기록				
C. 가정과 소통				
D. 전문 집단 참여				
E. 전문성 확보				
소계(20%)				/20
총계(100%)				

수업자 이름		확인		평가자 이름		확인	

제2절 | 수업 왜곡

◎ 전통적 장학과 수업 왜곡

보여주는 수업을 좋은 수업으로 왜곡

학생 활동중심을 학생 배움중심으로 왜곡

똑똑한 교사를 잘 가르치는 교사로 왜곡

소집단 무임승차를 소집단 협동학습으로 왜곡

전달 수업을 소통 수업으로 왜곡

이른바 수업 달인을 진정한 수업 달인으로 왜곡

『표준국어대사전』에 따르면 왜곡은 현상을 사실과 다르게 해석하거나 그릇되게 해석하는 것을 말한다. 중국이 고구려와 발해를 자국의 역사라고 주장하고, 일본이 독도를 다케시마라고 주장하는 것이 대표적인 역사 왜곡 사례이다. 만약 이러한 역사 왜곡을 우리가 좌시하거나 방임한다면, 거짓이 진실로 둔갑을 하여 진실을 핍박하게 될 것이다. 이와 유사한 왜곡이 전통적 수업 장학에서도 발생했다. 좋지 못한 수업을 좋은 수업으로 왜곡한 것이다. 때문에 좋지 않은 수업이 좋은 수업으로 둔갑하면서 왜곡이 발생하고, 좋은 수업을 핍박하는 현상이 발생했다. 대표적인 왜곡 유형으로 교사의 화려한 개인기에 의존한 보여주는 수업을 좋은 수업으로 왜곡하기, 학생 활동중심 수업을 학생 배움중심 수업으로 왜곡하기, 똑똑한 교사의 수업을 잘 가르치는 교사의 수업으로 왜곡하기, 소집단 무임승차 수업을 소집단 협동학습으로 왜곡하기, 전달 수업을 소통 수업으로 왜곡하기, 이른바 수업 달인을 진정한 수업 달인으로 왜곡하기 등을 들 수 있다(박태호, 2009: 66~75).

1. 보여주는 수업을 좋은 수업으로 왜곡

1) 보여주는 수업

개선해야 할 수업 문화 중 하나가 보여주는 수업이다. 일상의 수업이 아닌 '특별한 날을 위한 특별 수업'으로 학교 단위의 수업 장학이나 수업 공개와 관련이 깊다. 여기에는 임상장학, 약식장학, 동료장학, 지구별 자율장학, 수업 연구 발표 대회, 학부모 대상 공개 수업 등이 해당된다(곽영순 · 강호선, 2005: 18; 김덕희, 2006). 보여주는 수업은 교사의 일상적 수업이 아닌 수업 장학자나 참관자를 의식한 특별 수업이라는 점에서 문제가 있다. 대부분의 교사들은 보여주는 수업을 위해 몇 주 전부터 공개 수업 관련 단원과 차시를 선정하고, 인터넷을 검색하면서 관련 자료를 수집하고, 학습 활동에 필요한 학습지를 제작하거나 교실 수업 환경을 정비한다(강기원, 2004: 71~73). 아래의 새내기 교사의 면담 내용을 보면 보여주는 수업 문화의 병폐를 짐작할 수 있다.

> "아이들과 함께 짜고 한 수업이 아직도 기억에 남아요. 좋지 않은 기억입니다. 장학사가 학교를 방문하기 하루 전이었어요. 저는 자료가 너무 많은 것을 싫어하거든요. 부담 없이 평소대로 수업을 하려고 준비를 하고 있었어요. 그런데 다른 학급에서는 오리고, 붙이고, 자르고 하면서 난리가 났어요. 그래서 제가 여쭈어 보았습니다. 장학사가 잠깐 보고 갈 것인데, 이렇게까지 할 필요가 있는지를 말이지요. 그러자 선생님께서 만약에 장학사가 방문을 했는데, 선생님이 더듬대고 있는 모습이나 충실하지 못한 자료를 보면, 선생님이나 학교 이미지에 좋지 않으니 자료도 많이 제작하고, 사전에 학생과 말을 맞추어 놓아야 한다는 충고를 하셨어요. 그래서 저도 아이들에게 자료를 찾아오라고 해서 붙이고, 표를 만들었어요. 장학사가 방문하는 날 3교시쯤에 우리 교실을 방문할 것 같아서 당일 1교시에는 학생들이 준비한 자료를 검사해서 부족한 부분을 보충하고, 2교시에는 수업 시간에 발표할 것을 미리 만들되, 2/3만 만들게 하고, 발표 자료도 미리 준비해서 수업을 무사히 잘 끝냈어요."(정정훈·김영천, 2005: 88)

일부 교사들은 보여주는 수업 문화로 인해 교육과정의 파행 운영을 초래하고, 일상의 수업이 아닌 가식적 수업을 준비했다는 점에서 마음의 부담을 느끼고, 갈등한다.[1] 아울러 보여주는 수업을 참관한 보통 교사들도 심리적 압박을 받는다. 자신들의 일상 수업과는 달리 학생 참여도가 높은 수업 장면, 교사 발문에 대해 적절하고 다양하게 반응하는 수업 장면, 우렁차고 명료한 목소리로 근거를 제시하면서 발표하는 수업 장면, 사소한 오차나 갈등 없이 일사불란하게 체계적으로 진행되는 수업 장면 등을 보면서, 평소의 고민이 너무나 완벽하게 해결된 특별 수업을 보면서 보통 교사들은 부러움을 느

1. 보여주는 수업의 극단적 예가 바로 수업 발표(실기) 대회 입선작이다. 강기원(2006: 242)에 따르면, 입상 교사들에 대한 동료 교사의 비판적 시각을 읽을 수 있다. "수업을 잘 했다고 하는 교사들의 평소 수업에 대해서 궁금합니다. 평소 수업을 수업 발표 대회 수준으로 진행을 한다는 것은 불가능하잖아요. 발표 대회가 아닌 학교 단위의 수업 장학을 준비하는 경우에도 하루 4~5시간씩 며칠 동안 준비를 해야 하는데, 모든 수업을 발표 대회 수준으로 준비를 해서 진행을 하는 것은 어렵다고 봅니다. 제 경우에는 수업을 하기 전에 해당 차시 목표라도 정확히 읽고, 내용 확인만이라도 하면 다행이라고 봅니다."

낀다. 또 이것을 표준화된 수업 장학 자료로 생각하면서 열등감도 느낀다. 이것이 '손해 보지 않는 문화'[2](정정훈 · 김영천, 2005: 88~89)와 결합되면서 교사의 삶과 단절된 비정상적인 '보여주는 수업'이 만들어진다. 수업 공개 당일에 펼쳐지는 한 편의 매끄러운 수업, 예술 같은 수업은 이러한 과정을 거쳐 만들어지고, 교사는 특별 수업의 전문가로 탄생한다.[3]

2) 좋은 수업

Zemelman, Daniels, Hyde(1998), NCATE(1998), Wenglinsky(2000)는 기존의 교육 개혁이 교사와 학생의 문제에 관심을 두지 않았기에 교실 문턱을 넘지 못했다면서, 교실 외부가 아닌 교실 내부 상황 개선에 교육 개혁의 초점을 맞추어야 한다고 했다. 그러면서 교과와 학습 내용에 대한 전문성을 획득하고, 학생을 열정적으로 가르치는 교사 양성을 교육 개혁의 최우선 과제로 삼아야 한다고 했다. 최근에는 이러한 추세를 반영하여 좋은 수업의 조건에 대한 연구를 활발히 진행하고 있다.

◎ Zemelman, Daniels, Hyde(1998: 7~16)의 명품 수업의 조건

① 학생중심 수업	⑦ 협동학습을 중시하는 수업
② 경험중심 수업	⑧ 민주적으로 운영하는 수업
③ 실생활을 반영하는 수업	⑨ 인지 경험을 중시하는 수업
④ 학생이 적극적으로 참여하는 표현중심 수업	⑩ 학생 발달 수준을 고려하는 수업
⑤ 반성학습을 지향하는 수업	⑪ 구성주의 학습을 중시하는 수업
⑥ 비계설정에 기초한 사회적 상호작용이 활발한 수업	⑫ 도전 정신을 장려하는 수업

Borich(2003)는 NBPTS(National Board for Professional Teaching Standards, 2001)와 INTASC (Interstate New Teacher Assessment and Support Consortium, 1992)의 의견을 참조하여 좋은 수업의 조건을 다음과 같이 제시했다.

2. 정정훈 · 김영천(2005)은 새내기 교사의 생존전략으로 소개했으나, 이 연구에서는 초등학교 수업 문화에도 적용 가능한 문화로 파악했다. 원전에서는 초등 교사가 비합리적 상황에 직면했을 때에 기존 교사들에 비해 동등하지 못한 대우를 받을 것을 염려하여 자신의 주장이나 의지를 관철하기보다는 다른 사람과 뜻을 같이하는 문화라고 했다.

3. 임성규(2008: 395)는 초등학교 문학(국어) 수업의 걸림돌 중의 하나로 남에게 보이기 위한 '공개 수업'의 문제를 거론했다. 전적으로 동감한다. 진정한 의미의 국어 수업 장학이 되려면, 특별한 날에 특정인을 위해 일회적으로 보여주는 1차시(40분) 중심의 공개 수업이 아닌, 1년 단위의 일상적 생활 수업으로 수업 장학 문화를 전환해야 한다.

◎ Borich(2003)의 좋은 수업의 조건

① 수업 내용이 명확한 수업 ② 교수법이 다양한 수업 ③ 학생의 학습 활동 참여가 활발한 수업 ④ 학습 분위기가 좋은 수업	⑤ 수준별 학습이 가능한 수업 ⑥ 수업을 효과적으로 운영하는 수업 ⑦ 학생 평가가 명확한 수업 ⑧ 고등 사고 능력을 향상시키는 수업

임찬빈 외(2004: 64–65)에서는 현장 교사들을 대상으로 좋은 수업의 조건에 대해 설문 조사를 했다. 이에 대해 현장 교사들은 수업 전 준비와 계획이 철저한 수업, 수업 목표에 도달하는 수업, 흥미롭고 재미있는 수업, 학생들이 적극 참여하는 수업, 교사와 학생 간의 상호작용이 활발한 수업, 교사와 학생 간의 래포가 형성된 수업, 학생 눈높이를 고려한 수업, 교과 내용에 적합한 수업 모형 및 방법을 적용하는 수업, 수업 자료 및 교구 등을 효과적으로 활용하는 수업, 교사가 반성하고 연구하는 수업을 좋은 수업의 조건으로 제시했다.

아울러 학습 목표를 명확하게 제시하는 수업, 80% 이상의 학생이 학습 목표에 도달하는 수업, 학생이 흥미와 재미를 느끼면서 학습 활동에 적극 참여하는 수업, 학생이 학습 활동의 주체가 되어 스스로 결론을 내리고 능동적으로 참여하는 수업, 상호 신뢰와 존중을 바탕으로 교사와 학생의 상호작용이 활발한 수업, 학생 특성과 발달 단계를 바탕으로 학생 배움을 유도하는 수업, 토의와 토론 및 발표 학습을 장려하는 수업, 학생의 고등 사고력과 문제 해결력을 촉진하는 수업, 교과 내용에 적합한 교수 학습 방법 및 모형을 적용하는 수업, 학습 내용 및 학습 과정에 적합한 교구와 교재를 효과적으로 활용하는 수업, 교재와 교구를 활용하여 학생의 창의성과 인성을 함양하는 수업, 학생 개개인의 특성과 진보 과정을 효과적으로 평가하는 수업, 교사의 연구와 성찰에 기초한 수업 등을 좋은 수업의 사례로 제시했다.

2. 학생 활동중심 수업을 학생 배움중심 수업으로 왜곡

학생 활동중심 수업과 학생 배움중심 수업은 현저하게 다르다. 학생 활동중심 수업에서는 교과 내용(지식)보다는 활동에 초점을 둔다. 때문에 지식을 소홀히 다루는 것을 감추기 위해 화려한 활동(수업 기교)에 집착을 하고, 그 결과 꽃은 화려하지만 열매가 맺히지 않는 수업이 이루어진다.

◎ **학생 활동중심 수업**

교사 분주	학생 분주	가르침과 배움이 없음	지식을 가르치지 않음
사회자, 안내자	구경꾼, 부분 참여자	꽃은 화려하나 열매가 없음	울림이 없는 수업

학생 배움중심 수업에서는 학생의 학습 활동(배움)과 학생의 배움을 위해 헌신하는 교사의 교수 활동(안내자, 조력자, 상담자의 역할)을 중시한다. 학생의 배움을 중시하는 교사는 학생이 지닌 선개념에 기초하여 오개념과 난개념 목록을 만들고(진단), 그것을 해결하기 위한 다양한 전략(설명, 시범, 연습, 힌트, 스토리텔링 등)을 구안한다. 이러한 수업은 화려한 수업 모형 중심의 거대 담론보다는 작은 담론(설명, 시범, 연습 등)을 중시한다. 수수하지만 품위 있고 격조 높은 수업이며, 우리가 지향해야 할 바람직한 수업이다.

◎ **학생 배움중심 수업**

교사 분주	학생 분주	교사의 교수법 성장 학생의 학습법 성장
가르침 진단(오개념, 난개념), 처방(설명, 시범, 연습 등)	배움 학습 곤란 내용, 학습 오류 내용	수수하고 품위 있고 격조 높은 수업

최근 토의 · 토론 수업에 대한 현장의 관심이 뜨겁다. 현장에서 주최하는 각종 교실 수업 개선 관련 워크숍에서는 이러한 분위기와 열망을 반영하여 토의 · 토론 수업을 최우선 과제로 다루고 있다. 토의 · 토론 수업은 학생의 고등 사고력과 문제 해결력 및 범교과 학습 능력의 향상에 크게 기여한다는 점에서 교실 수업 개선을 위한 현장의 관심과 열망 및 노력은 지극히 당연하고 바람직한 현상이자 대세이다.

그러나 학생 활동중심 토의 · 토론 수업에서는 토의 · 토론 절차와 기법에 초점을 맞춘다. 교사는 토의 · 토론을 진행하는 사회자 역할에 머무르고, 학생들은 토의 · 토론 절차에 따라 기계적으로 참여한다. 마치 역할놀이 수업 모형을 적용한 토의 · 토론 학습 같은 느낌이 된다. 이러한 수업에서 가장 문제가 되는 것이 중, 하위권 학생들이다. 자기주도 토의 · 토론이 가능한 상위권 학생들은 토의 · 토론에 필요한 고등 사고 능력(명료화, 가정, 추론, 대안, 결론, 메타 등)이나 학습 능력(이해, 참여, 표현, 소통, 공유, 협력, 지원 등)을 구비하고 있다. 그러나 타자주도(교사나 유능한 동료)에 의해서만 토의 · 토론 학습이 가능한 중, 하위권 학생들은 고등 사고 능력이나 학습 능력이 부족하다. 이때에 교사나 유능한 동료가 중위권, 하위권 학생들을 위한 비계설정(교사의 도움 제공)을 하지 않으면 무임승차 현상이 발생한다.

3. 똑똑한 교사의 수업을 잘 가르치는 교사의 수업으로 왜곡

Chevallard(1985)는 지식을 학문적 지식, 가르칠 지식, 가르친 지식(학습된 지식)의 세 가지 유형으로 구분한다. 여기서 학문적 지식은 교육 내용으로 재구성되기 이전의 학자 차원의 지식이고, 가르칠 지식은 교육 내용으로 선정하고 조직한 교사 차원의 지식이며, 가르친 지식(학습된 지식)은 교육 활동이 이루어진 후에 학생이 구성한 학생 차원의 지식이 된다. 학생을 잘 가르치는 교사는 학자의 입장이 아닌 교사의 입장이 되어(trans position) 학문적 지식을 교사 수준의 가르칠 지식으로 변환하고, 그런 다음에는 교사의 입장이 아닌 학생의 입장이 되어 교사가 가르칠 지식을 학생이 학습할 지식으로 변환하여 가르친다. 이것이 바로 Chevallard(1985)의 교수 변환(diadatic transposition)이다.

◎ 수정한 Chevallard(1985)의 교수 변환

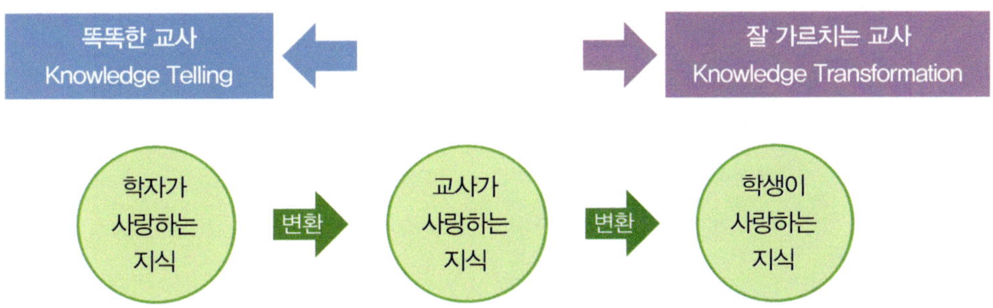

Chevallard(1985)의 이론을 원용하면 교사는 두 가지 지식을 구비해야 하다. '아는 지식'과 '주는 지식'이다. '아는 지식'은 교과 교육 관련 내용, 방법, 상황(학생, 교육과정, 사회적 맥락) 등에 대한 지식 즉 이론지를 말하고, '주는 지식'은 이러한 지식을 학생에게 직·간접적으로 전달, 제공, 촉진 및 공유하는 방법에 대한 지식 즉 실천지를 말한다. 아는 지식이 많은 교사는 똑똑한 교사이고, 주는 지식이 많은 교사는 잘 가르치는 교사이다. 좋은 교사는 똑똑한 교사를 넘어 잘 가르치는 교사로 나아가야 한다. 이것을 PCK와 교사 전문 지식의 관계를 논한 곽영순(2007: 28)[4]의 논의와 결합하여 제시하면 다음과 같다.

4. 곽영순(2007). 교육과정 개정에 따른 과학과 내용 교수 지식(PCK) 연구. 연구보고 RRI 2007-3-3. 한국교육과정평가원.

◎ 똑똑한 교사에서 잘 가르치는 교사로

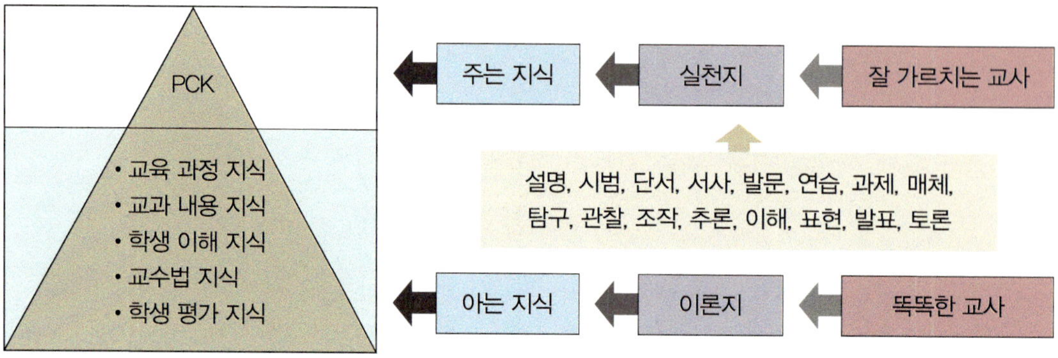

1) 똑똑한 교사의 수업

새내기 교사들은 임용고시 1차를 대비하면서 교육과정 해설서나 교과용 도서(교과서와 지도서) 등을 거의 암기하는 경지에 이르고, 교과 교육 관련 이론에 통달하며, 임용고시 2차를 대비하면서 수업 설계 관련 이론이나 모형 및 실연에 정통하게 된다. 이러한 관점에서 보면 새내기 교사들의 암묵지는 기존 교사들에 비해 월등히 뛰어나거나 거의 전문가 수준이라고 할 수 있다. 그러나 실천지를 동반하지 않은 암묵지는 교사에게만 의미가 있을 뿐 학생에게는 의미가 없다. 예를 들면, 아는 것이 많은 교사는 1차시 수업을 최신 이론으로 설계하고, 포장할 수 있다. 탐구학습, 반응중심 수업, 구성주의, 문제해결 학습 등으로 수업을 설계할 수 있다. 그러나 '주는 지식'이 동반되지 않는다면, 학생에게는 아무런 유익이 없다. 주는 것의 중요한 요소 중의 하나가 교사의 수업 대화이다. 탐구학습을 성공적으로 설계하고 실천하려면, 탐구학습 모형에 대한 '아는 것'과 학생의 지적 호기심을 자극하는 교사의 발문과 표정 언어 등과 같은 '주는 것'이 상호조화를 이루어야 한다. 이것이 해결되지 않으면, 점점 높아지는 교사의 학력 수준에 비해, 점점 떨어지는 학생과 학부모의 만족도를 설명할 수 없다. 아는 것과 주는 것이 균형을 이루는 수업 장학 문화를 조성해야 한다.

아는 지식이 많은 교사 즉 똑똑한 교사가 좋아하는 교수법 중의 하나가 Knowledg Telling, 즉 '토하는 교수법'이다. 토하는 교수법은 학생의 흥미와 능력 및 의지나 태도와는 관계없이 교사가 알고 있는 온갖 배경지식을 학생들에게 일방적으로 쏟아 붓고 교실을 나오는 수업 상황을 빗대어 표현한 것이다. 토하는 교수법에서는 학생의 배움이 아닌 교사의 가르침에 초점을 맞춘다. 주로 '상' 수준 학생과 눈을 맞추면서 수업을 하고, 그들의 이해 수준에 맞춰 진도를 나가며, 단 한 번에 깔끔하고 완벽하게 설명을 하는 것을 목표로 하여 학생이 교사의 설명을 잘 이해하지 못하면 전적으로 학생에게 책임을 돌린다. 아울러 교과 교육 분야에 대한 지식도 누적된 상태여서 자부심 또한 뛰어나며, 자신이 알고 있는 지식을 학생들에게 열정적으로 전달한다. 간혹 자신의 열정에 미치지 못하는 학생이 있으면, 이렇게 재미있는 공부를 싫어한다고 타박하기도 한다.

다음은 토하는 수업의 대표적인 예이다(박태호, 2011: 113~114). 김 교사는 문제해결학습 모형을 적용하여 '외래어, 외국어를 아름다운 우리말로 바꾸어 봅시다.'라는 수업을 한다. 이를 위해 학생들이 좋아하는 1박 2일 동영상 자료 중에서 외래어, 외국어 남용 사례를 편집하여 제시하면서 학생의 학습 동기를 유발한다. 그런 다음에 동영상 자료와 교과서 자료 일부를 연계시켜서 학습 목표를 예상하게 하고, 학습 활동을 안내한다. 교사가 계획한 세 가지 학습 활동은 '〈활동 1〉 생활 속에서 예 찾기', '〈활동 2〉 우리말로 바꿔보기', '〈활동 3〉 발표하기'이다. 이 중에서 주변의 간판 사진을 보며 외래어와 외국어를 찾는 〈활동 1〉의 수업 대화를 살펴보면 아래와 같다.

교사 선생님이 지난 시간에 우리 주변의 간판 사진을 조사하는 과제를 냈지요. 고맙게도 지원이가 학급 앨범에 사진을 올려 놓았어요. 우리 같이 봅시다. 지원이가 찾은 것을 같이 보겠습니다.

교사 여기가 어디야?

학생 롯데리아.

교사 롯데리아는 어느 동네에서 볼 수 있나?

학생 ○○동.

교사 응, ○○동 근처의 롯데리아 같아. 여긴 어디야?

학생 스쿨룩스.

교사 응, 스쿨룩스. 여러분들은 곧 중학생이 되니 교복을 입어야지. 샤브나라, 뷔페, 스탠드바, 유토피아라는 피시 방도 있어요. 또 라이프 크리닝도 있어요. 외래어, 외국어는 뭘까? 지원아, 여기가 어디야?

학생 ○○동이요.

교사 ○○동? (대영스포츠 간판을 보면서) 선생님이 여기 다녔는데, 뭐하려고? 벨리 댄스 배우려고 다녔어요. 시티 파이낸셜. 자, 여기에서 찾을 수 있는 외래어, 외국어 뭐 있겠어? 슈퍼, 이삭 토스트 이런 것도 찾을 수 있고.

김 교사는 학생 발달 수준을 고려하지 않았다. 1박 2일 동영상 자료나 외래어나 외국어로 표기된 동네 간판 사진 자료를 활용하여 학생의 흥미를 유발했으나, 해당 학생들이 외래어나 외국어에 대해 지니고 있는 선개념, 오개념, 어려운 문제 등을 고민한 흔적을 발견할 수 없다. '두 팀', '화천 라인', '보너스', '스포츠 채널', '에어컨', '럭셔리 무전여행', '기타 케이스', '콜(call)', '생 라이브', '스쿨룩스', '샤브나라', '벨리 댄스' 등은 해당 학교(열악한 교육 환경) 학생들의 발달 수준을 넘어선 외래어나 외국어이다. 이렇게 되면 하 수준이나 중 수준 학생들은 학습 활동에 참여할 수가 없다. 교사는 자연스럽게 자신의 발문에 응답하는 상 수준 학생만을 대상으로 수업을 하고, 경우에 따라서는 자문자답의 독백을 하면서 수업을 하게 된다. 학생을 진단하지 않는 수업은 학습 결손으로 이어질 수밖에 없다. 이 수업은 열심히 가르친 수업이지만 잘 가르친 수업은 아니라고 할 수 있다. 지금까지의 논의를 그림으로 제시하면 아래와 같다.

◎ 똑똑한 교사의 토하는 교수법(Knowledge Telling)

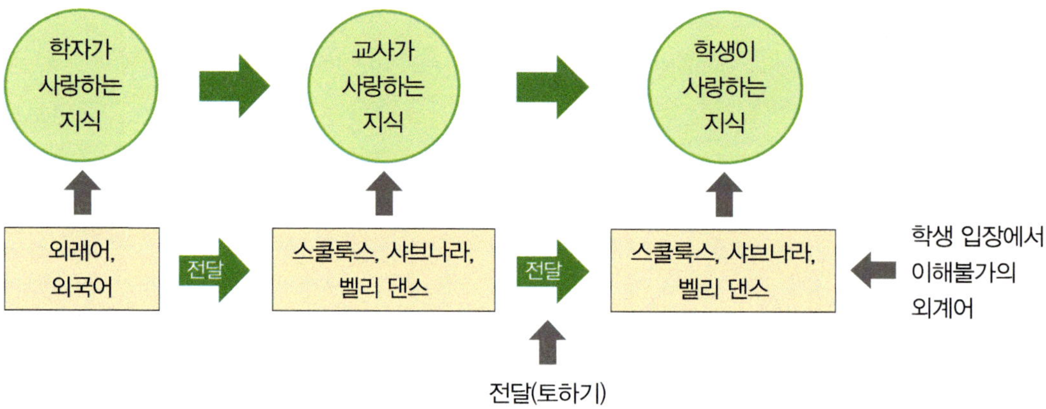

Shulman(1986, 1987)에 따르면 김 교사는 진단과 처방 능력이 부족한 미숙한 수업을 했다. 진단이란 특정 학생이 특정 단원에 대해 지닌 선개념, 오개념, 난개념이나 학습 흥미 등을 점검하는 것이고, 처방이란 설명, 시범, 서사, 발문, 논증, 단서, 연습, 과제, 매체 등을 활용하여 학생이 지닌 오개념과 난개념을 해결하는 것을 말한다. 김 교사는 학생들의 흥미나 능력, 해당 단원에 대해 지닌 오개념이나 난개념을 고민하지 않고, 교사 수준의 설명, 발문, 과제, 논증 등의 교수 활동을 열심히 하고 있다. 환자를 진단하지 않은 의사의 처방전이 의료 사고로 이어질 개연성이 높듯이, 학생을 진단하지 않은 교사의 교수 처방 역시 학습 부진아를 양산할 개연성이 높다.

2) 잘 가르치는 교사의 수업

주는 지식이 뛰어난 잘 가르치는 교사가 흔히 사용하는 교수법 중의 하나가 Knowledge Transformation이다. 잘 가르치는 교사는 학생의 수준을 고려한 눈높이 교수법, 즉 학생 수준에 맞게 지식을 변환(transformation)하여 가르친다. 이들은 학생이 지닌 선개념을 바탕으로 오개념과 난개념을 예상하고, 설명, 시범, 연습, 발문, 서사, 매체, 단서 등을 활용하여 부족한 지식을 가르친다. 이들은 학생이 기다리는 교사이다.

다음에 나오는 주 교사의 수업은 Knowledge Transformation(지식 변환 수업, 되새김질 수업)의 대표적인 예이다(박태호, 2011: 115~116). 주 교사는 창의성 계발 모형을 바탕으로 '외래어, 외국어를 아름다운 우리말로 바꾸어 봅시다.'라는 수업을 했다. 이 중에서 학생 눈높이를 고려한 수업 대화 장면을 제시하면 아래와 같다.

교사 잠깐 눈을 감으세요. 선생님이 모양을 싹 바꿔서 등장할 건데요. 등장할 때 선생님이 어떤 외래어나 외국어로 말을 하는지 한번 보세요. (모자를 쓴 뒤) 눈을 뜨고 선생님 모습을 한번 보세요. 선생님은 바캉스 철을 맞이해서 가족들과 함께 나들이를 가기 위해 맛있는 음식을 만들려고 했습니다. 그래서 떡볶이를 만들려고 했는데 떡볶이 재료가 없는 거예요. 그래서 재료 사려고 가게로 갔어요. 가게에 가서 맛있는 떡볶이 재료를 샀는데 뭘 샀겠습니까? 가래떡.

학생1 고추장.

교사 고추장은 선생님 집에 있어.

학생2 어묵, 어묵.

교사 오뎅, 파, 달걀 등을 사가지고 계산대에 갔습니다. 그런데 선생님이 급하게 오느라 돈을 조금밖에 안 가져온 거예요. 계산을 하고 보니까 돈이 조금 모자라요. 그래서 계산대에서 조금 디스카운트를 해달고 했는데 안 해준다는 거예요. 조금 섭섭했지만 필요 없는 것을 제외하고 금액을 딱 맞춰서 계산을 했어요.(교사는 모자를 벗고 학생들은 박수를 친다.) 조금 전의 선생님 옷차림은 센스가 있는 옷차림은 아니었죠? 또 평소 선생님 옷 스타일도 아니었죠?

위의 수업 장면에 따르면 주 교사는 외래어와 외국어 오남용 사례를 교사가 자체 제작했고, 스토리텔링 기법을 활용하여 수업을 한다. 학생들에게 잠시 눈을 감으라고 요구한 다음에 예쁜 모자를 쓰고 나타나자 학생들은 큰 소리로 웃으며 반응을 한다(①). 이

때에 교사는 서사 기법을 활용하여 학생들의 주의를 집중시킨다(②). 바캉스에 가서 먹을 떡볶이 재료를 시장에 가서 사려고 하는데 어떤 재료를 사면 좋은지에 대해 학생들에게 자문을 구하는 방식으로 이야기를 풀어 나간다. 학생들이 바캉스라는 용어를 못 알아듣는 표정을 하자(③), 나들이란 말로 바꾸어 이야기를 다시 진행한다(④). 교사가 학생들을 바라보면서 떡을 추천하면, 학생들은 고추장으로 응대를 한다. 교사가 고추장은 집에 있다면서 사지 않겠다고 말을 하면, 학생들은 다른 재료를 추천한다. 학생들의 오개념(오뎅)을 예측하고(⑤), 어묵을 준비하고 있던 교사에게 특정 학생이 어묵이라고 말을 하자(⑥), 교사는 못 들은 척하면서 '오뎅'이라는 오개념을 제시한다(⑦). 여기서 교사가 나들이 분위기를 조성하기 위해 사용한 모자는 '실물'에, 떡볶이 재료 구매를 화제로 하여 이야기를 풀어간 것은 '서사'에, 바캉스와 오뎅은 외래어 '사례'에, 바캉스란 난개념 대신에 나들이를 사용한 것은 '단서'에 해당한다.

◎ 학생 진단에 기초한 잘 가르치는 교사의 교수 처방

학생 진단	교수 처방																
	설명							시범	기억	서사	삽화	발문	논증	단서	연습	과제	매체	그래픽
	은유	유추	비유	예시	실물	그림	정의										
오개념				⑤	오뎅							⑦		⑥	어묵			
난개념				③	바캉스									④	나들이			
선개념																		
학습 흥미와 태도					①	모자				②	소풍+떡볶이							

Chevallard(1985)에 따르면 주 교사는 학생의 입장에서 지식을 교수학적으로 변환시켜 수업을 한다. 나들이 모자를 쓰면서 학생의 흥미를 끌고, 주의를 집중시켰고, 나들이와 떡볶이 재료를 소재로 한 서사 기법을 활용하여 학생의 주의를 집중시키면서 학생의 부분 참여를 유도했다. 특히 외래어에 대한 난개념을 예상하여 학생들이 바캉스란 말을 못 알아듣자 나들이란 우리말을 사용했다. 학생들이 지닌 오개념을 예상하여 '오뎅'이라는 외래어 대신에 '어묵'이라는 우리말을 준비했다. 학생의 흥미, 오개념과 난개념을 반영하여 수업을 설계하고 진행했다. 화려하지는 않지만 수수하고 품위 있는 수업, 격조 높은 수업을 한 것이다. 오개념과 난개념을 고려한 수업은 자연스럽게 중 수준이나 하 수준에 초점을 맞춘 수업으로 이어진다. 이것을 도식으로 제시하면 아래와 같다.

◎ 잘 가르치는 교사의 되새김질 교수법(Knowledge Transformation)

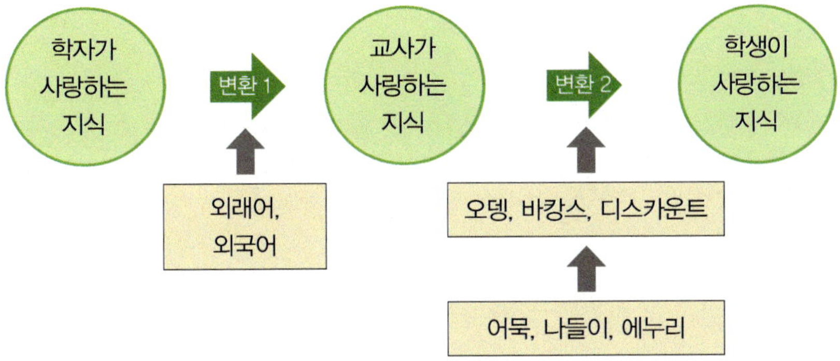

4. 소집단 무임승차 수업을 소집단 협동학습 수업으로 왜곡

1) 소집단 무임승차 허용 수업[5]

개선해야 할 수업 문화 중의 하나가 소집단 '무임승차 현상'이다. 무임승차 현상이란 소집단 협동학습을 수행하면서 학습 부진아가 방관자의 입장에서 학습 활동을 참관하는 구경꾼이나 학습 들러리로 전락하는 것을 말한다. 글쓰기 수업에서 관찰한 여전히 구경꾼의 무임승차 현상에 대해 살펴보자.

> "김 교사가 주의사항을 주면서 소집단 협동학습 활동을 안내했다. 6인 1조의 소집단 편성 후에 이끔이(모둠장, 리틀 마스터)가 소집단 활동을 안내했고, 다른 학생들은 경청했다. 이끔이를 포함한 세 명의 어린이가 발표를 주도했고, 다른 세 명의 어린이들은 경청했으나 반응하지는 않았다. 소집단 토론 후 각자 학습 내용을 자신의 학습지에 정리했다. 이때에 전문가나 초보자의 역할을 했던 이끔이와 세 명의 학생은 학습 활동에 주도적으로 참여했으나, 경청했던 학생 중에서는 한 명만이 학습 활동에 참여했고, 다른 두 명의 학생은 학습 과제를 해결하지 못하고 '여전히 구경꾼'의 입장을 고수했다. 이 중 한 학생이 특이한 행동을 했다. 다른 친구들이 정해진 시간 안에 학습지를 작성하기 위해 부지런히 글을 쓰고 있을 때에, 여전히 구경꾼인 학생은 필기구를 찾기 위해 필통을 열고 닫는 불필요한 행동을 반복하거나 한 글자 한 글자 정성을 들여서 천천히 쓰는 모습이 관찰되었다."

'여전히 구경꾼'은 글쓰기 학습 능력을 습득하지 못했다. 그러나 동료 학생의 글쓰기

5. 박태호(2009: 71~75)에서 요약 발췌.

상황에 맞추어 본인도 적극 참여하는 것처럼 보이는 시늉을 한다. 필통에서 필요 이상으로 필기구를 여러 번 찾는 행위, 글을 쓰면서 필요 이상으로 한 글자, 한 글자 정성을 들여 쓰는 행위가 이를 증명한다. 여전히 구경꾼의 경우, 모둠 구성원으로서 학습 활동에 필요한 신체 활동은 하고 있으나, 정작 학습 활동에 해당하는 인지 활동은 하지 못하고 있다.

소집단을 학습 통제의 수단으로 삼는 교실 수업 문화, 특히 팀 경쟁 학습을 선호하는 교실에서 여전히 구경꾼은 비난이나 원망의 대상이 된다.

> "전 모둠 활동이 정말 싫어요. 우리 모둠에 창호라는 아이가 있는데, 매일 숙제 안 해오고, 떠들고, 준비물도 안 가져와요. 창호 때문에 우리 모둠만 항상 걸려요. 그래서 친구들은 이번 모둠에서는 아예 점수 받는 것을 포기했어요. 아무리 잘 해와도 가능성이 없거든요. 진짜 빨리 자리를 바꾸고, 모둠도 바꿨으면 좋겠어요."(이혜순, 2006: 18)

이런 상황이라면 여전히 구경꾼은 소집단 협동학습의 걸림돌로 작용한다. 경우에 따라서는 모둠장이 학습 능력이 떨어지는 여전히 구경꾼을 압박하거나 미완의 학습지를 대신 완성하여 제출하는 경우도 있다. 이러한 수업 상황에서 소집단 협동학습의 궁극적 목적인 공동 사고에 따른 공동 문제 해결 과정을 기대하기는 어렵다.

여전히 구경꾼의 소집단 무임승차 현상의 원인은 무엇인가? 김 교사의 말을 들어보면 '중' 수준 대상의 획일적 수업 설계 문화가 그 중 한 요인으로 작용한다.

> "현장에서는 '중' 수준 학생을 대상으로 수업을 설계하고 실행하므로, 학습 부진 학생을 특별히 배려할 시간이 없습니다. 솔직히 말하면, 해당 학습 목표에 대한 학습 부진아의 학습 오류나 대처 방안에 대한 정보가 없습니다. 교재 연구할 시간도 없어서 수업 직전에 중요 학습 내용을 대충 훑어보고 수업에 임하는 형편이므로, 학습 부진아에 대한 지도는 꿈도 꾸지 못합니다."

김 교사는 소집단 협동학습 시에 발생하는 무임승차 현상을 자각하고는 있지만, 해결 방안에 대해서는 고민할 여력이 없다고 분명히 밝히고 있다. '중' 수준을 대상으로 한 교재 연구 시간도 없는 상황에서 학습 부진아를 위한 별도의 교재 연구 시간을 확보하기 어렵다는 것이다.

소집단 무임승차 현상에 대한 교사의 대응 전략은 무엇인가? 방임이나 압박이다. 대부분의 교사는 소집단 순회지도를 하면서 여전히 구경꾼의 무임승차를 방임하거나 무시

한다. 이때에 교사는 자신의 역할을 상담자로 한정한다. 상담자는 초보 수준의 학생이 도움을 요청한 경우나 시급하게 개입할 필요가 있다고 판단될 때에만 학습 활동에 개입하는 역할을 하므로, 여전히 구경꾼은 교사의 지원 대상에서 자연스럽게 제외된다. 그러나 일부 교사는 소집단 무임승차 현상을 인식하고, 여전히 구경꾼과 대화를 시도한다. 김 교사의 대응 전략을 살펴보자.

> "교실을 순회 중이던 김 교사가 여전히 구경꾼을 발견하고, 다가가서 귓속말을 한다. 그러자 여전히 구경꾼인 학생이 특이하게 반응했다. 교사를 쳐다보지도 않고, 팔을 흔들면서 듣는 시늉만을 하는 것이다. 선생님과 면대면 대화를 하는 일상의 장면과는 다른 장면이다."

교사와 학생 사이에서 발생한 소통 곤란의 원인은 무엇인가? 학습 활동을 종용하거나 압박하는 말을 사용하거나 그들이 이해할 수 없는 수준의 대화를 사용했을 가능성이 높다. 여전히 구경꾼인 학생에게는 전문가나 안내자의 수업 대화(설명, 시범, 연계, 회상, 안내, 지시 등)가 필요하다. 그런데 교사는 초보자에게나 어울리는 상담자의 수업 대화(논증, 도전, 추리, 증명 등)를 사용했고, 이에 소통 곤란 현상이 발생한 것이다.

2) 소집단 무임승차 해소 수업

소집단 협동학습 시에 발생하는 '여전히 구경꾼의 무임승차 현상'을 극복할 수 있는 방안 중의 하나가 수준별 집단 조직이다. 하위권 학생들은 동질집단으로 구성하여 교사주도의 일제 학습을 하고, 중 · 상위권 학생들은 이질집단으로 구성하여 학생주도 수업을 한다. 중 · 상위권 학생으로 구성된 소집단에서는 전문가와 초보자 및 부분 참여자가 서로 짝을 이루어 협동학습이나 개별학습을 한다.

수준별 수업을 남 교사의 시 쓰기 수업에 적용했다. 남 교사는 여전히 구경꾼으로 구성된 소집단에서 교사주도의 일제 학습을 했다. 전문가와 촉진자의 역할을 수행하면서 '내 경험을 살려 시 쓰기'에 필요한 학습 내용과 활동을 다시 설명하고, 시범 보이면서 안내하고 지시했다. 이때에 교사는 학생의 배경지식을 활성화시키기 위해 '실마리 제공하기' 전략을 사용했다. 부모님께 혼난 경험을 상기시키고, 관련 배경지식을 회상시킬 때에 앞의 활동에서 친구들이 보여준 다양한 경험 자료를 활용하게 했다.[6] 교사의 반복

---

6. 학생들은 부모님께 혼난 경험이나 위로 받은 경험을 코팅지(자석 부착)에 한 문장으로 써서 칠판에 게시했고, 선생님의 지명이나 자발적 거수에 따라 관련 경험을 발표했다.

설명과 시범 및 안내와 실마리 제공으로 인해 여전히 구경꾼인 학생들은 점차 부분 참여자나 초보자의 수준으로 발전했다.

> "소집단 활동 시에 무임승차를 하던 학생들을 별도의 소집단으로 편성하고, 교사주도의 반복학습과 안내된 연습을 하자 조금씩 변하기 시작했다. 학습 활동에 전혀 참여하지 않고, 수업을 방해하거나 구경만 하던 학생들이 조금씩 변화하기 시작했다. 교사주도의 소집단 학습 초기에는 실마리를 많이 제공한 안내된 시 쓰기 학습지를 투입했다. 교과서 시를 주고, 일부 행을 비워 놓은 다음에 자신의 경험을 살려 시어를 쓰거나 행을 완성하게 했다. 이때에 칠판에 게시한 동료 학생의 경험 자료도 제시하여 참고할 수 있게 했다. 이어서 실마리를 제공하여 안내된 연습을 하고, 짝과 공동 사고하게 하는 활동을 2~3회 반복하면서 시를 쓰는 활동을 하자, 여전히 구경꾼인 학생이 부분 참여자와 근접한 수준이 되어 자신이 쓴 시를 친구들 앞에서 발표했다."

남 교사의 수업 사례[7]는 국어과 소집단 협동학습 시에 발생하는 여전히 구경꾼의 무임승차 현상을 극복할 수 있는 대안이 될 수 있다. 다만, 여전히 구경꾼 중심의 이질집단 편성에 대한 사회적 편견이나 일부 학습자의 저항 등에 대한 해결 방안이 선결되어야 한다. 남 교사가 수업에 적용한 수업 모형을 제시하면 아래와 같다.

◎ 소집단 수준별 학습 모형

수업 흐름	수준별 소집단 학습		
수업 집단	교사주도	상호주도	학생주도
교사 역할	전문가(안내자)	상담자	구경꾼
학생 역할	참관자(구경꾼)	초보자	전문가
수업 전략	설명 · 시범/참관 · 연습	동료 안내 · 연습	독자 연습 · 적용

5. 전달 수업을 소통 수업으로 왜곡

1) 전달 수업

전통적 수업의 대표적 유형 중의 하나가 전달 수업이다. 이 수업에서는 교사를 절대적 지식의 소유자이자 전달자로, 학생은 절대적 지식을 수용하는 빈 그릇이나 백지로

7. 안양 호성초등학교 남미자 선생님은 연구자와 함께 수업 설계를 한 후에 자신의 교실에 적용하고, 촬영했다. 이후 경기도교육청에서 주최한 교실 수업 개선 관련 워크숍(2006년 10월 경기도 세일초등학교)에서 사례 발표를 했다.

인식한다. 이러한 수업을 일명 '암죽식 수업' 혹은 '은행 적금식 수업'이라고도 한다. 전통적 전달 수업에서는 교사가 설명, 시범, 암기, 연습 등의 전체학습을 하고, 학생은 군대식의 경직된 수업 문화에서 교과서 문제 풀이와 자습처럼 수동적인 학습 활동을 한다. 경쟁과 석차에 기반한 능력별 수업, 결과중심의 평가에 기초한 상벌위주의 학생 강화와 통제가 전통적 수업의 대표적 특징이다.

한편 전통적 전달 수업에서는 반복(repeat)을 설명(explain)으로 왜곡하는 경우가 많다. 잘 가르치는 교사는 학생들이 특정 내용을 잘 이해하지 못할 때에 내용과 관련된 핵심 개념을 명확하게 제시하고, 그래도 알아듣지 못하면 절차를 더욱 구체화, 세분화할 수 있으며, 내용 관련 어휘를 보다 쉬운 용어로 대체할 수 있고, 학생 배경지식과 연계시킨다. 그러나 미숙한 교사는 방금 전에 사용했던 용어와 설명 방식과 순서를 반복하여 설명하면서 학생들의 이해 부족을 질타한다. 그리고 자신의 눈높이에 초점을 맞추어 학습 내용 관련 배경지식을 생산한다. 이들은 주로 토해내는 교수법을 쓰고, 진도 떼기식 수업을 한다.

2) 소통 수업

잘 가르치는 교사는 '스토리텔링' 교수 기법을 활용하여 수업을 한다. 스토리텔링(storytelling)은 이야기(story)와 말하기(telling)의 합성어이다. 스토리텔링은 청자의 생각이나 행동 변화를 목적으로 이야기를 전달하는 의사소통 전략이다. 과학적인 분석과 논리를 바탕으로 한 일방적 설득(패러다임적 사고)이 상대방의 반발심을 불러일으키는 밀어내기 전략에 해당된다면, 이해와 몰입, 공감에 기초하여 청중의 감성을 자극하는 스토리텔링은 상대방의 경계심을 해소하고, 더 많은 공감대를 형성하는 당기기 전략에 해당된다.

스토리텔링 수업에서는 학생에게 새로운 맥락과 경험을 제공하고, 새로운 관점으로 내용을 이해하고, 동료와 상호작용을 하면서 공동으로 지식을 구성하고, 탐색하고, 성찰하는 학습 환경을 조성하거나 지원할 수 있다(정옥년 · 김동식 역, 2013). 이때에 학생은 이야기를 매개로 변형된 개념을 자연스럽게 관찰하고, 탐구하고, 비교하고, 가설을 설정하고, 조직하고, 요약하고, 적용하고, 비판하면서 고등 사고 활동을 한다. 이것이 바로 학생의 경험에 기초한 능동적 지식 구성과 상호작용에 기초한 협동적 지식 구성을 강조하는 구성주의 학습 이론과 일치하는 수업인 것이다. 위대한 교사는 학습 내용을 청자와 소통할 때에 비유나 전설, 신화, 우화, 실생활 사례 등을 활용하여 스토리텔링을 한다(Andrew, Hull, Donahue, 2013: 10).

스토리텔링 수업은 스토리텔링을 수업 설계(도입-전개-정리)의 도구로 활용하거나 수업 전략의 일환(학습 동기 유발, 학습 내용 탐구, 평가 도구 등)으로 사용하는 것을 말한다. 교사가 스토리텔링과 교육과정을 연결하면 학생들은 스토리와 연결된 교육과정을 이해하고, 공감하며 몰입하면서 학습 활동에 적극 참여하여 자신의 생각과 의견을 표현한다.

(1) '플랜더스 이야기'를 활용한 스토리텔링 수업 사례

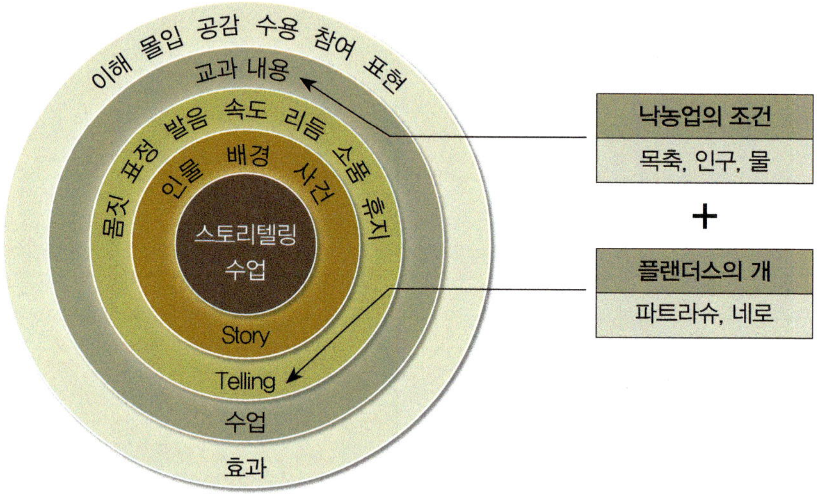

교사[8]는 '낙농업의 조건'이라는 학습 목표 도달과 관련된 학생의 학습 동기 유발을 위해 '플랜더스의 개'라는 디지털 자료를 보여 주면서 스토리텔링을 활용하여 수업을 한다. 먼저 '플랜더스의 개'에 나오는 삽화 하나를 보여 주면서 주인공 개의 이름을 묻는다. 일부 학생이 순간적으로 착각하여 '플랜더스'라고 대답하자 '파트라슈'라고 정정했고, 순간 교실에는 웃음꽃이 피어난다. 이어서 '우유 배달 했다.'라는 학생들의 대답을 바탕으로 파트라슈는 낙농업에 종사한 최초의 개라며 유머 화법을 구사한다. 그런 다음에 플랜더스의 개에 나오는 주요 장면인 '풍차', '낮은 구릉', '시냇물', '목초' 등을 상기시킨다. 이어서 세계지도를 칠판에 제시한 다음에 플랜더스가 어느 지역에 있는지 학생들이 유추하게 한다. 학생들은 교사가 제시하는 '아프리카 사막', '알래스카', '남미의 오지' 등의 자료를 바탕으로 플랜더스의 위치를 탐구하고, 결국에는 유럽에 위치한다는 것을 발견하게 된다. 이어서 교사는 스토리텔링에 기초한 학습 동기를 유발한 다음에 오늘의 학습 목표인 '낙농업의 조건 알기'를 소개한다.

8. 황규덕(안성여중) 선생님(에듀넷 우수 수업 동영상 탑재)

(2) '경포대의 추억'을 활용한 스토리텔링 수업 사례

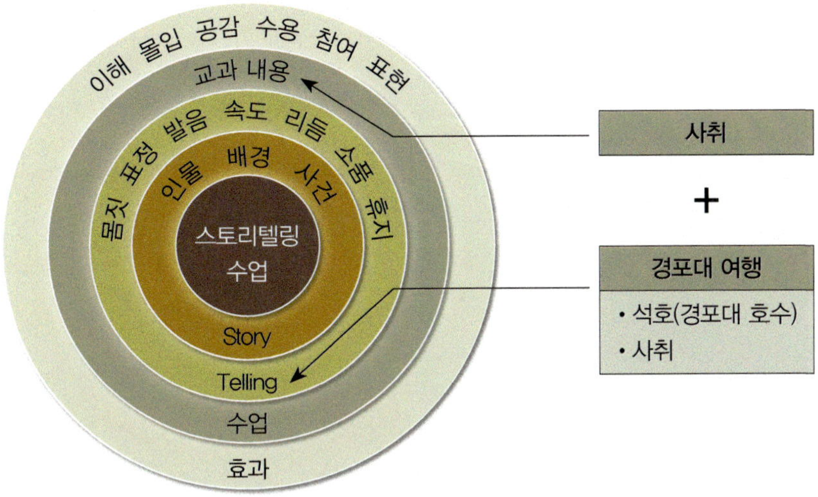

교사[9]는 대학생 시절의 추억과 사진 자료 및 음향 효과를 활용하여 학생의 주의집중을 유도했다. 남녀가 서로 어깨를 기대고 백사장에 앉아 푸른 동해를 바라보는 뒷모습을 사진 자료로 제시하면서 대학생 때에 여자 친구와 강원도에 놀러 갔던 일화를 들려준다. 동시에 흔히 방송 매체에서 추억을 회상할 때에 사용하는 경음악을 들려주며 분위기를 조성한다. 학생들이 큰 소리로 웃으면서 반응하자, 이번에는 바닷가를 다정하게 걷는 남녀(여자 얼굴은 모자이크 처리) 사진을 제시하면서 경포대의 추억을 회상한다. 당시에 여자 친구가 바닷가에 호수(경포호)가 있는 이유를 교사에게 물었고, 교사는 아직 전공을 이수하지 못한 관계로 미처 대답하지 못했다며 아쉬운 마음을 드러냈다. 그러면서 학생들에게 자신과 비슷한 경험을 할 수 있으므로 오늘 공부할 내용을 잘 배우면 좋겠다고 학습 동기를 유발한다.

이어서 교사는 만화 자료를 활용하여 사취의 개념을 설명했다. 사취가 형성되는 과정을 만화로 쉽고 재미있게 설명했고, 학생들의 이해를 돕기 위해 사취 사진을 제시했으며, 사취가 형성되는 과정을 종유석이 자라는 과정에 빗대어 설명했다.

9. 박사용(대원고) 선생님(한국교육과정평가원 교수학습 지원센터 탑재)

6. 이른바 수업 달인을 진정한 수업 달인으로 왜곡

'이른바 수업 달인'과 '진정한 수업 달인'은 다르다. 전자는 교육 공동체만이 인정하는 그들만의 '수업 달인'이다. 학교라는 공교육 울타리를 벗어나면 사회 구성원들은 그들의 수업 전문성을 인정하지 않는다. 이에 비해 진정한 수업 달인은 일반 달인들과 보편성을 공유한다. 모든 달인들은 명퇴나 정년을 하면 반드시 자신의 생업(生業)을 잇는다. 전직 판사나 검사는 변호사 사무실을 개업하고, 전직 대학병원 의사들은 동네 병원을 개업하며, 전직 국세청이나 법원 검찰직 공무원들은 세무사 사무실이나 법무사 사무실을 개업한다. 이것이 달인의 보편적 속성이다. 그렇다면 수업 달인은 명퇴나 정년을 하면 생업을 잇고 있는가? ○○교육청 혹은 ○○광역시 교육청에서 수업 달인 혹은 학교 경영의 달인으로 유명했던 교사나 관리자들은 명퇴나 정년 후에 자신의 생업을 잇고 있는가? 과연 우리 주변에서 ○○○수업 컨설팅 연구소, ○○○전직 수석 교사와 함께하는 국어 공부방, ○○○학교 경영 컨설팅 연구소처럼 전직의 전문성을 살리는 모습을 볼 수 있는가? 이에 대한 대답은 비관적이다.

이른바 수업 달인의 오명을 벗고 진정한 수업 달인으로 거듭나기 위해서는 무엇을 어떻게 해야 하는가? 달인의 보편적 특성을 주목해야 한다. 바로 '난제에 대한 도전과 해결이다'. 허준이나 화타는 난치병에 도전하고 해결했기에 후대 사람들은 그들을 의료의 달인이라고 부른다. 누구나 쉽게 진료하고 치료할 수 있는 감기분야의 '달인'이 존재하지 않는 것처럼 오직 난치병을 치료한 사람만이 의료의 달인이 될 수 있다. 그러나 난치병에 도전하여 수술을 1회 성공했다고 다 달인으로 인정할 수는 없다. 난치병에 대한 도전만큼이나 중요한 것이 수술 횟수에 대한 성공 횟수 즉 수술 성공 비율이다. 10% 성공률보다는 90% 성공률을 가진 사람을 더 전문가로 인정하는 것이 인지상정이다. 각 시도교육청에서 제공하는 우수 수업 동영상을 살펴보면, 주로 상 수준의 배움중심 수업이 주류를 이룬다(난치병 환자 대신에 감기 환자만을 치료하는 의사). 열심히 가르치는 교사와 열심히 배우는 일부 상 수준 학생들만이 주연이 되어 수업 무대의 중앙을 차지하고, 중위권이나 하위권 학생들은 참관자나 구경꾼이 되어 관객으로 전락한다. 대다수의 교사들은 이러한 수업을 선호한다. '청출어람이 청어람'이라는 말이나 '하나를 가르치면 열을 안다'는 말은 모두 우수한 상위권 학생들을 염두에 둔 말이다. 이른바 상 수준 중심의 수업 달인 동영상에서 상위권 외에도 중위권이나 하위권 대상의 학생을 잘 가르치는 것이 교사 수업 전문성의 핵심이고, 이것이 우리끼리가 아닌 사회 구성원 모두가 인정할 수 있는 교사의 수업 전문성이다.

2

PCK의 개념과 요소

제1절 | PCK의 유래와 개념

PCK는 교원의 수업 능력을 향상시키고, 교직을 전문직의 반열에 올려놓기 위한 노력의 산물이었다. 1980년대 미국의 학부모들과 교육계의 일부 인사들은 공립학교 교육 수준의 질적 저하 문제에 대해 심각한 우려를 표명했다. 당시에 교원의 학력 수준은 낮았고, 교원 양성 프로그램에서는 교과 내용을 중시했던 과거의 교육 방식과는 달리 교수법을 중시했다(Shulman, 2004: 199). 교직의 전문성에 대한 회의적 시각은 교육 개혁으로 이어질 수밖에 없었다. 교육 개혁을 지지하던 홈즈 그룹(Holmes Group, 1986)[10]이나 카네기 태스크 포스(Carnegie Task Force, 1986)는 우수 교사만이 지닌 실천적 지식을 토대로 새로운 교사 평가 체제를 구축했고, 이것을 기반으로 교직의 전문직화를 추구했다. 흔히 말하는 전문 직종의 의사나 변호사처럼 교사의 사회적 지위를 높이고, 학생과 학부모로부터 존경받는 풍토를 조성하는 것이 목표였다.

스탠포드 대학의 Shulman(1986)은 교직의 전문직화를 목적으로 카네기 프로젝트를 수행했다. 교사의 지식 기반을 교원 전문성 평가의 지표로 삼아 교사의 교과 내용에 대한 이해와 그것이 수업 현상에 미치는 효과에 초점을 둔 연구를 진행했다. 그런 다음 교사의 지식 기반 요소로 교과 내용 지식, 교육과정 지식, PCK(pedagogical content knowledge)[11]

10. 1986년에 주요 교육대학 학장들이 교사교육의 질을 높이기 위해 만든 모임이다. 홈즈 그룹의 주도하에 교사 교육 프로그램에 따른 입학기준을 높이고, 교원양성 기간도 연장했다. 미국 일부 주에서는 이들의 영향을 받아 학부 양성제가 아닌 대학원 양성제(5~6년)를 도입하기도 했다.

11. PCK는 'Pedagogical Content Knowledge'의 약자로 이에 대한 우리말 번역은 교수 내용 지식(김민희 2003; 민윤 2003), 교수학적 내용 지식(김용대, 2001; 박경민, 2001), 교수법적 내용 지식(방정숙, 2002), 내용 교수법(이화진 외, 2005) 등으로 다양하다. 2007년 한국교육과정평가원에서 PCK를 내용교수지식으로 명명한 이후 대다수의 연구자들이 이에 호응하고 있다. 그러나 내용교수지식이라는 용어는 PCK가 지닌 원어의 맥락적 의미를 온전하게 표상하지 못한다. Shulman(1986, 1987)은 PCK를 '특정 내용을 특정 학생들이 효과적으로 이해할

를 들었다(양윤정, 2007: 28−30). 교과 내용 지식(subject matter content knowledge)은 교과의 기본 개념이나 원리를 조직하는 여러 가지 방법에 관한 지식(실체론적 지식)과 참이나 거짓, 타당성이나 비타당성을 결정하는 방법에 대한 지식(구문론적 지식)이다. 교육과정 지식(curricular knowledge)은 특정 수준의 특정 교과와 주제를 가르치기 위해 개발한 다양한 유형의 프로그램, 교수 · 학습 자료 등이다. PCK는 교과 내용을 가르치는 방법에 대한 지식으로 교과 내용 지식과 교수법 지식의 특별한 결합체이다.

Shulman(1986, 1987)이 PCK를 소개하기 이전에도 교사 지식 기반에 대한 연구는 있었다. 1960년대 이전에는 주로 교과 내용 지식과 교수법 지식을 상호 독립적 영역으로 인식했고, 그 이후부터는 교과 내용 지식과 교수법 지식을 교사 지식의 영역에 포함시켰다. 이때에는 교과 내용 지식과 교수법 지식의 관계, 교사 지식과 교육 경험의 관계, 교사 지식이 학업 성취에 미치는 영향 등을 주로 연구했다(Abell, 2007). 그러다가 Shulman(1986, 1987) 이후부터 PCK가 새로운 교수 지식 요소로 설정된 것이다.

PCK 개념이 소개된 이후에 교수 방법이나 학습자 측면에만 초점을 맞추었던 교사 전문성 관련 연구들이 교육 내용이나 교사 측면에 초점을 맞추기 시작했다. 교사의 교육 내용은 무엇이고, 교육 내용을 학생들에게 어떤 방식으로 표현할 것이며, 교육 내용과 관련하여 학생들에게 어떤 질문을 해야 하고, 학생들이 지닌 오개념이나 난개념에 대해 어떻게 대처할 것인가의 문제가 교사 교육 연구의 핵심 과제로 떠올랐다.

◎ **PCK의 구성 요소**

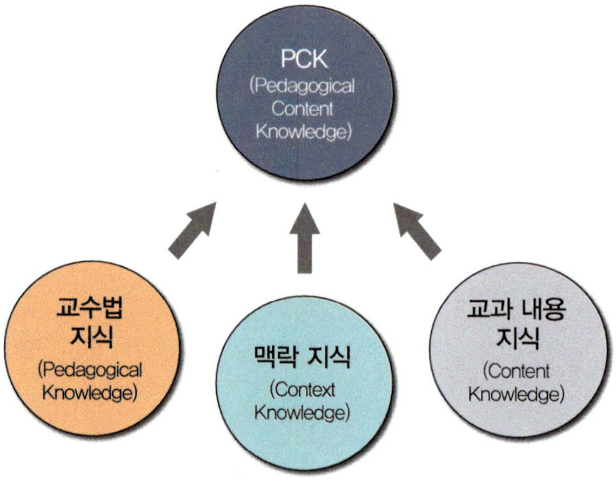

수 있도록 가르치는 방법에 대한 교사의 지식'으로 정의했다. 이후 진행된 후속 연구에서도 PCK의 구성 요소로 교과 내용 지식(Subject Knowledge), 교수법 지식(Pedagogical Knowledge), 맥락 지식(Context Knowledge)을 들고 있다. 이러한 관점에 따르면 탈맥락적 특성을 지니는 '내용교수지식'이라는 용어로는 맥락적 특성을 지닌 PCK를 온전히 표상할 수가 없으므로 원어인 PCK를 그대로 사용하고자 한다.

제2절 | PCK 위계

미국의 교육학자 William R. Veal과 James G. MaKinster(1999)는 대부분의 PCK 연구가 교사의 전문성 신장에 초점을 맞춘 것에 치중하여 교사의 PCK가 어떠한 역할을 하는지에 대해 정밀하게 설명하지 못하는 것에 주목했다. 그들은 Bloom 외의 '교육목표 분류학'의 방법을 차용해 다양한 학문, 교과 그리고 교과 내의 영역마다 가지고 있는 주제들 사이에서 PCK를 특수성의 수준에 따라 분류하는 연구를 했다. William R. Veal과 James G. MaKinster(1999)는 이전 연구에서 소개된 PCK 속성들을 모두 목록화한 다음 그 목록으로부터 가장 중요한 속성이 무엇인지 도출해 냈다. 그리고 선행 연구에서 다루어진 PCK의 유형들을 구분하고, 여기에 범주를 추가하여 다음 그림과 같은 PCK 분류 체계를 만들었다.

◎ PCK의 위계와 분류(William R. Veal & James G. MaKinster, 1999 수정)

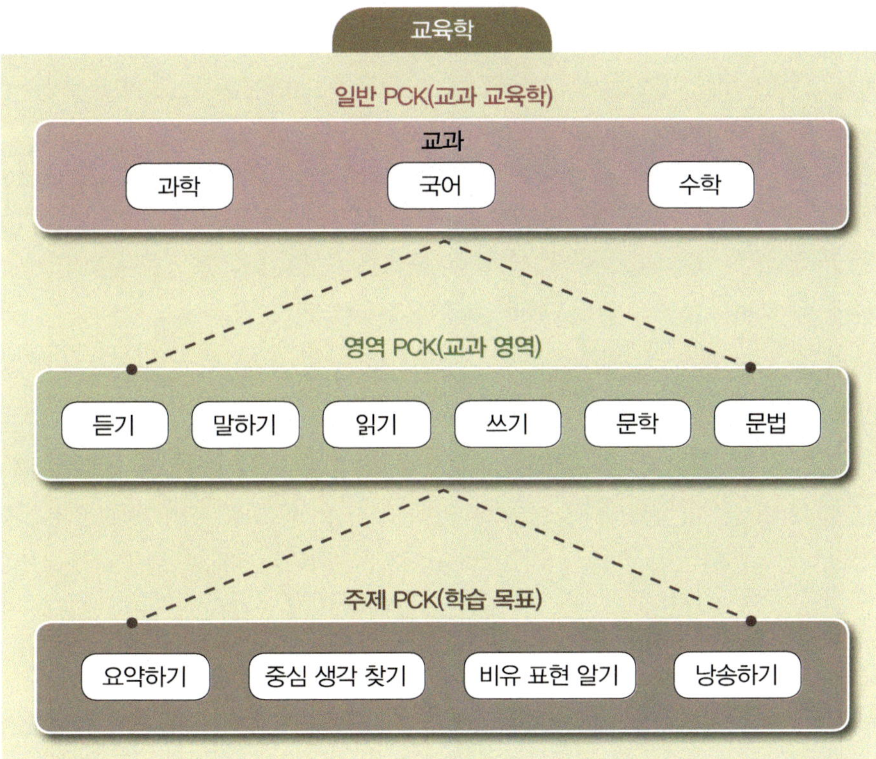

그림을 보면 PCK는 교육학의 하위 영역에 속하고, 다시 교과 PCK, 영역 PCK, 주제 PCK로 세분할 수 있다. 교과 PCK에서는 교과 수업 일반적인 또는 수업의 보편성에 해당하는 PCK를 다루고, 영역 PCK에서는 교과 영역과 관련된 PCK를 다루며, 주제 PCK에서는 단원이나 차시 관련 PCK를 다룬다.

이 분류를 바탕으로 교실 수업 장면을 분석하면, 대부분의 교사들이 주제 PCK보다는 일반 PCK나 영역 PCK에 의존하고 있음을 알 수 있다. 학생들에게 해당 차시 내용을 잘 가르치려면 해당 수업 내용과 직결되는 주제 PCK를 많이 활용해야 한다.

하지만 학교 현장에서 차시 수업의 중심에 있는 교수 · 학습 모형과 같은 큰 교수법은 이러한 주제 특정적인 PCK를 반영하기에는 한계가 있다. 국어과 교수 · 학습 모형은 위의 분류에 따르면 교과목 일반 PCK로 이것이 쓰기 수업의 주제 또는 교육 내용과 직접적으로 관련을 맺기는 어렵다. 과정 중심의 쓰기 지도 역시 쓰기의 과정을 분절적으로 나누고 각 단계에서 필요한 전략만을 지도하는 데 치중하여 구체적인 쓰기 주제를 효과적으로 다루지 못한다. 예를 들면, '문단 쓰기'가 수업의 주제라면 주로 문단에 담아야 할 내용을 생성하고 그것을 조직하고 초고를 만들어 내는 데 필요한 전략들을 과정별로 지도할 뿐, 문단의 개념이나 문단 쓰기의 원리 등은 직접적으로 다루지 않는다.

이러한 문제점을 비판하면서 박태호(2011)는 『국어 수업에 나타난 PCK 교수 변환 사례』에서 잘 가르치는 국어 수업을 위해서는 큰 교수법을 보완하는 작은 교수법 즉 교수 변환이 매우 중요함을 강조했다. 간단하게 말하면 차시 수업 내용과 관련된 학생들의 이해(선개념, 오개념, 난개념, 학습 흥미와 태도)를 진단하여 설명, 시범, 기억, 서사와 같은 작은 교수법을 통해 교수적 처방을 내리는 것이 PCK 중심의 국어과 수업의 핵심이라는 것이다. 여기서 말하는 작은 교수법은 그림에서 주제 PCK에 해당한다. 그러므로 쓰기 수업의 전문성은 교육학 지식이나 교과 일반 수준의 PCK를 통해 발휘되는 것이 아니라 적어도 영역 PCK, 나아가 주제 PCK를 많이 활용할 때에 구체화된다고 정리할 수 있겠다.

제3절 | PCK 요소

Grossman(1990)은 교사의 지식 기반 요소로 일반 교육학 지식, 교과 내용 지식, PCK, 상황 지식의 네 가지를 들고, 그 중에서 PCK가 교사의 교실 수업에 가장 큰 영향력을 미친다고 했다(Gess-Newsome, 1999). 그 다음 PCK의 구성 요소로 '교과 내용의 교수 목적에 대한 지식과 신념', '학생 이해에 대한 지식'(특정 교과의 특정 주제에 대한 학생의 이해와 그들이 지니고 있는 개념 및 오개념에 대한 지식), '교육과정 지식', '특정 주제에 대한 교수 전략 및 표상에 대한 지식'의 네 가지를 들었다(Lee, 2007 재인용).

Marks(1990)는 교사 지식과 PCK의 관계 규명에 초점을 맞추었던 Shulman(1987)과 Grossman(1990) 등과는 달리 PCK의 구성 요소 규명에 초점을 맞추었다. 이 연구자는 Shulman(1987)이 제시한 PCK 요소의 모호성을 비판하면서 교과 내용 지식과 수업 매체를 추가했다. 이 연구자에 따르면 PCK는 두 가지 지식으로 구성된다. 하나는 특정 교과의 내용 지식을 수업 상황에 맞게 변환시키는 지식이고, 다른 하나는 특정 상황의 특정 교과 내용 교수에 알맞게 교수법을 변환시키는 지식이다. Marks(1990)는 PCK가 교수법을 거의 모르는 교과 내용 전문가나 교과 내용을 거의 모르는 교수법 전문가에게서는 나타날 수 없는 실천적 차원의 지식이라면서 일명 '내용 의존적 교수 지식(content-specific pedagogical knowledge)'이라고 명명했다.

Cochran 외(1993)는 구성주의 이론에 기초하여 PCK의 개념을 수정했다(이연숙, 2006: 13~14; 이경은, 2007: 11). 지식을 고정적이고 폐쇄적 존재가 아닌 행위나 실천 속에서 역동적으로 구성되는 개방적인 존재로 파악하여 PCK와 구별되는 PCKg(pedagogical content knowledge knowing)라는 용어를 사용했다. PCKg는 교수법 지식, 교과 지식, 학습자 지식, 학습 환경 맥락에 대한 지식의 네 가지가 통합적으로 작용한다. Shulman(1987)의 PCK가 교수를 위한 교과 내용의 변환에만 초점을 두었다면, Cochran 외(1993)의 PCKg에서는 활성화된 과정으로서의 앎과 이해를 강조한다. 위의 연구자들은 PCKg가 특정 학습 맥락 내에서만 만들어지므로 맥락중심 교사 교육을 해야 한다고 주장했다.

Magnusson 외(1999)는 교과 교육과 관련 PCK 요소를 제안했다는 점에서 선행 연구와는 구별된다. 과학 수업 관련 PCK 구성 요소로 과학 수업에 대한 지향, 과학 교육과정에 대한 지식, 과학 평가에 대한 지식, 교수 전략에 대한 지식, 학생의 교과 내용 이해도에 대한 지식의 다섯 가지를 제시했다. 이것을 '펜타곤 모형'이라고 하는데, 대다수의 후속 연구자들은 이 모형을 지지한다.

지금까지의 논의를 정리하면 다음과 같다.

◎ 선행 연구에 제시된 PCK 구성 요소

연구자 \ PCK 요소	교육 목적	학생 이해	교육과정	표상 (교수 전략 포함)	평가
Shulman(1987)	D	O	D	O	
Grossman(1990)	O	O	O	O	
Marks(1990)		O		O	
Cochran et al(1993)		O		N	
Magnusson et al(1999)	O	O	O	O	O

D: 교수 지식 기반 요소이나 PCK 외부 요소
N: 명시적으로 밝히지는 않았지만 강조하기 위해 사용
O: PCK의 구성 요소로 제시

박성혜(2003), 문공주(2009: 20)는 PCK 구성 요소를 보다 구체적으로 설명했다. 교육 목적은 교사의 신념과 가치관에 따른 교육의 방향을 의미한다. 여기에는 과정중심 수업, 강의중심 수업, 개념중심 수업, 활동중심 수업, 발견학습, 과제기반 학습, 탐구학습, 안내된 탐구학습이 해당된다. 학생 이해는 학생의 개념 이해에 대한 지식이다. 학생이 특정 교과의 특정 내용에 대해 지닌 선개념, 오개념, 학습 곤란도, 학습 동기, 지적 · 신체적 발달 수준, 학습 전략, 학습자의 흥미와 관심 및 필요성 등에 대한 이해가 여기에 해당된다. 교수법 및 표상 전략은 특정 교과 내용을 효과적으로 가르치는 교수법과 학생 눈높이를 고려하여 내용을 변환시키는 것을 의미한다. 여기에는 다양한 교수법과 예시, 삽화, 시범, 실물, 일화와 전기, 그림, 발문, 설명 등이 해당된다. 교육과정은 학년별, 영역별 성취기준의 범주와 수준이 여기에 해당된다. 여기에는 교육과정 구성 원리, 교육과정 내의 내용 연계 원리, 범교과 내용 통합 원리, 교육과정 자료 활용 원리, 학년별 내용 전개 원리 등이 해당된다. 평가는 평가의 대상, 방법, 도구, 원리, 실행을 의미한다. 여기에는 교과 내용에 대한 평가 도구의 적합성, 학생 이해도 평가의 적절성, 평가 도구의 다양성(진단평가, 형성평가, 총괄평가) 등이 해당된다.

제4절 | PCK 펜타곤 모형

PCK 펜타곤 모형은 우수 교사가 구비해야 할 PCK 구성 요소 파악에는 도움이 되나 보다 구체적인 하위 요소 파악에는 여전히 미흡한 실정이다. 이 부분에 대해서는 과학과 PCK 측정 도구를 개발한 박성혜(2003)와 Park과 Oliver(2008)의 연구가 도움이 된다. 비록 과학과 PCK를 평가하는 도구이나 일부 내용을 수정 · 보완하면 교과 PCK 평가 요소로도 활용할 수 있다.

◎ PCK 펜타곤 모형

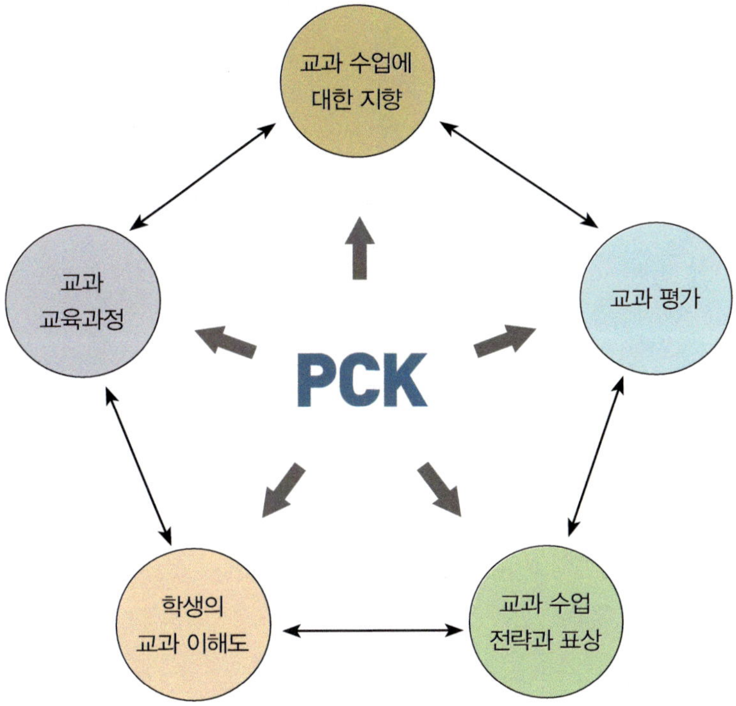

1. 교과 수업에 대한 지향

교과 수업에 대한 지향은 교과 수업을 바라보는 관점 혹은 인식에 해당된다. 교과 수업에 대한 교사의 지식과 신념이 해당 차시의 학습 목표 및 내용 선정과 학생 이해 수준 파악, 학생의 배움을 위한 교수 유형 및 자료 선정, 학습 결과 평가에 대한 교사의 의사 결정을 안내하는 '개념 지도'의 역할을 한다.

교과 수업 지향과 관련된 PCK 요소는 다음과 같다. ① 교과 목표 도달을 위해 과정중심 수업을 한다, ② 교과의 목표 도달을 위해 학문중심 수업을 한다, ③ 교과의 목표 도달을 위해 강의중심 수업을 한다, ④ 교과의 목표 도달을 위해 개념중심 수업을 한다, ⑤ 교과의 목표 도달을 위해 활동중심 수업을 한다, ⑥ 교과의 목표 도달을 위해 발견학습을 한다, ⑦ 교과의 목표 도달을 위해 과제 기반 학습을 한다, ⑧ 교과의 목표 도달을 위해 탐구학습을 한다, ⑨ 교과의 목표 도달을 위해 안내된 탐구학습을 한다.

2. 교과 교육과정에 대한 지식

교과 교육과정에 대한 지식은 교과에 대한 지식을 포함한다. 교과의 배경 학문은 무엇이고, 그것을 구성하는 철학이나 이론, 원리와 모형 및 전략의 실체는 무엇인지에 대해 지식을 바탕으로 교과 교육과정의 목표, 학년별 학습 내용의 수준과 범위, 교육과정을 반영한 교과서 구성 원리와 단원 전개 방식 등에 대한 지식을 추가하는 것이다.

교육과정 관련 PCK 요소는 다음과 같다. ① 교과 내용을 충분히 안다, ② 교과의 이론이나 법칙, 원리가 어떻게 개발되었는지를 안다, ③ 교과 내용에 대한 학생들의 예상 질문과 그에 대한 답변 내용을 안다, ④ 교과 내용을 구성하는 개념이나 원리, 이론을 안다, ⑤ 교과 교육과정 구성 원리를 안다, ⑥ 교과 교육과정 내의 내용이 어떻게 연계되는지를 안다, ⑦ 교과 교육과정 내의 주제들을 다른 개념에 적용할 수 있는지를 안다, ⑧ 교과서와 관련된 교육과정 자료를 다루는 방법을 잘 안다, ⑨ 교과 교육과정과 다른 교과와의 연계성을 잘 안다, ⑩ 교과 교육과정의 학년별 위계를 잘 안다, ⑪ 교과 교육과정의 실행 과정을 잘 안다.

3. 교과 평가에 대한 지식[12]

교사는 학생의 교과 학습 능력을 체계적이고 명확하게 평가한 결과를 바탕으로 자신의 수업 능력과 학생의 학습 능력을 개선할 수 있다. 이를 위해서 교사는 바람직한 평가관, 다양한 평가 방법과 도구를 구비해야 한다. 교과 학습 내용의 수준과 범위를 바탕으

12. 수업 목표 또는 교육과정에 명시된 수업 목표에 따라 그리고 교사가 해당 수업에서 지향하는 바에 따라 평가의 관점과 방법은 달라져야 한다.

로 평가 목표와 평가 도구를 결정해야 한다. 여기에는 선택형 평가, 서술형 평가, 논술형 평가, 포트폴리오 평가, 관찰 평가 등이 있다.

평가 관련 PCK 요소는 다음과 같다. ① 평가 도구가 특정 단원의 평가에 적합하다, ② 평가 방법은 특정 단원에 대한 학생 이해도 평가에 적합하다, ③ 평가 문항은 특정 단원에 대한 학생 이해도 평가에 적합하다, ④ 다양한 평가 방법을 활용하여 특정 단원에 대한 학생 이해도를 평가한다, ⑤ 진단평가, 형성평가, 총괄평가를 활용하여 특정 단원에 대한 학생 이해도를 평가한다, ⑥ 학생들은 특정 단원에 대한 특정 평가 방법을 이해한다.

4. 학생의 교과 내용 이해도에 대한 지식

학생들의 교과 이해도에 대한 지식은 특정 학생이 특정 단원의 지식을 습득할 때에 도움을 주기 위한 교사 지식이다. 여기에는 특정 단원의 지식에 대한 특정 학생의 흥미 파악, 선수학습 요소 파악, 오개념과 난개념 파악 등이 해당된다.

학생들의 교과 이해에 대한 지식 관련 PCK 요소는 다음과 같다. ① 학생들이 특정 단원에 대해 지니고 있는 배경과 경험의 차이를 이해한다, ② 학생들이 특정 단원에 대해 지니고 있는 선개념을 이해한다, ③ 학생들이 특정 단원을 학습하면서 무엇을 어려워하는지 안다, ④ 학생들이 특정 단원을 학습하면서 무엇을 잘 하는지 안다, ⑤ 학생들이 특정 단원을 학습하면서 무엇을 잘못 알고 있는지 안다, ⑥ 학생들이 특정 단원에 대해 지닌 태도와 습관을 안다, ⑦ 학생들이 특정 단원에 대해 지닌 적성과 흥미를 안다, ⑧ 학생들이 특정 단원에 대해 지닌 인지 발달 차이를 안다.

5. 교과 수업 전략과 표상에 대한 지식

교과 수업 전략은 특정 단원의 특정 내용 교수에 적합한 교수법을 의미한다. 여기에는 교사용 지도서에 제시된 문제해결 모형, 반응중심 수업 모형, 지식탐구 모형, 직접교수 모형 등이 해당된다. 국어 수업 표상으로는 특정 내용을 특정 학생의 발달 수준에 맞게 변환하여 가르치는 설명, 시범, 유추, 증명, 비유 등이 있다.

교과 수업 전략 및 표상에 관한 PCK 구성 요소는 다음과 같다. ① 학생들이 특정 단원의 특정 내용 학습에 흥미를 보이도록 다양한 교수법을 활용한다, ② 학생들에게 특정 단원의 특정 내용을 가르치기 위해 재미있는 교수법을 활용한다, ③ 학생들의 특정 단원의 특정 내용에 적합한 교수법을 활용한다, ④ 특정 단원의 내용에 대한 이해를 돕기 위해 예(관련된, 유사한, 낯선)를 든다, ⑤ 특정 단원의 내용에 대한 이해를 돕기 위해 삽화를 활용한다, ⑥ 특정 단원의 내용에 대한 이해를 돕기 위해 시범을 보인다, ⑦ 특정 단원의 내용에 대한 이해를 돕기 위해 실물을 활용한다, ⑧ 특정 단원의 내용에 대한 이해를 돕기 위해 일화나 전기를 활용한다, ⑨ 특정 단원의 내용에 대한 이해를 돕기 위해 발문(회상, 기억, 주의집중, 문제 상황 제시, 활동 유발, 추론, 비교와 대조)을 활용한다, ⑩ 특정 단원에 대한 이해를 돕기 위해 적합한 설명(은유, 유추, 비유)을 한다.

제5절 | 교과 내용에 따른 교수 변환(눈높이 교수법)

모든 학습자는 학습 활동 상황마다 독자적으로 과제를 해결하는 '실제 발달 수준'과 교사나 유능한 동료의 도움을 받으면서 과제를 해결하는 '잠정적 발달 수준'을 갖는다. 그리고 이 두 수준 사이에는 약간의 틈이 발생하는데 그 사이의 거리를 '근접 발달 영역'이라고 한다(Vygotsky, 1978). 근접 발달 영역은 학습과 인지 발달이 일어나는 역동적인 영역이다. 근접 발달은 학습이 발생하는 곳이면 어디에나 존재하며, 학습자에 따라 다르게 나타나고 심지어는 동일한 학습자라도 과제 수준과 과제 구조에 따라 여러 수준에 걸쳐 다양하게 나타날 수 있다(Tharp & Gallimore, 1988). 근접 발달 영역 내에서의 효과적인 교수 · 학습 활동을 촉진할 수 있는 방안 중의 하나가 비계설정(scaffolding)[13]이다. 비계는 건축 분야에서 사용되는 용어로 우리말 번역은 '비계' 혹은 '발판'이 된다.

Shulman(1987)은 근접 발달 영역 내의 비계설정과 유사한 개념으로 '변환'이라는 용어를 사용했다. 실제 발달 수준에 해당되는 학생은 나름대로 배경지식('아는 지식')을 갖고 있고, 이러한 배경지식은 교사가 제공하는 교수학적 변환의 과정을 거쳐야 잠정적 발달 수준에 해당되는 '알게 된 지식'을 가질 수 있다. 변환은 ① 준비, ② 표상, ③ 선택, ④ 조정의 네 요소로 구성된다(Shulman, 1987). ① 준비는 학생 발달 단계를 고려한 교과

13. 한순미(1999: 140~146)는 비계설정의 구성 요소와 목표에 대해 다음과 같이 이야기하고 있다. 비계설정의 구성 요소에는 공동의 문제 해결, 상호 주관성, 따뜻함과 반응, 언어의 매개가 포함되며, 비계설정의 목표에는 아동을 근접 발달 영역 내에 머무르게 하기, 자기 조절 능력을 증진시키기가 포함된다.

내용의 구조화와 배열을, ② 표상은 유추, 은유, 예증, 예시, 설명, 시뮬레이션을 활용한 학생 이해의 인도를, ③ 선택은 표상된 내용에 알맞은 교수법 선정을, ④ 조정은 표상된 내용을 학생의 선개념, 오개념, 난개념을 고려하여 조정하는 것이다.

◎ 근접 발달 영역(ZPD)과 교수 변환

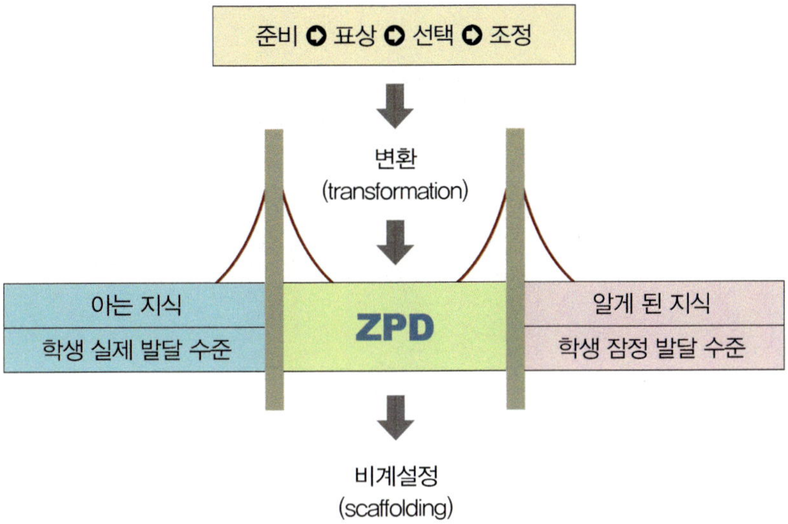

Shulman(1987) 이후 많은 연구자들이 교수 변환의 핵심 도구인 표상(representation)을 집중적으로 연구했다(한희정, 2010: 18~21).[14] Wilson(1988)은 교수법 지식의 핵심을 표상으로 파악하고, 수업에서 표상의 중요성을 강조했다. 그에 따르면 교사는 특정 학생과 특정 내용에 대해 소통할 때에 표상을 도구로 활용하는데, 여기에는 삽화, 설명, 발문, 과제 등이 포함된다. 한편, 교과 내용에 대한 표상 방식을 PCK의 핵심으로 보았던 Ball(1988)도 표상의 언어적 도구 유형으로 교과서, 교수 자료, 시범, 그래픽, 은유, 활동, 설명 등을 들었다. PCK를 어떻게 가르칠 것인가에 대한 지식으로 규정한 Chen과 Ennis(1995) 역시 표상의 언어적 도구 유형으로 유추, 예증, 예시, 설명, 시연, 학습 단서, 연습 등을 제시했고, Delaney(1997)는 자기이야기(self-stories)를 들었다. 자기이야기는 언어적 표상임과 동시에 시간과 공간을 넘나드는 특성이 있기 때문에 텍스트 중심 PCK가 지닌 단점을 보완해 줄 수 있다(박태호, 2011: 110~111).

14. 한희정(2010: 21)은 본문에서 논의하지 않은 일부 연구자들의 언어적 표상 도구 유형을 표에 제시했지만, 이 연구에서는 제외했다.

지금까지 Shulman(1987), Wilson(1988), Ball(1988), Chen과 Ennis(1995), Delaney(1997) 등이 제시한 PCK 표상 도구에 대해서 알아보았다. 이것을 정리하면 다음과 같다.

◎ **선행 연구자의 PCK 표상 도구 유형**

연구자	PCK 표상 도구																			
	은유	유추	예증	비유	예시	시연	교실활동	숙제	이야기	삽화	설명	발문	과제	교과서	교수자료	모델링	단서	연습	시뮬레이션	그래픽
Shulman(1987)[15]	V	V	V		V						V								V	
Wilson(1988)					V		V			V	V	V	V							
Ball(1988)	V						V				V			V	V	V				V
Chen과 Ennis(1995)		V	V		V	V					V						V	V		
Delaney(1997)									V											

한편 Park과 Oliver(2008)는 과학 수업을 대상으로 한 PCK 수업 사례 연구에서 표상의 언어적 도구 유형으로 설명(은유, 유추, 비유), 예시(관련된 예시, 유사한 예시, 관련성이 떨어지는 예시), 서사(이야기/일화, 전기), 삽화, 기억, 발문(사실/회상, 주의 집중, 문제 상황, 행동 유발, 추론, 비교), 논증(논리, 연역, 귀납)을 들었다. Park과 Oliver(2008)가 제안한 표상의 언어적 도구 유형은 유관항목을 중심으로 범주화하고, 실제 교실 수업에서 발생할 수 있는 수업 대화 유형을 구체적으로 반영한 점에서 한희정(2010)보다 더 체계적이다.

이 연구에서는 Park과 Oliver(2008), 한희정(2010)의 의견을 주축으로 삼되, 일부 항목을 수정 · 보완하고자 한다. 우선, Park과 Oliver(2008)가 제시한 설명의 하위 요소에 예증, 예시, 실물, 정의를 포함시킨다. 한희정(2010)이 제시한 숙제와 과제는 굳이 구분할 이유가 없으므로 과제로 통일하고, 교과서와 교수 자료는 그림 자료, 설명 자료, 연습 자료 등과 중복되므로 제외한다. 이 경우에 표상의 언어적 도구 유형으로 설명(은유, 유추, 비유, 예시, 실물, 그림, 정의), 시범, 기억, 서사, 삽화, 발문, 논증, 단서, 연습, 과제, 매체, 그래픽을 설정할 수 있다.

15. 한희정(2010: 21)은 Shulman(1987)이 제안한 표상의 언어적 도구로 은유, 유추, 예증, 예시, 교실활동, 숙제를 들고 있으나 필자가 조사한 문헌에서는 은유, 유추, 예증, 예시, 설명으로 제시되어 있어 수정했다.

Park과 Oliver(2008), 한희정(2010)은 선행 연구자들이 제시한 언어적 표상의 도구 유형을 체계적으로 제시했으나 개선해야 할 부분도 있다. 두 연구자 모두 '표상'을 변환의 일환으로 파악하지 않고, 표상의 언어적 도구 유형 파악 자체만을 중시했다. 때문에 표상된 내용에 적합한 교수법을 선정한 다음에 학생이 지닌 오개념과 선개념, 학습 곤란도 등을 고려하여 표상된 내용을 학생 발달 수준에 맞게 조정하는 활동이 생략되었다. 표상은 의사의 처방전과 같다. 환자를 진단하지 않고 처방을 하면 의료 사고로 이어질 개연성이 높은 것처럼, 학생을 진단하지 않고 처방을 하면 학습 결손으로 이어질 가능성이 높다. 이에 학생의 배경지식, 오개념, 곤란 유형, 학습 흥미와 태도 등을 진단하는 항목을 추가하고자 한다. 이것을 정리하여 표로 제시하면 아래와 같다.

◎ **PCK 표상 도구 유형**

개념	처방 전략(✓)									
	설명	시범	단서	연습	실습	발문	과제	서사	매체	기타
오개념										
난개념										

제6절 | CoRe를 활용한 PCK 수업 설계

1. 일반 수업 설계의 문제

수업 설계의 형식과 관련된 딜레마 중 가장 대표적인 것이 관습에 기초한 형식적 수업 설계이다. 학교에서는 수업 설계라는 용어 대신에 '세안'이나 '약안' 또는 '교수 학습 과정(안)'이라는 용어를 사용한다. 세안은 '단원 수업 설계'에 해당되고, 약안은 '차시 수업 설계'에 해당한다. 초등 교육 현장에서 관습적으로 사용되는 수업 설계(안)은 '1. 단원명 → 2. 단원 개관 → 3. 단원 목표 → 4. 단원 학습 계통 → 5. 단원 과제 분석 → 6. 실태 분석→ 7. 지도 방안 → 8. 지도 유의점 → 9. 평가 계획 → 10. 참고 자료'이다. 교사들은 이러한 관습적 수업 설계를 하면서 딜레마에 빠진다.

"수업 공개를 준비하면서 가장 힘들었던 것 중 하나가 세안 작성이다. 관리자들이 세안에 집착하는 이유를 생각하고, 그럴 때마다 관리자 입맛에 맞는 수업 설계를 할 것인지 아니면 내가 원하는 방식으로 수업 설계를 할 것인지를 고민한다. 그분들이 원하는 세안은 우수 연구대회 우수작 유형이다. 그러나 화려한 이론과 자료로 치장하고, 마치 수업자의 수업 기술을 뽐내는 듯한 느낌을 주기에 거부감이 들고, 그럴 때마다 선택의 기로에서 갈등한다.

6년 전 쯤에 장학지도 시에 공개수업을 했다. 교장 선생님의 체면과 관계있으니 공개 수업을 잘해야 한다는 부장 선생님의 말씀을 따라 정말 열심히 준비했다. 교감 선생님과 교무 선생님을 비롯한 여덟 분이 수업 연구대회 우수 교사의 수업 세안을 주시면서 수업 설계 시에 적극 반영하기를 원하셨다. 그분들의 말씀대로 추천 자료를 참고하여 세안을 작성한 다음에 학년 선생님과 협의를 했다. 학년 부장 선생님은 앞부분에 장학사가 잘 모르는 첨단 이론을 넣어서 수업을 설계하라고 했다. 그래야 열심히 한 것처럼 보인다는 것이다. 내가 하고 싶은 수업과 화려한 이론이 도대체 어떤 관계인지 궁금했다."(H 교사의 일화)

H 교사는 자신이 원하지 않는 관습적인 세안 작성법을 그대로 따라야 하는 현실에서 고민한다. 이러한 고민은 비단 H 교사 개인의 고민만은 아니다. 대부분의 교사들이 ① 설정, ② 분석, ③ 설계, ④ 개발, ⑤ 실행으로 진행되는 관습적 수업 설계의 일반 절차에 따라(김인식 외, 2000), 단원을 개관하고, 단원 학습 계통도를 작성하며, 단원 과제를 분석하고, 실태 분석에 기초한 지도 계획을 수립한다. 그리고 이러한 관습은 예비 교사에게도 암묵적으로 전수된다. 그러나 예비 교사는 교재관, 학생관, 사회관 부분을 피아제나 비고츠키, 콜버그나 에릭슨 등과 같은 교육학자들의 이론으로 도배하는 것에 대해 회의적인 반응을 보인다. 아울러 단원 학습 계통도 및 학습 과제 분석을 그래픽 조직자를 사용하여 깔끔하고 멋지게 처리하도록 요구하는 현장 관행이나 특정 단원과 무관한 교과 일반 선호도나 학생 흥미도를 형식적으로 파악하는 탈맥락적인 실태 분석에 대해서도 회의적인 반응을 보인다.

이제 수업 열정에 기댄 관습적 수업 설계 경향을 탈피해서 수업 전문성에 기초한 수업 설계를 고민할 때이다. 이 연구에서는 PCK 수업 설계에서 그 해결 방안을 찾고자 한다.

2. CoRe를 활용한 PCK 수업 설계

내용 표상(CoRe: Content Representation)은 Laughran 외(2001)가 수업 전문성이 우수한 과학 교사의 PCK를 표상하기 위해 개발한 도구이다. 이들은 우수 교사의 PCK를 표상하기 위해 여덟 개의 질문 목록을 개발했고, 이것을 내용 표상(CoRe)이라고 한다. 내용 표상(CoRe)은 무엇을 어떻게, 왜 가르치는가에 대한 진술문 형태로 제시된다. 교사는 이러한 질문에 대한 해결 방안을 모색하면서 학습(단원) 내용, 학습 필요, 관련 지식, 관련 교과에 대한 학생 이해, 상황 이해, 교수 방법, 학생 평가 등에 대한 정보를 수집, 분석, 평가하게 되고, 이것이 바로 우수 교사가 PCK를 획득하는 과정과 유사하다. 때문에 내용 표상(CoRe)을 활용하여 수업을 설계하면 우수 교사가 특정 교과의 특정 주제에 대한 PCK를 기반으로 수업을 설계하는 것처럼, 일반 교사도 과학적이고, 체계적으로 수업을 설계할 수 있고, 수업 능력이 부족한 교사의 교과 수업 전문성을 향상시킬 수 있다.

이에 CORE를 활용한 여덟 가지 질문 목록과 PCK 5대 요소를 결합하여 PCK 수업 설계 요소를 추출하고자 한다 '① 학생들에게 가르치려고 하는 내용은 무엇인가?', '② 이 내용(개념)을 학생들이 학습하는 까닭은 무엇인가?', '③ 이 내용(개념)과 관련하여 교사만 알고 있고 학생에게는 아직 가르치지 않은 내용은 무엇인가?'라는 CORE 요소는 교육과정 PCK와 연계된다. '④ 이 내용(개념)을 지도할 때 고려해야 할 핵심 지식은 무엇인가?(선개념, 오개념, 난개념)'는 학생 이해 PCK와 연계된다. '⑤ 이 내용(개념)을 지도할 때에 사용하는 교수 방법과 이유는 무엇인가?', '⑥ 이 내용을 지도할 때에 고려해야 할 유의점은 무엇인가?', '⑦ 이 내용(개념)을 지도할 때에 영향을 미칠 수 있는 요인들은 무엇인가?'는 수업 방향 및 수업 전략 PCK와 연계된다. '⑧ 이 내용(개념)에 대한 학생들의 이해도나 어려움을 평가하는 방법은 무엇인가?'는 학생 평가 PCK에 해당된다. 이 중에서 ⑥과 ⑦은 개념이 중복되어 혼란스럽다는 현장 의견을 반영하여 ⑥으로 통일했다.

이것을 일반 수업 설계 요소와 비교하여 제시하면 다음과 같다.

<table>
<tr><th>PCK 요소</th><th>CoRe(내용 표상) 요소</th><th>PCK 수업 설계 요소</th><th>일반 수업 설계 요소</th></tr>
<tr><td rowspan="3">교과 교육과정</td><td>① 학생들에게 가르치려고 하는 내용은 무엇인가?</td><td>㉮ 학습 내용</td><td>1. 단원명
3. 단원 목표
4. 단원 학습 계통
5. 단원 과제 분석</td></tr>
<tr><td>② 이 내용(개념)을 학생들이 학습해야 하는 까닭은 무엇인가?</td><td>㉯ 학습 필요</td><td>2. 단원 개관</td></tr>
<tr><td>③ 이 내용(개념)과 관련하여 학생에게 아직 지도하지는 않았으나 교사가 알아야 할 내용은 무엇인가?</td><td>㉰ 교수 자료</td><td>10. 참고 자료</td></tr>
<tr><td>학생 교과 이해</td><td>④ 이 내용(개념)을 지도할 때 고려해야 할 핵심 요소는 무엇인가?</td><td>㉱ 학생 이해
선개념(선수 학습 내용)
난개념(학습 곤란 내용)
오개념(학습 오류 내용)</td><td>6. 실태 분석</td></tr>
<tr><td rowspan="3">교과 수업 전략 및 표상 & 교과 수업 방향</td><td rowspan="2">⑤ 이 내용(개념)을 지도할 때에 사용하는 교수법과 이유는 무엇인가?</td><td>㉲ 교수 방법(큰 담론)
수업 모형</td><td rowspan="2">7. 지도 실제</td></tr>
<tr><td>㉳ 표상(작은 담론)
설명, 시범, 연습, 단서, 서사, 발문, 매체, 과제</td></tr>
<tr><td>⑥ 이 내용을 지도할 때에 고려해야 할 유의점은 무엇인가?</td><td>㉴ 지도 유의점
학생 발달 수준
수업 전문성 수준</td><td>8. 지도 유의점</td></tr>
<tr><td>학생 평가</td><td>⑦ 이 내용(개념)에 대한 학생들의 이해도나 어려움을 평가하는 방법은 무엇인가?</td><td>㉵ 학생 평가</td><td>9. 차시 평가</td></tr>
</table>

PCK 수업 설계 요소와 일반 수업 설계 요소를 비교하면, ④번과 '6'번, ⑤번과 '7'번의 두 항목만 크게 차이가 난다. 일반 수업 설계의 '6'번이 해당 교과에 대한 선호도나 학생 반응 등처럼 차시 목표와 관계없는 수업 관련 일반 실태를 분석한다면, PCK 수업 설계의 ④는 해당 단원이나 차시와 관련된 오개념(기능), 난개념(기능), 선개념(기능)에 대한 실태를 분석한다. 일반 수업 설계의 '7'번이 수업 모형처럼 큰 교수법을 바탕으로 교수 학습을 설계했다면, PCK 수업 설계의 ⑤는 설명, 시범, 연습, 관찰, 추론, 요약, 발표, 토론 등의 작은 교수법을 활용하여 수업을 설계한다.

3

학생 배움중심의 수업 모형과 요소

제1절 | 학생 배움중심의 수업 개념

학생 배움중심 수업은 '학생중심', '배움중심', '수업'의 세 요소로 구성된다.

학생중심 수업에서는 학생이 학습 활동의 주체가 되어 학습 내용을 선정하고, 자신의 경험을 바탕으로 새로운 내용을 배우기 위해 도전하며, 배우고 익힌 내용을 말과 글로 표현하고, 자신의 학습 과정을 평가하고 조정하는 활동을 중시한다.

배움중심은 학습 활동의 초점을 학생의 배움에 맞춘 것이다. 그렇다면 학생은 언제 배움이 일어났다고 할까? 아마 자신이 모르는 것을 새로 알게 되었을 때(개념이나 기능), 어려워하던 것을 완전하게 알게 되었을 때(난개념이나 난기능), 잘못 알고 있는 것을 정확하게 알게 되었을 때(오개념이나 오기능)에 배웠다고 할 것이다. 여기서 새로운 개념(기능), 난개념(기능), 오개념(기능)이 학생 배움의 내용이 된다.

수업은 전략과 원리로 구별할 수 있다. 수업 전략은 다시 '자기주도 학습'과 '타자주도 학습'으로 대별할 수 있다. 자기주도 학습 능력이 우수한 학생은 경청, 관찰, 조사, 탐구, 추론, 해석, 요약, 토의, 발표 등의 활동을 하면서 스스로 학습을 한다. 이에 비해 자기주도 학습 능력이 떨어지는 학생은 교사나 동료의 도움에 기초한 안내된 타자주도 학습을 한다. 이때에 교사나 유능한 동료는 학생이 배움의 과정 중에 주춤하거나 멈칫할 때에 스스로 도전하여 문제를 해결하고 한 단계 도약할 수 있도록 설명, 시범, 힌트, 서사, 연습, 발문 등의 도움을 제공한다. 자기주도 학습과 타자주도 학습이 활발하게 이루어지고, 매끄럽게 진행될 수 있도록 촉매제와 윤활유의 역할을 하는 수업 원리는 '공감'과 '지원'으로 구분할 수 있다. 자기주도 학습 능력이 우수한 학생에게는 스스로 공부할 수 있도록 수용하기, 칭찬하기, 신뢰하기, 존중하기, 표현하기와 같은 공감 활동을 주로 하고, 자기주도 학습 능력이 부족한 학생에게는 타인의 도움을 받아 스스로 공부할 수 있도록 개발하기, 연결하기, 협동하기, 참여하기, 도전하기, 반성하기와 같은 지원 활동을 주로 한다.

제2절 | 학생 배움중심의 수업 모형과 설계 맵

1. 학생 배움중심의 수업 모형

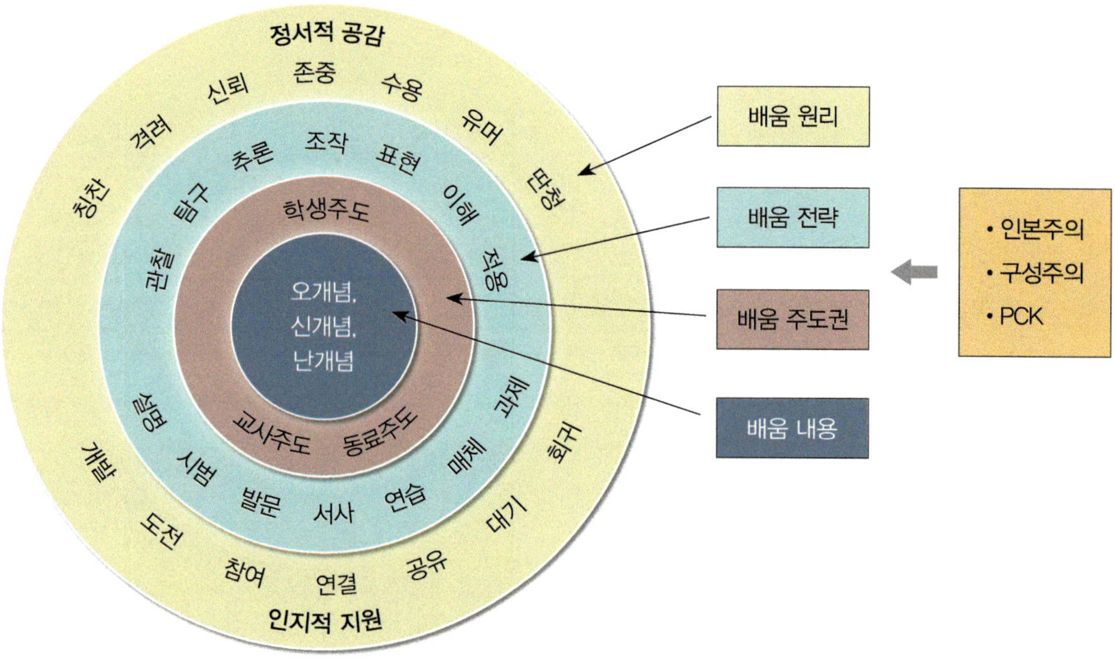

2. 학생 배움중심의 수업 설계 맵

교과		학년–학기		단원	

배움 이유					
배움 내용	학습 목표				
	학습 내용(신개념/신기능)				
	학생 배움 저해 요소	오개념(기능)			
		난개념(기능)			
배움 전략	자기주도	항목	활동	항목	활동
		□ 관찰		□ 조사	
		□ 가설		□ 탐구	
		□ 경청		□ 추론	
		□ 해석		□ 요약	
		□ 조작		□ 발표	
		□ 독해		□ 토의	
		□ 예상		□ 변환	
		□ 측정		□ 결론	
		□ 표현		□ 기타	
	타자주도	□ 설명		□ 과제	
		□ 시범		□ 매체	
		□ 연습		□ 서사	
		□ 발문		□ 그림	
		□ 단서		□ 기타	
배움 주도권	교사주도 학생 참관				
	교사주도 학생 부분 참여				
	학생주도 교사 부분 참여				
	학생주도 교사 참관				
배움 원리	공감	□ 신뢰하기		□ 칭찬하기	
		□ 수용하기		□ 존중하기	
		□ 격려하기		□ 딴청부리기	
		□ 유머 활용하기		□ 기타	
	지원	□ 연결하기		□ 참여하기	
		□ 개발하기		□ 되돌리기	
		□ 도전하기		□ 표현하기	
		□ 나누기		□ 기타	

제3절 | 학생 배움중심의 수업 요소

1. 학생 배움중심의 수업 주도권

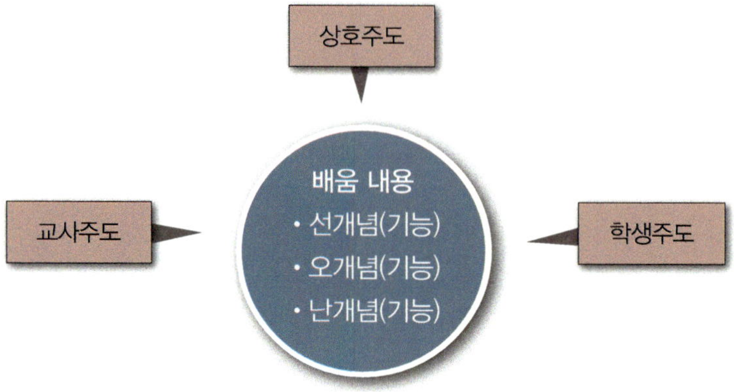

Florio-Ruane과 Lensmire, Timothy(1989)에 따르면 교수(가르침)와 학습(배움)의 주도권 양상을 교사주도, 상호주도, 학생주도의 세 유형으로 구분할 수 있다. Spiro 외(1988)는 교실 수업 측면에서 볼 때에 교사주도, 상호주도, 학생주도 배움을 상호배타적 관점이 아닌 상호보완이나 상호교섭의 관점에서 파악하는 것이 효과적이라고 했다.

◎ 수업 현상과 배움의 주도권

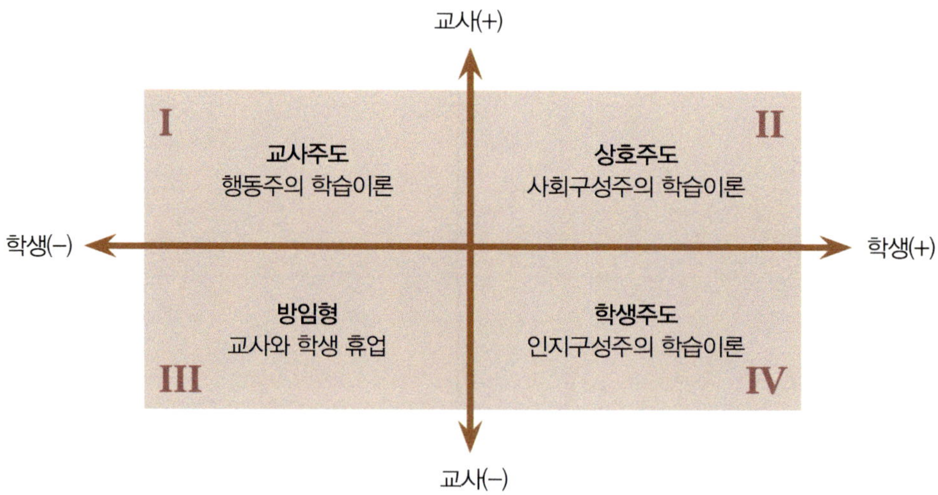

이 그림을 보면 교수(가르침) · 학습(배움) 현상의 탐구 범주는 네 구역으로 이루어져 있다. 교사의 높은 참여와 학습자의 낮은 참여(I), 교사의 높은 참여와 학습자의 높은 참여(II), 교사의 낮은 참여와 학습자의 낮은 참여(III), 교사의 낮은 참여와 학습자의 높은 참여(IV) 구역이다. 일반적으로 (I) 구역을 전통적인 객관주의 수업, (II)와 (IV) 구역을 구성주의 수업으로 명명하고, (III) 구역은 가르침과 배움이 발생하지 않는 방임형 수업이라는 점에서 제외한다.

1) 행동주의 학습과 교사주도 배움

현대 수업 이론가들은 (I) 구역을 전달식 수업, 암죽식 수업, 은행 적금식 수업이라면서 강력히 비판한다. 행동주의 학습에 따르면 지식은 학생 외부에 객관적으로 존재하는 진리이고, 학생은 그러한 진리를 마치 백지가 먹물을 빨아들이듯이 무비판적으로 수용하는 존재이며, 수업은 객관적으로 존재하는 진리를 반복 훈련에 따라 교사가 학생에게 가르치고 배우는 활동이 된다. 여기서 교사는 객관적 지식을 학생의 머릿속에 주입하는 전달자의 역할, 부모가 암죽을 만들어 아기에게 이유식을 먹이는 것처럼 학생에게 지식을 세분화하고 가공하여 떠먹이는 역할, 고객의 돈을 예치하여 저축을 하는 은행원처럼 학생의 머릿속에 지식을 차곡차곡 쌓는 역할을 한다. 이러한 수업에서는 교사 지시에 의한 강의와 일제 학습, 부분에서 전체로의 교수 · 학습, 교과서와 연습장 중심의 교수 · 학습, 수업 참여의 수동성, 학습 목표 도달 확인을 위한 정답 확인 질문의 사용 등이 우세하다(최현섭 · 박태호 · 이정숙, 2000).

2) 사회구성주의 학습과 상호주도 배움

(II) 구역인 사회구성주의 학습에서는 담화 공동체의 사회적 중재에 따른 개인의 능동적 지식 구성을 중시한다. 학습의 사회 · 문화적 관점을 주장하는 사회구성주의자들은 지식이 학습자에 의해서 능동적으로 구성되는 것이 아니라, 사회 · 문화적 실행에 참여하는 가운데 구성된다는 입장을 갖는다(Vygotsky, 1978; Wertsch, 1992; 강인애, 1997). 이들은 인지, 즉 사고를 개인의 주관적인 심리 과정으로만 한정하여 파악하는 인지구성주의를 비판한다. 그리하여 학습을 사회 · 문화적 실행 속에서 이루어지는 전문가와 초보자의 도제 관계로 파악한다. 여기서 초보자인 학습자는 도제 과정을 통해 전문가로부터 문화적 의미를 전수받게 된다. 결국 인지구성주의에서는 학습을 자기주도적 조절과 상호작용으로 파악하는 반면에 사회구성주의에서는 인지적 도제에 의한 전수의 과정으로

파악하고 있음을 알 수 있다.

사회구성주의 학습 이론에서는 학습을 지적으로 우수한 공동체 구성원들 간의 사회적 상호작용을 통한 내면화 과정으로 파악한다(박태호, 1996). 인지 발달의 측면에서 볼 때에 학습은 사회적 수준에서 개인적 수준으로 진행된다. 사회적 수준의 학습은 전문가인 교사나 유능한 학습자들과의 대화적 상호작용을 통해 이루어지며, 이들은 사회적 중재 활동을 통해 자기주도 학습 능력을 신장시킨다. 교사주도로 이루어지는 사회적 수준의 학습은 교사와 학습자의 협동학습의 단계를 거쳐 개인적 수준의 학습으로 나아간다. 이때에 학습자는 사회적 대화를 통해 습득했던 '사회적인 말'을 개인적 수준으로 내면화하게 된다. 여기서 내면화된 사회적인 말을 '사고' 혹은 '내적 대화'라고 한다. 학습자는 책임 이양의 틀 속에서 이루어진 학습 활동을 경험하면서 획득한 내적인 대화를 통해 자신의 인지와 행동을 조정하게 되는 것이다. 내적인 대화는 자기주도 사고의 효시가 되며, 이것이 완전하게 내면화되었을 때에는 자기주도성을 획득하게 되는 것이다. 사회적 중재 활동을 통한 자기주도 학습은 근접 발달 영역 내에서 일어난다(Vygotsky, 1978; Wertsch, 1986). 모든 학습자는 학습 활동 시 독자적으로 과제를 해결할 수 있는 실제 발달 수준과 잠정적 발달 수준을 갖는다. 이 두 수준 사이에는 약간의 틈이 발생하는데, 그 사이의 거리를 '근접 발달 영역'이라고 한다. 교수 · 학습은 근접 발달 영역 내에서 발생하므로 그것을 만들어 주고 그 사이의 거리를 좁히는 교수 활동에 초점을 두어야 한다. 근접 발달 영역은 학습과 인지 발달이 일어나는 역동적인 영역이다. 근접 발달 영역은 학습 상황이 존재하는 곳이면 어디에나 존재하며, 학습자에 따라 다르게 나타나고 심지어는 동일한 학습자라도 과제 수준과 구조에 따라 여러 수준에 걸쳐 다양하게 나타난다(Gallimore & Tharp, 1992).

사회구성주의 수업에서 학생은 대화를 통해 의미를 구성하고, 교사는 학생들이 대화를 통해 새로운 의미를 구성하도록 도움을 주어야 한다. 이 수업에서는 전문가나 유능한 동료의 안내에 따른 연습 활동에 기초한 토의 · 토론 학습, 상호교수, 협동학습 등이 주류를 이룬다.

3) 인지구성주의 학습과 자기주도 배움

(IV) 구역에서는 학습을 개인의 주관적 경험에 기초한 능동적 지식 구성으로 설명한다. 인지구성주의 관점을 과학적이고 체계적으로 연구한 학자로 Piaget를 들 수 있다. Piaget는 지식의 객관적인 속성을 부정하는 반경험주의 혹은 반행동주의 입장을 취했다.

때문에 그의 발생론적 인식론은 주관주의적 관점에 속한다고 할 수 있다. 대부분의 연구자들은 이것을 인지구성주의(cognitive constructivism)라고 한다. 인지구성주의의 인식론적 입장을 극명하게 드러낸 연구자 중의 한 사람이 Von Glasersfeld이다. 그는 Piaget의 이론을 수용하여 급진적 구성주의를 주장했다(Von Glasersfeld, 1989). 여기서 '급진적'이라는 것은 지식의 객관적 속성을 강조했던 전통적인 인식론의 사고 유형과 관습을 해체하는 대신에 지식이란 오직 인간의 경험 세계에 의해서만 조직되고 만들어져 의미가 부여된다는 관점을 제시했다는 점에서 붙여진 것이다. 그는 바로 이러한 지식관을 바탕으로 급진적 구성주의에 대한 개념을 정의했다. 위의 정의에 의하면 지식은 인간의 감각 기관이나 의사소통을 통해서만 인지 주체에 의해 인식된다.

인지구성주의자들은 학습이 능동적인 자기조절의 과정을 통해서 개인적으로 구성된다는 믿음을 갖는다. 이러한 관점에 의하면 학습은 전적으로 개인의 문제이며, 학습자는 자신의 배경지식이나 신념 체계 등을 이용하여 학습 활동에 능동적으로 참여하여 서로 다른 방법으로 지식을 구성해 낸다(Glasersfeld, 1984: 21). 이때의 학습은 각 개인의 구성 과정에 따라 달라지므로 각 개인이 학습한 지식은 그 개인에게는 유의미할 수도 있지만, 그것이 공동체의 구성원들이 모두 수용할 수 있을 정도로 보편적인 지식이라고 보기에는 어렵다는 점에서 취약점을 갖는다.

Piaget에 의하면 학습은 인간과 환경의 상호작용의 결과이다. 상호작용에서 중요한 개념이 바로 '평형화'이다. 학습자는 환경과 상호작용을 하면서 내적인 갈등을 겪게 되고, 그것을 해결하기 위해 노력하는데, 이때에 작용하는 정신 기제가 바로 동화와 조절이다. 인지구성주의자들은 학습의 기본 조건으로 인지적 갈등 상태를 들고 있으며, 이러한 갈등 상태에서 동화와 조절이 일어나고 그것이 학습 활동을 촉진시키는 계기가 된다는 입장을 갖는다. 이러한 관점에 의하면, 학습이란 각 개인이 자신들의 인지 구조 속에서 지식을 재구성하는 것을 의미하며, 교사와 동료 학습자는 개인의 인지적 갈등을 촉진하는 역할을 한다고 볼 수 있다.

인지구성주의 학습에서는 학생이 학습 활동의 주체가 되어 탐구학습, 문제해결 학습, 프로젝트 학습 등을 수행한다.

4) 통합적 관점과 학생 배움의 주도권

교수(가르침)와 학습(배움)을 상호배타적인 이분법의 측면에서 파악하는 것은 매우 위험한 발상이다. 한때는 지식의 객관성을 중시하는 객관주의와 지식의 상대적 주관성을 중시하는 구성주의를 상호배타적인 관점에서 파악하기도 했었다. 그러나 '전통적 수업'과 '구성주의 수업'을 '전통' 대 '대안'이라는 이항 대립 구도가 아닌 상호교섭의 차원에서 파악하는 것이 더 효과적이라는 논의가 점차 설득력을 얻고 있다.

Spiro 외(1988)는 지식을 기초 지식, 고등 지식, 전문 지식의 세 가지 유형으로 분류한 후, 기초 지식은 지식 구성 과정을 과도하게 요구하는 것이 아니므로 객관주의 수업 환경에서 배우는 것이 좋고, 고등 지식은 단편적 지식의 습득이 아닌 지식과 지식의 관계에 대한 반영적 추상의 과정이나 사회 공동체 구성원 간의 합의 과정을 요구하므로 구성주의 수업 환경에서 배우는 것이 좋다고 했다.

◎ 객관주의와 구성주의 수업의 상호교섭 양상

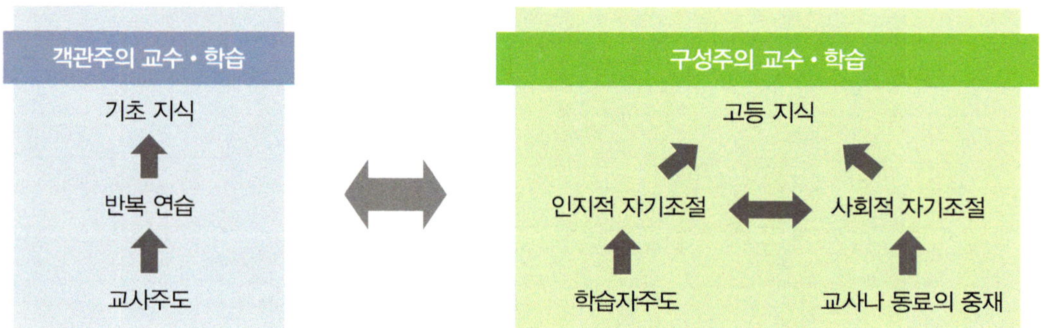

이 그림에 의하면, 교수・학습의 과정은 지식의 유형에 따라 달라질 수 있으므로 전통적 수업과 구성주의 수업을 이항 대립의 관계가 아닌 상호교섭의 관계로 파악하는 것이 타당하다. 강인애(1997: 129) 역시 '객관주의와 구성주의의 화합'을 제시하면서 구성주의는 객관주의가 지난 수백 년 동안 이루어 놓은 공적을 무시해서는 안 된다고 이야기하고 있다. 이러한 접근 방식은 지식의 객관성이나 상대성, 교수 주체인 교사나 학습 주체인 학생, 학습 결과나 학습 과정의 다양성을 인정할 수 있는 이론적 기반을 제시한다.

교실 수업에서 교사주도, 상호주도, 학생주도를 통합적 관점에서 수용하여 좋은 수업의 구조를 제시한 연구자가 있다. Fisher와 Frey(2008)는 수업 중 발생하는 교사와 학생의 역할 교대를 바탕으로 좋은 수업의 구조를 교사주도 학생 참관 수업(I do, You watch), 교사주도 학생 부분 참여 수업(I do, You help), 학생주도 교사 부분 참여 수업(You do, I help),

학생주도 교사 참관(You do, I watch) 수업의 네 가지 유형으로 제안했다. 이것을 그림으로 표현하면 아래와 같다.

◎ 명품 수업의 구조

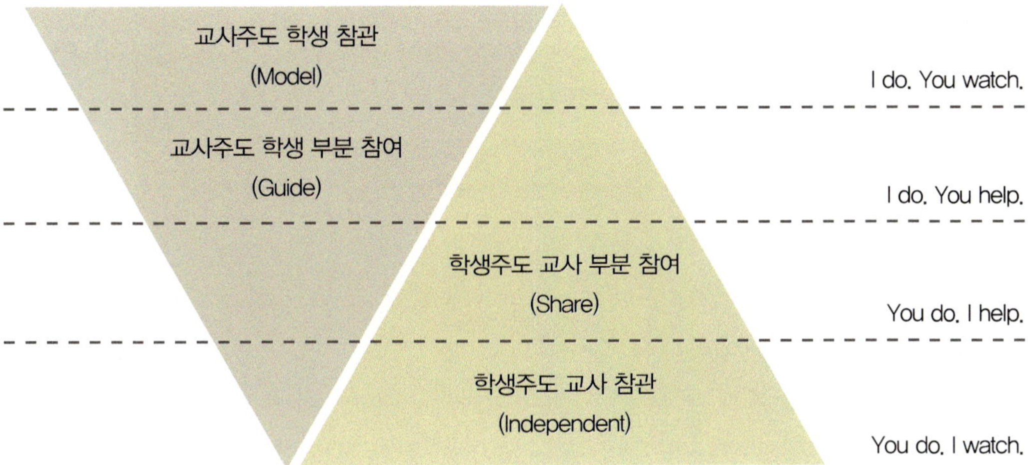

교사주도 학생 참관 단계에서 교사는 전문가(Expert)[16]의 역할을 하고, '회상(Recalling), 시범(Modeling), 열거(Recounting), 연결(Connecting)' 등의 수업 대화를 사용한다. 교사주도 학생 부분 참여 단계에서 교사는 촉진자(Facilitator)[17]의 역할을 하고, '탐구(Exploring), 상술(Expounding), 질문(Questioning), 사색(Speculating), 가설(Hypothesizing)' 등의 수업 대화를 사용한다. 학생주도 교사 조력 단계에서 교사는 상담자(Counsellor)[18]의 역할을 하고, '도전(Challenging), 추론(Reasoning), 증명(Justifying)' 등의 수업 대화를 사용한다. 학생주도 교사 참관 단계에서 교사는 평가자(Evaluator)나 비평가(Critic)의 역할을 하고, '서사(Narrating), 묘사(Describing), 평가(Evaluating)' 등의 수업 대화를 사용한다(박태호, 2009).

16. 전문가(Expert), 아나운서(Announcer), 지시자(Director), 관리자(Manager), 협상가(Negotiator), 지휘자(Conductor) 등의 다양한 용어로 사용되나 여기서는 전문가(Expert)로 통일한다.

17. 촉진자(Facilitator), 제공자(Provider), 협력자(Collaborator), 조력자(Arbitrator), 사회자(Chairperson), 학습자(Learner) 등의 다양한 용어로 사용되나 여기서는 촉진자(Facilitator)로 통일한다.

18. 상담자(Counsellor)와 도움 제공자(Scaffolding) 중에서 상담자로 통일한다.

2. 학생 배움중심의 수업 내용

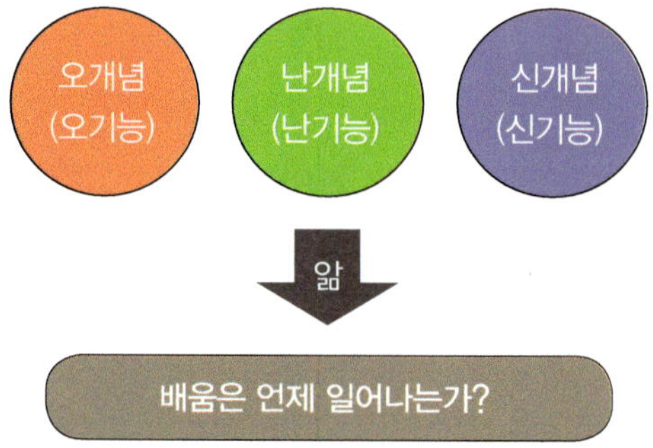

우리는 언제 배움이 일어났다고 하는가? 아마 몰랐던 것을 새로 알게 된 경우, 잘못 알았던 것을 정확히 알게 된 경우, 막연하게 알았던 것을 완전히 알게 된 경우가 여기에 해당될 것이다. 학생이 배경지식이나 경험에 기초한 선개념(선기능)을 바탕으로 오개념(기능)과 난개념(기능)을 배우고 익힐 때에 주춤하는 부분이 발생한다. 이 부분이 학생 배움의 저해 요소이자 배움 내용이 된다. 예를 들면, 우리나라의 명절과 기념일의 개념과 종류에 대해 공부를 한다고 가정하자. 일부 학생은 명절과 기념일을 혼동하거나 양력과 음력을 구분하지 못할 수도 있고, 식품 업계에서 상술로 만든 '~데이'를 기념일로 착각할 수도 있으며, 명절 중에서 설날과 추석을 제외한 단오와 한식을 모르는 경우가 있을 수도 있다. 이것이 바로 학생 배움의 저해 요소이고, 여기에는 오개념(기능)과 난개념(기능) 등이 포함된다. 한편, 학생들은 1~2학년군에서 추석과 태극기 다는 날을 배웠으므로, 선개념에 대한 학생 이해도를 파악한 다음에 본시 학습에 미칠 영향을 파악하여 대책을 수립한다. 지금까지의 논의를 정리하면 아래와 같다.

◎ 배움 내용의 요소

<table>
<tr><td rowspan="6">배움 내용</td><td colspan="2">학습 목표</td><td>우리나라의 명절과 기념일 알기</td></tr>
<tr><td colspan="2">개념(기능)</td><td>명절의 개념과 종류
기념일의 개념과 종류</td></tr>
<tr><td rowspan="3">배움 저해 요소</td><td>선개념
(기능/태도)</td><td>추석(1~2학년군)
태극기 다는 날(1~2학년군)</td></tr>
<tr><td>오개념</td><td>기념일과 명절 혼동
양력과 음력 인식 부족
~데이를 기념일로 잘못 인식</td></tr>
<tr><td>난개념</td><td>명절에서 설날과 추석에 비해 한식과 단오를 잘 모름</td></tr>
</table>

선개념(기능)

본시 학습 내용(개념/기능)인 '우리나라의 명절과 기념일'과 관련된 선수 학습 내용을 먼저 살펴보아야 한다. 그런 다음에 이미 배운 내용 중에서 본시 학습을 방해하는 내용이 있는지 살펴보아야 한다. 만약 있다면 보충지도를 하여 학생 이해도를 향상시킨 후에 본시 학습을 지도해야 학업 성취도가 높아진다. 또한 본시 학습 내용과 관련된 오개념(난개념)이나 오기능(난기능)이 형성된 경우에는 반드시 이를 바로잡아야 한다.

선개념(기능) 1 통합 교과의 국어 1~2학년군의 선수학습 내용

통합 교과 1~2학년군의 6단원 '가을(추석)'은 12개 주제, 총 20차시로 구성된다. 통합 교과 외에도 국어 1~2학년군 '4-가. 4단원. '어떻게 정리할까요?'에서는 본시 학습 내용과 관련이 있는 '설빔'에 관한 내용으로 설날에 입는 옷, 마음가짐 등을 다루고 있다. 선수 학습 내용 중에서 학생들이 반드시 알고 있어야 할 개념은 추석에 하는 일, 태극기를 다는 기념일'이고, 반드시 알아야 할 기능은 '우리나라의 대표적 명절과 기념일을 조사하고, 기록하고, 발표하기'이다.

오개념(기능)

본시 학습 중에 잘못 이해할 가능성이 있는 내용이 무엇인지 파악해야 한다. 이것을 오개념(기능)이라고 한다. 흔히 볼 수 있는 오개념(기능)의 예는 다음과 같다.

오개념(기능) 1 공휴일로 지정된 기념일을 명절로 잘못 알고 있다.

- 공휴일로 지정된 현충일을 국경일로 잘못 생각한다.
- 친숙한 기념일을 명절과 혼동하는 경우가 있다.

난개념(기능)

본시에서 학습해야 할 내용이다. 새로운 개념이나 기능 학습을 방해하는 요소가 있다면 이것이 난개념이나 난기능이 된다.

난개념(기능) 1 추석, 설날 외 명절의 특징에 대한 이해

- 추석, 설날 명절은 많은 경험과 선수 학습으로 인해 이해가 쉬우나, 그 외 정월대보름, 한식, 단오, 동지 명절에 대한 이해가 어렵다.

_ 특히 한식은 불을 피우지 않고 찬 음식을 먹으며 이 날 각 가정에서는 제사 음식을 마련하여 성묘를 하기도 하는 일에 대한 이해가 어렵다.

_ 단오와 관련하여 대표적으로 하는 일에 대한 이해가 어렵다.

3. 학생 배움중심의 수업 전략

학생을 두 유형으로 대별하면, 스스로 깨치는 학생과 다른 사람이 깨우쳐 줘야 깨치는 학생이다. 여기에서는 전자를 자기주도 학습자, 후자를 타자주도 학습자로 명명하고자 한다. 자기주도 학습자는 사물과 현상을 스스로 관찰하고 탐구하며 관련 자료를 바탕으로 추론을 하거나 조작 활동을 하면서 배움의 저해 요소를 해결하고 배움의 결과를 표현하고 공유하며 소통한다. 이에 반해 타자주도 학습자는 타인의 도움을 바탕으로 자기주도 학습을 시작한다. 누군가의 설명을 듣거나 시범을 관찰하고, 누군가의 발문에 대답하거나 누군가가 제시한 연습 문제를 풀면서 자기주도 학습 능력을 점차 획득한다.

기념일에 대한 오개념 지도 예시

기념일에 대한 오개념 지도 방안입니다. 먼저 기념일의 개념을 살펴봅니다. 사전적 정의에 따르면 기념일이란 축하하거나 기릴 만한 일이 있을 때에 해마다 그 일이 있었던 날을 기억하는 날입니다(**정의**). 이 정의에 따르면, 결혼기념일, 개교기념일, 생일 등은 기념일에 해당합니다. 다만, 오늘 공부할 내용은 '나라에서 정한 기념일'이므로 빼빼로데이나 블랙데이처럼 상술을 목적으로 특정 단체에서 정한 기념일은 자연스럽게 제외합니다(**시범**). 그런 다음에 친구와 짝을 지어 잘못 알고 있는 기념일을 찾아서 바르게 고치고, 친구들 앞에서 발표하게 합니다(**연습과 발표**). 이것을 표로 제시하면 아래와 같습니다.

◎ 기념일에 대한 오개념 교수법

개념	• 기념일이란 축하하거나 기릴 만한 일이 있을 때, 해마다 그 일이 있었던 날을 기억하는 날이다. • 오늘 공부할 기념일은 나라에서 정한 기념일이다.
↓	
오개념	• 상술에 의한 기념일(~데이)이나 결혼기념일, 생일, 개교기념일을 나라에서 정한 기념일과 혼동하는 경우가 있다.
↓	
배움 전략 (교수법)	• 나라에서 정한 기념일의 개념을 정의한다(**설명**). • 정의를 바탕으로 오개념 수정을 시범 보인다(**시범**). • 소집단이나 짝 활동을 바탕으로 오개념을 수정하게 한다(**연습**).

1) 설명

설명이란 어떤 일이나 대상의 내용을 상대편이 잘 알 수 있도록 밝혀 말하는 것이다. 설명을 한다는 것은 언어나 도표, 상징을 이용하여 상대방이 어떤 현상에 대한 지식과 이해를 높이도록 도움을 주는 것이다. 교육의 측면에서 보면, 교과 내용에 대한 학생 이해도를 증진시키기 위한 포괄적 해설이 된다. 설명에는 두 가지 요소가 작용한다. 설명할 내용과 방법이다. 전자에는 개념, 요소, 원리, 절차, 법칙이 해당되고, 후자에는 실물과 행동, 모형, 그림, 예화, 도표, 알고리즘, 언어나 상징을 이용한 묘사 등이 해당된다.

이병석(1999: 108~122)은 좋은 설명 방식으로 '예시 자료를 활용한 설명'과 '학습을 용이하게 하는 설명'의 두 가지 유형을 들었다. 전자에는 ① 적절한 시각 자료를 예시 자료로 선택하여 학생의 이해를 촉진시키는 수업, ② 학생에게 친숙한 경험이나 배경지식을 예시 자료로 활용하는 수업, ③ 동일한 내용에 대해서도 다양한 관점으로 접근할 수 있는 예시 자료를 활용하는 수업, ④ 하나씩 차근차근 예를 들면서 가르치는 수업의 네 가지를 제시했다.

그리고 학습을 용이하게 하는 설명 방식으로 ① 학습 목표 도달에 필요한 내용과 절차를 미리 알려주는 수업, ② 새로운 교과 내용을 가르치기 전에 관련 배경지식이나 기초 개념을 알려주는 수업, ③ 설명 초기에 학생의 관심을 끄는 머리말을 사용하는 수업, ④ 새로운 교과 내용을 설명하면서 하나씩 차근차근 가르쳐 주는 수업, ⑤ 주요 학습 내용을 미리 분석하고, 관련성을 파악하게 하는 수업, ⑥ 학생들에게 친숙한 일상 용어를 사용하여 복잡한 교과 내용을 쉽게 가르치는 수업, ⑦ 단순 도표나 차트, 선, 도형 등을 이용하여 체계적이고 쉽게 가르치는 수업, ⑧ 학생의 반응을 살피면서 눈높이에 맞게 가르치는 수업, ⑨ 학생의 주의를 집중시키면서 설명을 하는 수업 등을 제시했다.

◎ 좋은 설명 점검표

좋은 설명 전략	만족도			개선 사항
	미흡	보통	우수	
발음이 명료하고, 목소리가 적절하다.				
적절한 몸짓을 하고 눈을 맞춘다.				
상투 표현이나 비속어는 사용을 금한다.				
학습 목표와 학습 활동을 하나씩 차근차근 알려준다.				
중요 내용과 어휘는 요약하고 반복 강조한다.				
이해력이 떨어지면 쉽게 풀어 설명한다(예시, 문장, 구문 등).				
질문 대신에 학습 목표를 제시하여 도전하게 한다.				
선행학습과 관련지어 새로운 정보를 제시한다.				
판서나 유인물로 정보를 간단명료하게 제시한다.				
학습 규칙을 정하고, 일관성 있게 사용한다.				

2) 시범

시범 보이기는 교사가 특정 수업 상황이나 내용에 대해 자신의 느낌이나 생각, 행동을 학생에게 가시적으로 보여주는 것이다. Duffy, Roehler, Herrman(1988)에 따르면 시범 보이기 유형은 크게 세 가지이다. 생각을 혼자 중얼거리는 TA(Thinking Aloud) 기법, 교사와 학생이 함께 중얼거리며 서로 대화를 하는 ta(talking aloud) 기법, 일절 말하지 않고 행동 시범을 보여주는 PM(Performance Modeling) 기법이다.

생각그물을 활용한 아이디어 생성 과정을 시범 보이는 5학년 쓰기 수업을 보면, 사고구술법을 활용하여 생각그물 작성 과정을 시범 보이는 장면을 관찰할 수 있다. 여기에 사용된 사고 구술법은 TA 기법과 ta 기법이다(Roehler & Duffy, 1991).

교사 ① 어, 다발짓기할 때에 이것도 여러분이 너무나 잘 아는 거지만 혹시나 모를까봐 다시 한 번 선생님이 알려줄게요. ② 선생님이 얘기하는 말을 잘 들어 보세요. 그냥, 음 〈일시 지속〉 선생님이 저렇게 얘기하는구나 하지 말고, 선생님이 중얼거리는 거야. ③ 뭐를 중얼거리는 거냐면, 선생님이 생각을 중얼중얼거리는 거야. 아! 그러니까 선생님이 생각을 어떻게 하고 있네, 생각을 어떻게, 어떤 과정을 거쳐서 하고 있나 잘 보세요. ④ 다발짓기를 할 때 맨 처음에 내가 이런 글을 쓸 거야. 어떤 글을 쓸 거냐 하면, 나는 그냥 아까 생각그물 만들 때 뭘 했지? 개미에 대해서 쓸 거지. 개미가 그냥 그리고 이런 느낌을 그냥 써보려고 해. 여기다 딱 표시를 해봤어. 그리고 처음에는, 처음에는, 개미 얼굴을 그려볼까? 한번? 더듬이 뭐 이래도 좋고, 꼬리? 어머! 호호. 이렇게 해도 좋고. 뭐 여러분 마음대로 하세요. ⑤ 처음에 어떤 것을 할 거냐면 음, 내가 개미를, 개미를 기르게 된…….

학생 ⑥ 동기.

교사 ⑦ 어! 여러분들은 어떻게 그렇게 잘 알아요? 내 마음을?

다발짓기를 활용하여 생각묶기를 지도하는 수업 장면이다. TA 기법은 교사가 전문가로서 설명과 시범을 보이고, 학생이 구경꾼의 역할을 할 때에 주로 사용하는 사고 구술법이고(④, ⑤), ta 기법은 교사가 전문가로서 설명과 시범을 보일 때에 일부 유능한 학생이 초보자로 참여하여 교사와 함께 설명을 하거나 시범을 보이고, 나머지 학생은 구경꾼으로서 편안하게 전문가의 설명을 듣거나 시범을 관찰할 때에 사용하는 사고 구술법이다(⑥, ⑦).

3) 질문과 탐문

(1) 질문

Bloom(1956)은 인지 수준을 ① 지식, ② 이해, ③ 적용, ④ 분석, ⑤ 종합, ⑥ 평가의 여섯 단계로 구분했다(변홍규, 1996: 641-65). 이것을 발문 수준의 분류 기준으로 삼으면, ① 지식 발문은 학생이 이전에 학습한 사실이나 개념, 일반화된 것 또는 이론을 기억하거나 회상하도록 요구하는 발문이다. ② 이해 발문은 학생이 특정 개념이나 정보를 자신의 방식대로 표현하고 설명하도록 요구하는 발문이다. ③ 적용 발문은 특정 정보나 개념의 활용을 요구하는 것으로 학생들이 기존 지식이나 이해를 새로운 상황에 맞게 적용하거나 그것을 이용하여 문제를 해결하도록 요구하는 발문이다. ④ 분석 발문은 특정 개념이나 해결 방안 혹은 개념이나 자료를 요소나 부분으로 나누거나 관련성을 찾도록 요구하는 발문이다. ⑤ 종합 발문은 학생에게 여러 개의 아이디어나 요소를 종합하여 새로운 것으로 창조하도록 요구하는 발문이다. ⑥ 평가 발문은 학생이 특정 기준을 사용하여 사물에 대해 판단을 내리도록 요구하는 발문이다.

◎ 발문 수준 점검표

발문 수준	발문 유형	주요 활동	발문 번호(√)											주요 장면 요약
			1	2	3	4	5	6	7	8	9	10	합계	
저수준	지식(암기)	• 정의 • 암기 • 설명												
	이해	• 의역 • 요약 • 부연												
	적용(변환)	• 적용 • 활용												
고수준	분석(관계)	• 구별 • 관계												
	종합(창조)	• 정보 • 구성 • 생산												
	평가(판단)	• 대안 • 선택 • 결정												

고수준의 질문은 학생의 이해를 확장시키고, 자신의 생각과 동료의 생각을 비교하게 하여 고등 사고 능력을 향상시킨다. 그러나 고수준의 질문만을 하면 일부 상 수준 학생만 참여한다. 이것을 방지하려면 질문에 대답할 시간, 동료의 답변에 반응할 시간, 이해를 확장하고 심화시킬 시간을 충분히 제공해야 한다.

◎ 발문 전략 점검표

발문 전략	평가 척도			사례 및 수정 보완
	미흡	보통	우수	
1. 발문 후 학생 대답을 듣기 전에 최소 3초 대기한다.				
2. 학생이 응답할 시간을 충분히 주고 기다린다.				
3. 학생이 응답하기 전에 자신의 언어로 연습하게 한다.				
4. 가급적 폐쇄적 발문보다는 개방적 발문을 활용한다.				
5. 사고 구술법을 활용하여 학생 사고 활동에 도움을 준다.				
6. 질문을 만들어 친구와 묻고 대답하는 활동을 하게 한다.				
7. 가급적 저차원 발문보다는 고차원 발문을 사용한다.				
8. 동료 답변에 대해 보충하거나 추가 질문을 하게 한다.				
9. 힌트를 제공하여 학생이 보다 쉽게 대답하게 한다.				
10. 학생에게 반대를 위한 반대 질문을 만들게 한다.				

(2) 탐문

탐문은 질문 뒤에 나오는 질문이다. 탐문은 초기 반응을 심화·확장시키거나, 명료화하게 하거나, 일탈된 반응을 다시 원점으로 되돌리거나, 초기 반응을 정교하게 다듬는 질문이다. 박태호(2004)는 탐문[19]의 유형을 ① 초점화하게 하기, ② 입증하게 하기, ③ 명료화하게 하기, ④ 정교화하게 하기, ⑤ 확장하게 하기의 다섯 가지로 구분했다.

① **초점화하게(refocusing) 하기**는 학생의 첫 반응이 교사의 핵심 질문에서 이탈되어 초점을 바로잡고자 할 때에 사용한다. ② **입증하게 하기**는 학생이 교사의 발문에 반응했을 때 관련 정보의 출처를 밝히도록 요구하여 정보의 정확성을 한층 높이고자 할 때에 사용한다. 일반적으로는 '_______을 어떻게 알았는가?'의 형식으로 물으면 된다. ③ **명료화하게 하기**는 학생의 첫 반응이 틀리지는 않지만 다소 불분명하거나 부적절한 용어로 표현하여 기대에 못 미칠 경우에 사용한다. ④ **정교화하게(elaboration) 하기**는 교사의 발문에 답한 학생 응답이 정답의 범주에는 포함되나, 너무 기본적이거나 간결할 경우에 더 구체적인 대답을 요구할 때에 사용한다. ⑤ **확장하게 하기**는 동일 내용에 대한 학생의 다양한 반응을 요구할 때에 사용한다.

◎ 탐문 점검표

질문 번호	교사 질문		학생 응답에 대한 교사 반응				교사 탐문					
	수렴	확산	인정	부분 인정	인정 거부	모름/무응답	탐문 없음	초점화	명료화	입증화	확장화	정교화
1												
2												
3												
⋮												
총												

4) 서사(스토리텔링)

스토리텔링 수업 설계 유형은 ① 도입 학습 스토리텔링, ② 전개 학습 스토리텔링, ③ 정리 학습 스토리텔링, ④ 도입-전개-정리 학습 스토리텔링의 네 가지 유형으로 분류할 수

19. 박태호(2004)에서는 반응대화라는 명칭을 사용했다.

있다(백조현 · 박수홍 · 강문숙(2010: 123) 부분 수정). 도입 학습에는 주의집중, 학습 동기 유발, 학습 활동 안내가 포함된다. 전개 학습에는 내용 전달과 이해, 수업 전략, 발문과 토론, 효과적 의사소통, 점검과 대처, 수업 자료, 수업 운영이 포함된다. 정리 학습에는 평가와 관리가 포함된다.

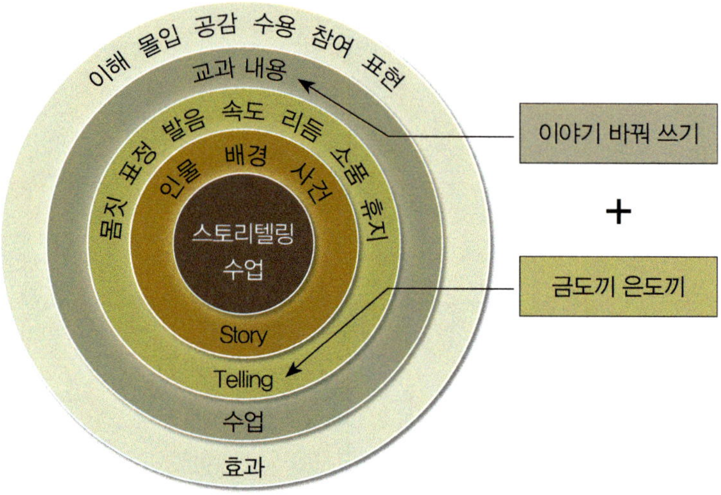

위의 그림은 윤 교사의 스토리텔링 수업 장면을 도식화한 것이다. 이 차시의 학습 목표는 '친구와 이야기를 새롭게 꾸며볼 수 있다.'이고, 제7차 교육과정에 따라 개발된 『쓰기』 교과서 둘째 마당 '우리가 꿈꾸는 세상'의 3/6차시이다. 윤 교사는 '궁금이상자'를 활용하여 학생의 주의를 집중시키고, '금도끼 은도끼' 이야기를 변용한 스토리텔링을 활용하여 학습 목표를 확인하고, 학습 동기를 유발했다. 이어지 '금도끼 은도끼' 스토리텔링 수업 대화 장면을 보면, 지금까지의 논의와 구체적으로 연결된다.

교사 선생님이 금도끼 은도끼 이야기를 들려줄 텐데요. 여러분이 알고 있는 이야기와는 조금 달라졌습니다. 어떤 부분이 달라졌는지 귀 기울여 잘 들어 보세요. 옛날 어느 날, 나무꾼이 나무를 하고 있었어요. 그런데 너무 더워져서 윗옷을 벗어 놓고 나무를 했어요. 나무하기를 다 끝마치고 주위를 둘러보아도 윗옷이 보이지 않는 것이었어요. 그래서 나무꾼이 엉엉 울고 있었을 때 산신령이 뽕! 하고 나타났어요. "이 도끼가 네 도끼냐?", "아니옵니다. 저는 도끼를 잃어버린 게 아니라 윗옷을 잃어 버렸습니다."라고 했어요. 그러자 산신령이 "그럼, 이만 난 들어가 보겠다."라고 했어요. 그때였어요. 산신령한테

강한 바람이 슝 불더니 산신령의 윗옷이 벗겨졌어요. (나무꾼이 잃어버린 옷을 입고 있는 산신령의 모습이 나타난다.)

교사 자, 여러분이 알고 있는 금도끼 은도끼와 무엇이 달라졌나요? 슬기.

학생 네, 원래 동화에는 그 도끼가 없어지는 것인데 옷이 없어지는 것으로 바뀌었습니다.

교사 네, 방금 들은 이야기를 잘 생각해서 오늘 쓰기 시간에는 어떤 공부를 하게 될 것 같아요? 민혁이.

학생 네! 이야기를 새롭게 바꾸어 쓰는 것을 해볼 것 같습니다.

5) 단서(힌트, 실마리)

실마리 제공하기는 학생이 전혀 대답을 못 하거나 일부분만 대답했을 때 혹은 틀리게 대답을 한 경우에 학생의 학습 활동 참여를 조장하기 위해 사용하는 언어적/비언어적 수업 대화 전략이다(Hume, Michael, Rovick, & Evens, 1996; McArthur et al., 1990). 학생이 교사의 발문에 대답을 하지 못하고 머뭇거리거나 지나치게 막연해할 때에는 실마리를 제공해야 한다. 이때에 교사는 정답에 가까운 실마리를 제공하기보다는 학생 스스로 과제를 해결할 수 있도록 필요한 정보를 다양하게 제시해야 한다.

6) 풀기

학습 활동 참여는 문제 풀이로부터 시작된다. 학생은 배우고 익힌 내용을 연습하거나 적용할 때에 적극적으로 반응한다. 교사의 질문에 응답하거나 교과서와 학습지의 연습문제를 풀면서, 유인물에 제시된 절차에 따라 토론과 토의 활동을 하면서 자연스럽게 학습 활동에 참여한다.

Rosenshine과 Stevens(1986)는 학생의 학습 활동 참여 유도 방안으로, ① 다양한 문항의 질문 준비하기, ② 요점, 보충 내용 관련 질문 준비하기, ③ 학생 자신의 언어로 학습 내용이나 절차 요약하기, ④ 칠판이나 유인물에 학습 문제를 제시하고, 교실을 순회하면서 학생 발달 수준 점검하기, ⑤ 친구와 정답 검토하기, ⑥ 정리 부분에서 모둠별로 주요 내용 요약하여 발표하게 하기의 여섯 가지를 제안했다. 이것을 표로 제시하면 다음과 같다.

◎ 문제 풀기와 학습 활동 참여 유도

문제 풀이 유도 활동	문제 풀이 유도 목적				
	동기 유발	특정 활동 종료 후	수업 전환	과제로 인한 지연	무제한 (학생 재량)
질문					
교과서나 학습지의 연습문제					
유인물 연습문제					
OHP나 칠판의 연습문제					
기타					

7) 토론

진정한 토론은 모든 학생이 주제에 대해 서로의 생각을 공유하고, 교사는 토론이 원만히 진행되도록 안내하며, 학생은 토론 활동에 적극 참여할 때에 발생하고, 토론을 하면서 주제에 대한 이해를 확장시키고 심화시킨다. 유능한 교사는 토론을 할 때에 학생이 동료의 반응을 존중하도록 지속적으로 교육을 하고, 동료의 논평에 대해 질문하도록 유도하며, 토론 평가표를 활용하여 토론의 양적 측면과 질적 측면을 종합적으로 기록하고, 해석한다. 아울러 학교 블로그 등에 토론 주제를 게시하여 학생의 적극적인 참여를 끌어낸다.

학생의 토론 능력을 향상시키는 기법 중의 하나가 소크라테스의 산파술이다. 소크라테스의 문답식 토론 유형에는 사고 탐색, 가정 탐색, 추론 탐색, 대안 탐색, 결론 탐색, 메타 질문이 있다. 사고 탐색은 응답 사고 능력을 향상시키는 발문 전략이고, 가정 탐색은 드러나지 않는 가정을 조사하는 사고 능력을 향상시키는 발문이며, 추론 탐색은 주장에 대한 근거 제시 및 반박 활동과 관련된 사고 능력을 향상시키는 발문이다. 대안 탐색은 논제를 다양한 관점에서 해석하고 평가하는 데 도움을 주는 발문이고, 결론 탐색은 논제에 대한 함축과 결론 제시 능력을 향상시키는 발문이며, 메타 질문은 다양한 발문의 효용성을 판단하는 발문이다.

◎ 문답법을 활용한 토론 전략

항목		평가 척도 (√)			
		미흡	보통	우수	탁월
사고 탐색	그렇게 말하는 까닭은?				
	다시 한 번 더 설명을 한다면?				
	앞에서 말한 내용과 지금 말하는 내용의 관계는?				
가정 탐색	내 생각을 수정한다면 정답은 무엇인가?				
	또 다른 가정도 가능한가?				
추론 탐색	그렇게 생각하는 까닭은?				
	이것을 어떻게 알았지?				
	의견을 뒷받침하는 사실은?				
대안 탐색	이것을 또 다른 관점에서 본다면?				
	이러한 관점이 다른 것에 비해 우수한 까닭은?				
	이 관점의 강점과 약점은 무엇인가?				
결론 탐색	다음에는 어떤 일이 발생할 것인가?				
	이전에 알고 있는 내용이 어떻게 변화되었는가?				
메타 질문	질문의 요지는 무엇인가?				
	질문이 사고 발달에 어떤 도움을 주었는가?				
	사고력 향상에 도움이 되는 질문은?				

몇몇 교실에서는 일부 학생들이 토론을 주도하면서 다른 학생의 참여를 막는 경향이 있다. 교사는 이러한 상황을 방지하고, 모든 학생이 토론에 적극 참여하여 상호 협력하는 환경을 조성해야 한다. 이때에 활용할 수 있는 방법 중의 하나가 토론 참여 유도표와 점검표이다.

◎ 학생의 토론 참여 유도표

활동	자료	참여도			반성 및 수정
		미흡	보통	우수	
모둠별 참여 • 교사가 모둠별 질문 • 기다리기 • 특정 모둠 지명 발표 • 질의응답 • 일부 모둠 응답 내용 요약					
반응 카드 활용 참여 • 교사가 말이나 글로 질문 • 학생은 반응 카드로 응답 • 다양한 카드 활용 가능 – 예/아니오 카드 – 글자가 색인된 카드 – 글자를 적을 수 있는 빈 카드					
수신호 활용 참여 • 교사 질문 • 엄지손가락으로 반응 – 정답은 올리기 – 오답은 내리기 – 자신 없으면 수평으로 하기					
무작위 참여 • 무작위 추천 및 참여 유도 – 나무 막대기 – 숫자 – 탁구공 등					

8) 매체

매체 활용 역시 수업의 질을 결정한다. 매체 자료의 유형에는 청각 자료, 언어 자료, 시각 자료, 촉각 자료가 있다.

◎ 매체 자료의 유형

청각 자료	언어 자료	시각 자료	촉각 자료
• 교사 설명 • 교사와 학생 질문 • 오디오나 비디오 청취 • 따라 읽기 • 학생들의 소집단 토론	• 판서 • OHP • 낭독 • 소집단 교재 읽기 • 필기	• 차트, 그래프, 삽화 • 도표나 그림 관찰 • 영화나 비디오 감상 • 실물이나 모형 관찰	• 표본 검토 • 기구 사용 • 제작과 구성(붙이기, 잘라내기, 그리기) • 자료 배열과 순서 조합

좋은 수업은 위에서 제시한 매체를 학습 유형에 맞게 적용하고 활용하는 수업이다. 예를 들면, 소집단 활동을 하면서 하나의 차시 학습 목표에 대해 금강 모둠에서는 청각 자료(카세트테이프나 발표)를, 한라 모둠에서는 보기 자료(칠판의 도표 활용, 영화 감상 및 컴퓨터 자료 활용)를, 설악 모둠에서는 촉각 자료(표본이나 기구 사용, 제작)를 활용하여 학습할 수 있다. 이에 대해 Marx와 Walsh(1988)는 소집단별로 서로 다른 유형의 매체를 활용하여 학습 활동을 전개하면, 학생 자신이 학습 활동을 통제하고 제어하는 느낌을 갖게 된다(설양환 · 박태호 외 역, 2005: 172).

◎ **매체 활용 점검표**

5분 간격	구두 자료	쓰기 자료	시각 자료	촉각 자료
1				
2				
3				
4				
5				
6				
7				
8				
9				
10				
합계				
백분율				
시간(분)				

4. 학생 배움중심의 수업 원리

학생 배움중심 수업 원리로 정서적 공감과 인지적 지원을 들 수 있다.[20] 정서적 공감 원리에는 칭찬하기, 격려하기, 존중하기, 수용하기 등이 해당되고, 주로 학생 입장을 정서적으로 공감하고 지지하는 역할을 한다. 인지적 지원 원리에는 개발하기, 도전하기, 참여하기, 연결하기, 책임 공유하기, 작게 나누어 질문하기(세분) 등이 해당되고, 주로 지식과 기능의 개발과 소통 및 표현을 지원하는 역할을 한다.

배움 원리를 반영한 기념일에 대한 오개념 지도 예시

배움 원리를 반영한 기념일에 대한 오개념 지도 방안입니다. 먼저 기념일의 개념을 살펴봅니다. 사전적 정의에 따르면 기념일이란 축하거나 기릴 만한 일이 있을 때에 해마다 그 일이 있었던 날을 기억하는 날입니다(**설명**). 이 정의에 따르면, 결혼기념일, 개교기념일, 생일 등은 기념일에 해당합니다. 다만, 오늘 공부할 내용은 '나라에서 정한 기념일'이므로 빼빼로데이나 블랙데이처럼 상술을 목적으로 특정 단체에서 정한 기념일은 자연스럽게 제외합니다(**시범**). 그런 다음에 친구와 짝을 지어 개교기념일이나 나라에서 정한 기념일을 제외하는 이유를 친구 앞에서 발표하게 합니다(**연습과 발표**).

설명, 시범, 연습과 발표로 진행되는 학생 배움활동 도중에 학습 활동 참여 상황을 고려하여 공감과 지원 활동을 할 수 있다. 발표력이 좋은 학생에게는 **수용**하고 **칭찬**하는 활동을, 다소 부족한 학생에게는 **존중**하면서 **격려**하는 활동을, 긴장된 분위기를 완화하기 위해 **유머** 화법을 구사하고 **딴청부리**는 활동을 할 수 있다. 이러한 공감 활동 외에도 기념일과 학생 경험을 **연결**시키는 활동을, 새로운 내용 학습에 **도전**하고 **표현**하는 활동을, 친구와 **공동**으로 과제를 해결하는 활동을 할 수 있다. 공감과 지원에 기초한 '기념일에 대한 오개념 교수법'을 제시하면 다음과 같다.

---

20. 박태호(2009: 51~60)에서 요약 발췌 및 추가.

◎ 기념일에 대한 오개념 교수법 및 원리

개념	• 기념일이란 축하하거나 기릴 만한 일이 있을 때, 해마다 그 일이 있었던 날을 기억하는 날이다. • 오늘 공부할 기념일은 나라에서 정한 기념일이다.
오개념	• 상술에 의한 기념일(~데이)이나 결혼기념일, 생일, 개교기념일을 나라에서 정한 기념일과 혼동하는 경우가 있다.
배움 전략 (교수법)	• 나라에서 정한 기념일의 개념을 정의한다(**설명**). • 정의를 바탕으로 오개념 수정을 시범 보인다(**시범**). • 소집단이나 짝 활동을 바탕으로 오개념을 수정하게 한다(**연습, 발표**).
배움 원리	공감: ▫칭찬 ▫격려 ▫존중 ▫수용 ▫유머 ▫딴청 ▫기타 지원: ▫도전 ▫개발 ▫연결 ▫공유 ▫대기 ▫표현 ▫기타

1) 정서적 공감 원리

(1) 칭찬하기

칭찬하기는 적절한 반응에 대해 긍정적인 평가를 하는 전략이다(Brophy, 1986). 칭찬하기는 언어를 매개로 하여 이루어지는 긍정적 피드백의 한 유형이다. 교사는 칭찬을 하면서 학생이 자유분방한 분위기에서 적극적으로 대답할 수 있도록 유도를 해야 한다. Brohpy와 Good(1986)에 따르면, 대부분의 교사가 칭찬을 하면서 보낸 시간은 하루 일과의 2%에 불과하다고 한다. 칭찬의 교육적 효과에 비해, 실제 교실 수업에 적용된 칭찬하기 비율은 매우 미약하다고 할 수 있다.

칭찬은 칭찬 방식과 칭찬 유형으로 구분할 수 있다. 칭찬 방식에는 ① 말로 하는 칭찬, ② 고개를 끄덕이거나 등을 두드리는 것과 같은 신체를 활용한 칭찬, ③ 글로 하는 칭찬이 있다. 칭찬 유형에는 ① 중립적 확언, ② 놀람이나 기쁨, 흥분 표현, ③ 가치 설명, ④ 사용과 확장, 정보 입수의 칭찬이 있다. ① 중립적 확언에는 '좋아', '훌륭해', '그렇지' 등이, ② 놀람이나 기쁨, 흥분 표현에는 '너는 천재다', '탁월해' 등이, ③ 가치 설명에는 '학급 어린이들에게 정답인 이유를 설명하고, 원인이나 요소를 분석해서 증명하기' 등이, ④ 사용이나 확장, 정보 입수에는 '다음 수준으로 학생 반응을 인도하거나 후속 단계에 도달할 수 있도록 칭찬 사용하기' 등이 해당된다.

(2) 격려하기

격려하기란 부정확하게 답변을 하거나 오답을 한 학생을 격려하여 그 학생이 원하는 내용으로 반응하도록 인도하는 수업 대화 전략이다(조벽, 2001: 112~114; Graesser et al., 1995; Person, 1994). 학생이 과제 수행에 필요한 지식, 기능/전략, 태도에 관해 오류를 범하거나 부적절한 행동을 하면 지적을 하여 교정해야 한다. 만약 이에 대해 언급을 하지 않으면 학생은 오답을 정답으로 알게 될 가능성이 있으므로 교사는 오류 상황을 파악하는 즉시 개입하여 교정해야 한다.

문제는 교정 방식에 있다. 지나치게 무안을 주거나 이와는 반대로 지나치게 칭찬을 하면 안 되기 때문이다. 학생의 오류를 교정할 때에는 틀린 이유를 명확히 밝히되 교사가 보다 적극적으로 개입하여 '~하니까 그렇게 생각할 수 있겠군', '그런 점도 있지', '○○○의 생각도 옳은데 그 생각에는 어떤 내용이 빠져 있나 하면~' 등의 표현을 사용할 수 있다(이용숙 · 조영태, 1987: 253).

(3) 유머 활용하기

유머 활용하기는 긴장과 이완의 심리를 적절히 활용하여 진행하는 수업 대화 전략이다. 교실 수업은 목표 지향적이라는 점에서 팽팽한 긴장이 흐르기 쉽다. 그러나 긴장할수록 학습 효과는 떨어진다(민현식, 2001: 82~83). 또 고차원적인 사고 능력을 기른다고 해서 너무 심각한 질문만을 하게 되면 수업 분위기가 딱딱해져서 학생이 흥미를 상실할 우려가 있다(이용숙 · 조영태, 1987: 243). 이때 유머 활용하기 전략을 활용하면 효과적이다. 또 수업 중 교사의 발문에 대해 부적절한 반응을 한 학생이 친구들 앞에서 무안함을 느끼지 않고, 학습 활동을 마무리하도록 유머를 사용하면 효과적이다.

(4) 맞장구치기(수용하기)

맞장구치기는 교사가 학생의 말을 듣는 도중이나(Clark & Schaefer, 1989), 듣고 난 후에 사용하는 피드백 전략이다(장은아, 1999). 맞장구치기에는 언어적, 비언어적 행위가 포함되고, 이것을 사용하는 목적은 학생의 문제 해결 능력 신장과 명확한 표현의 유도에 있다. 맞장구치기의 유형에는 적극적 유형의 맞장구, 중도적 유형의 맞장구가 있다. 약간 적극적 유형에는 '좋았어', '그래', '잘했어', '적극적으로 고개 끄덕이기' 등이 포함되고, 중도적 유형에는 '으-음', '아-아아', '어-어어', '눈짓' 등과 같이 명확하게 의사표현을 하면서 맞장구를 치는 것은 아니지만 동조하고 있다는 느낌이 들게 하는 것들이 포함된다.

맞장구치기는 다음의 세 가지 기능을 가진다. 첫째, 교사가 맞장구를 칠 때, 학생은 자신이 하고 있는 말을 교사가 주의 깊게 듣고 있으며, 자신이 말하는 내용을 교사가 이해하고 있다는 생각을 하게 된다(Clark & Schaefer, 1989). 둘째, 중도적 혹은 적극적 차원에서 이루어지는 맞장구치기를 접하는 학생은 심리적으로 편안함을 느끼거나 학습 동기가 유발되고, 경우에 따라서는 스스로 자신의 생각을 조절하면서 발표하는 자기조절 사고 능력을 기를 수 있다. 셋째, 맞장구치기는 대화를 지속시킬 수 있는 동기를 제공한다. 대화 도중 고개를 끄덕이거나 미소를 짓는 교사의 비언어적 행위나 '좋아' 등과 같은 언어적 행위는 우호적 분위기에서 대화를 지속시킬 수 있는 윤활유 역할을 한다.

(5) 존중하기

학생 개인을 하나의 인격체로 인정하고, 학습권을 존중한다. 학생이 학습 활동 도중에 오개념(기능)이나 난개념(기능) 때문에 주춤거리는 상황이 발생할 때에 부정적인 언어를 사용하여 명령, 지시, 억압, 강요, 비난 등을 하지 않고, 학생이 따뜻하고 편안한 상태에서 학습 활동에 참여할 수 있도록 배려하는 것이다.

2) 인지적 지원 원리

(1) 작게 나누어 말하기(슬라이싱(Slicing); 분화)

작게 나누어 말하기는 초기 대화 목적과 내용은 바꾸지 않고 학습자의 수준에 맞게 범위를 작게 조정하거나 쪼개어 대화를 나누는 전략이다(Brophy, 1986). 이 전략을 사용할 때에는 한 번에 한 가지씩, 체계적인 절차를 밟되 학생이 쉽게 말하게 해야 한다.

(2) 책임 공유하기

책임 공유하기란 동료와 사전에 답변을 의논하고, 그 결과에 대해서도 공동 책임을 지는 것(조벽, 2001: 110), 오답 제시에 대한 책임을 학생 개인이 아닌 교사나 동료가 함께 지는 것을 말한다. 학습 능력이 우수한 학생이나 부진한 학생 모두 수업 중 답변하기 어려운 문제로 고민하는 경우가 있다. 이때에 동료 학생과 사전에 의논을 하면 부담이 줄어든다. 정답을 몰랐지만 동료와 의논을 하면서 부담이 줄고, 오답을 제시한 경우에도 책임이 분산되어 부담을 덜 느낀다.

(3) 기다리기

기다리기란 교사가 학생에게 발문을 할 때에 학생이 발문 내용을 충분히 생각하고 답을 하도록 시간적 여유를 주는 전략이다. 연구 결과에 따르면 발문 후에 학생의 반응을 기다리는 교사의 대기 시간은 학생 반응의 질과 양에 영향을 준다(Rowe, 1974).

발문 후 3~5초 정도에 걸쳐 의도적으로 기다리기 전략을 사용한 결과 학생에게는 ① 응답시간의 증가, ② 자발적이고 정확한 응답의 증가, ③ 부정확한 응답의 감소, ④ 학생 자신감의 증가, ⑤ 심사숙고하여 발표하는 사례 증가, ⑥ 교사주도의 대화 감소에 따른 학생주도의 대화 증가, ⑦ 더 많은 증거 제시를 이용한 추론 및 진술하기, ⑧ 학생주도의 질문 증가, ⑨ 학습 부진 학생들의 수업 참여도 증가 등이 일어났다. 교사에게는 ① 토의 과정 유연, ② 발문양의 감소, ③ 다양한 유형의 발문 사용 증가, ④ 학습 부진 학생들에 대한 교사의 기대 증가 등이 일어났다(권낙원 역, 2001: 381~382).

(4) 딴청부리기

딴청부리기는 수업 시간에 학습 동기를 유발할 때, 선수학습 관련 내용을 확인하기 위해 배경지식을 활성화할 때, 학습자에게 긴장감을 조성하면서 새로운 내용을 학습시킬 때에 사용하는 수업 대화 전략이다. 일명 모르는 척하기 전략, 잡아떼기 전략이라고 할 수 있다. "선생님이 잘 모르니까 여러분들이 도와주세요.", "창수가 이야기한 것이 정말 맞아요?", "선생님이 작년에 5학년 형님들을 가르칠 때, 형님들도 굉장히 어려워하던 문제인데, 여러분들이 이 문제를 풀 수 있어요?", "선생님은 잘 기억이 나지 않는데 ○○○의 뜻이 무엇이죠?"와 같은 수업 대화가 여기에 해당된다.

(5) 연결하기

선수학습 내용과 후속 학습 내용 연결하기, 학생 경험과 학습 내용 연결하기, 배경지식과 학습 내용 연결하기, 동료의 생각과 내 생각 연결하기, 현재의 학습 내용과 다른 교과의 학습 내용 연결하기, 교과서의 내용과 교과서 밖의 내용 연결하기 등이 해당된다.

(6) 도전하기

본인의 학습 능력보다 난이도가 약간 높은 과제에 정면으로 맞서 문제를 해결하게 하거나 새로운 목표 달성을 위해 과제 수행에 적극적으로 참여하는 것을 말한다. 학생 스스로 학습 활동의 주체가 되어 목표와 과제를 선정하고, 해결 방안을 모색할 때에 최선의 학습 효과를 얻을 수 있다. 이때에 교사나 유능한 동료는 학생이 복잡한 과제에 대해 지속적으로 도전하도록 비계설정을 해야 한다.

(7) 표현하기

학생이 학습 활동의 주체가 되어 동료와의 상호작용을 바탕으로 지식을 구성하고, 공부한 내용을 자신의 생각과 언어로 진술하여 친구 앞에서 다양한 방법으로 자유롭게 발표하게 하면 더 효과적이다. 학습 활동 표현 방법에는 말하기, 쓰기, 그리기, 춤, 역할놀이, 음악, 율동 등이 포함된다.

(8) 개발하기

학습 목표 도달에 필요한 학습 능력(지식 및 기능과 태도)을 발전시키는 것이다. 새로운 관점, 가능성 및 아이디어를 추구하거나 계속 발전시키도록 격려하고 유도한다.

제2부

학생 배움중심의 PCK 수업 설계

1 CoRe 활용 학생 배움중심의 국어과 PCK 수업 설계

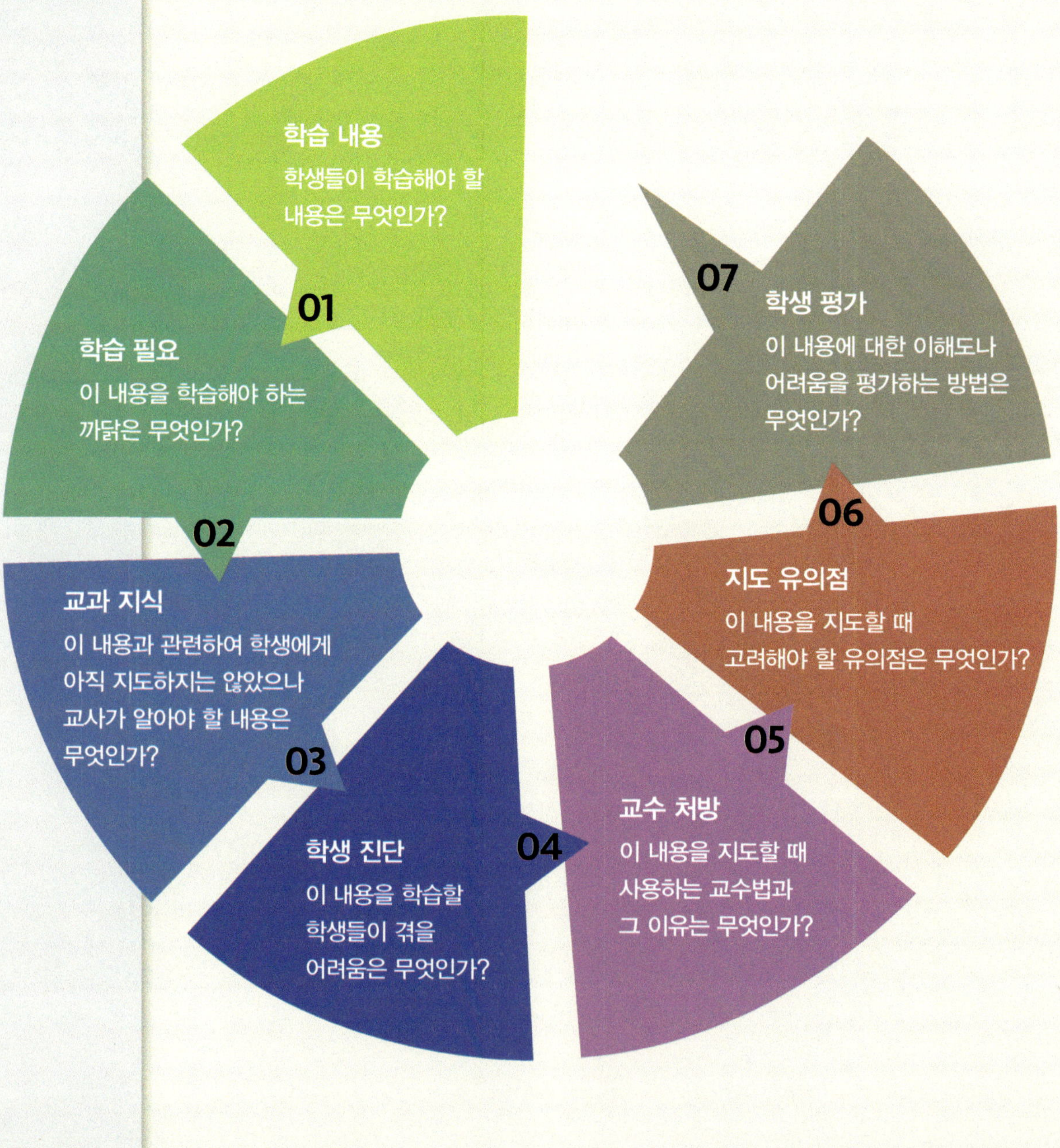

01

학습 내용

학생들이 학습해야 할 내용은 무엇인가?

이 단원은 학생들이 다양한 매체의 광고에서 보여 주는 그림(사진), 글, 만든 곳 등을 종합적으로 분석하여 광고의 의도를 파악하도록 하는 단원입니다. 그리고 광고에 전제되거나 내포된 사실을 추리하고, 과장되거나 거짓된 내용이 없는지를 평가할 수 있도록 합니다.

단원의 지도 내용

- 광고의 의도를 파악하는 방법
- 광고 내용이 믿을 만한지 비판적으로 읽는 방법
- 광고를 비판적으로 수용하는 태도
- 광고를 효율적으로 활용하는 능력

교과서 살펴보기 | 단원 도입 살펴보기

3 의견과 주장

● 광고에서 말하려고 하는 것을 어떻게 알 수 있을까요?

광고는 글, 그림, 소리 등을 사용하여 보는 이를 설득합니다. 광고를 볼 때에는 내용과 의도를 파악하며 비판적으로 보아야 합니다. 광고의 의도를 파악하는 방법을 알고 여러 가지 광고를 비판적으로 살펴봅시다.

학년 학기	5학년 2학기 – 읽기
단원(차시)	3. 의견과 주장(4/6)
학습 주제	광고의 신뢰성을 평가하는 방법 알기

교과서의 단원 도입을 살펴보고 그림과 질문을 통해 단원의 학습 목표가 무엇인지 먼저 확인합니다.

'광고에서 말하려고 하는 것'이란 '광고의 의도'를 말합니다. 이러한 질문을 통해 광고의 의도를 파악하는 방법을 공부할 것임을 알 수 있습니다.

'광고는 내용과 의도를 파악하며 비판적으로 보아야 한다'는 내용은 본 단원의 성취 기준을 제시하는 것입니다.

이 수업은 4차시 수업으로 광고를 비판적으로 읽을 수 있도록 '광고의 신뢰성을 평가하는 방법'을 알아보는 수업입니다.

이 수업의 학습 문제인 광고의 신뢰성을 평가하는 방법의 해결 방법은 광고에서 거짓되거나 과장된 표현이 있는지 찾아보기입니다.

본시의 학습 문제

- 광고의 신뢰성을 평가하는 방법을 알아봅시다.

광고의 신뢰성을 평가하는 방법

- 광고에서 거짓되거나 과장된 표현이 있는지 찾는다.

본시 학습의 교과서 살펴보기

본시의 학습 문제

교사의 고민 :
광고의 '신뢰성'이란 무엇일까?
광고의 신뢰성을 평가하는 방법은 뭐지?

따라서 이 수업에서 학생들은 광고에서 거짓된 표현이나 과장된 표현이 무엇인지 찾을 수 있어야 합니다. 이를 위해 광고에서 거짓된 표현과 과장된 표현 찾기 활동을 해야 합니다. 이 활동을 통해 광고를 비판적으로 읽는 능력을 기르고 광고의 신뢰성을 평가하는 능력을 기를 수 있습니다.

본시의 학습 요소

1. 광고에서 거짓된 표현 알기
2. 광고에서 과장된 표현 알기
3. 광고를 비판적으로 수용하는 태도 기르기

3 광고에서 거짓되거나 과장된 표현을 찾아봅시다.

광고에서 거짓되거나 과장된 표현 찾기 활동을 통해 광고의 신뢰성을 평가하는 방법을 찾아보는 거구나.

아이들이 거짓된 표현과 과장된 표현을 찾아서 발표할 수 있도록 지도해야겠구나.

이 수업에서 아이들이 꼭 알아야 할 내용이구나!

4 광고의 신뢰성을 평가하는 방법을 정리하여 봅시다.

- 광고에서 (☆ 거짓)되거나 (☆ 과장)된 표현이 있는지 찾아봅니다.

02

학습 필요

이 내용을 학습해야 하는 까닭은 무엇인가?

광고의 신뢰성을 평가하는 방법을 학습해야 하는 까닭을 찾기 위해서는 반드시 교사용 지도서를 살펴보아야 합니다. 단원 개관을 살펴보면, 단원의 지도 목표를 먼저 찾을 수 있습니다. 그에 이어 '광고'라는 매체 언어에 대한 특성을 제시하여 본 단원에서 광고의 비판적 읽기를 배워야 하는 이유를 제시하고 있습니다. 이것이 바로 본시 학습을 해야 하는 까닭입니다.

교사용 지도서 살펴보기

읽기

3 의견과 주장

단원의 개관

이 단원은 일상생활에서 접하는 여러 광고의 의도를 알고 이를 파악하여 비판적으로 평가하도록 하는 데 목적이 있다. 광고는 물건을 팔거나 소비자의 반응을 자극하기 위한 상업적 목적 또는 일반인들의 인식이나 행동에 영향을 주기 위한 공익적 목적으로 만들어지는 설득적 담화이다. 광고는 목적하는 바대로 사람들을 설득하기 위하여 다양한 설득 기법을 동원하여 정보를 기억시키고자 노력하고 거짓되거나 과장된 내용을 싣기도 하므로 광고의 내용이 믿을 만한지 생각하며 비판적으로 받아들일 수 있어야 한다.

이 단원은 학생들이 다양한 매체의 광고에서 보여 주는 그림(사진), 글, 만든 곳 등을 종합적으로 분석하여 광고의 의도를 파악하도록 하였다. 또, 광고에 전제되거나 내포된 사실을 추리하고, 과장되거나 거짓된 내용이 없는지 내용의 신뢰성을 평가할 수 있도록 하였다. 이로써 학생들은 광고를 비판적으로 수용하는 태도를 기르고, 나아가 광고를 효율적으로 활용하는 능력을 기를 수 있다.

단원의 계열

이 단원의 근거를 이루는 교육과정의 성취 기준은 5학년 읽기 영역의 '(2) 광고에 나타난 정보의 신뢰성을 평가한다.'이다. 학생들은 4학년 읽기 영역의 '(3) 글쓴이가 제시한 의견의 적절성을 평가한다.'의 성취 기준을 구현한 1학기 3, 6단원과 2학기 3, 6단원에서 글쓴이의 의견이 무엇인지 알아보고, 글에 담긴 의견이 적절한지 판단하여야 하는 까닭과 그 방법을 학습하였다. 여기에서 학습한 비판적 사고 능력을 심화하여 광고의 의도를 파악하고, 광고의 글, 그림, 소리 등에서 거짓되거나 과장된 표현은 없는지 비판적으로 평가하도록 한다. 이 목표를 달성하기 위하여 신문, 텔레비전 등 다양한 매체에서 실현되는 다양한 양식의 광고를 학습 자료로 구성하였다.

또, 이 단원의 학습 내용은 주장과 근거의 타당성과 적절성을 비판적으로 평가한다는 점에서 6학년 1학기 3, 6단원에 구현된 읽기 영역의 '(2) 논설문을 읽고 주장과 근거의 타당성과 적절성을 평가한다.'

단원의 지도 목표를 알 수 있습니다.

'광고'라는 매체 언어의 특성을 확인할 수 있습니다.

본 단원의 지도 이유를 알 수 있습니다.
- 광고의 비판적 읽기를 해야 하는 이유 알기

03

교육과정 교과 지식

이 학습 내용과 관련하여 교사가 알아야 할 내용은 무엇인가?

본시 학습 내용을 더 잘 가르치기 위해서는 교사가 미리 알아 두어야 할 관련 내용이 있습니다. 그 중에서도 가장 먼저 알아 두어야 할 내용은 광고와 관련한 학습의 계열입니다. 이것은 본시 학습 내용의 가르칠 범위를 결정하는 데 도움을 줍니다. 또한 광고에 대한 관련 지식을 알아 두어야 합니다. 이러한 관련 지식을 알아 두면 학생들이 광고와 관련하여 여러 가지 질문을 던졌을 때 학생의 수준이나 상황을 고려하여 적절한 답을 할 수 있습니다.

학습의 계열

구분	교육과정 성취 기준	
선수 학습	• 교육과정 성취 기준 읽기 (3) 글쓴이가 제시한 의견의 적절성을 평가한다. [4학년 1학기 3, 6단원] [4학년 2학기 3, 6단원] – 글쓴이의 의견이 무엇인지 알아보고, 글에 담긴 의견이 적절한지 판단하여야 하는 까닭과 그 방법 알기	비판적 사고 능력 학습
본시 학습	• 교육과정 성취 기준 읽기 (2) 광고에 나타난 정보의 신뢰성을 평가한다. [5학년 1학기 6단원] [5학년 2학기 3단원] – 광고의 의도를 파악하고, 광고의 글, 그림, 소리 등에서 거짓되거나 과장된 표현은 없는지 비판적으로 평가하기	비판적 사고 능력 학습 심화
후속 학습	• 교육과정 성취 기준 읽기 (2) 논설문을 읽고 주장과 근거의 타당성과 적절성을 평가한다. [6학년 1학기 3, 6단원] – 주장에 대한 근거가 적절한지 파악하는 방법을 알고, 주장과 근거의 타당성과 적절성을 비판적으로 평가하기	비판적 사고 능력 학습 확장

광고에 대한 지식과 비판적 읽기

'광고'라는 매체 언어의 특성과 광고의 비판적 읽기는 모순이 아닌가요?

이 수업에서 학생들이 가장 많이 하는 질문 중에 하나는 '광고에 거짓과 과장이 있다면 광고 자체가 나쁜 것 아닌가요?'라는 것입니다.

광고는 설득적 담화이므로 대중을 설득하기 위해 과장과 거짓을 수단으로 활용하는 것이 당연하다는 생각이 일반적입니다. 그런데 이 수업을 통해 광고에 사용된 거짓과 과장을 구분하기 위하여 광고를 비판적으로 읽어야 한다고 지도를 하니, 그 동안 당연하다고 생각해 왔던 광고의 거짓이나 과장 표현이 문제가 있다고 생각하게 되고 나아가서 광고 자체를 나쁜 것이라 생각하며 광고를 어떻게 받아들여야 하는지 혼란스러워하는 것입니다. 이와 같은 혼란은 한마디로 말해 광고의 특성과 신뢰성 평가가 서로 반대되는 내용이며 논리적으로 맞지 않다는 생각에서 비롯됩니다.

> "광고는 설득하는 것이 목적이야. 그러니 거짓과 과장을 사용하는 것이 당연해."
>
> "광고에서 거짓이나 과장을 사용한 표현이 있는지 찾아보고 신뢰할 만한 광고인지 평가해야 해."

이러한 의문을 가지는 것은 학생뿐만 아니라, 교사도 마찬가지입니다. 실제로 수업 컨설팅을 했을 때, 만약 학생들이 이런 질문을 하면 어떻게 설명해야 할지 모르겠다며 교사들이 혼란스럽고 어렵다고 호소하는 모습을 보았습니다. 이런 혼란스러움을 갖고 있다면, 수업 진행에 다소 어려움이 있을 것으로 예상됩니다. 이러한 혼란스러움을 갖게 된 이유를 살펴보면, 첫째, 우리는 이미 광고라는 매체에 익숙해져 있어서 거짓이나 과장된 표현을 당연하다고 생각하고 있다는 것입니다. 둘째, 신뢰성을 평가한다고 했을 때 '평가'라고 하는 말에 부정적인 인식을 갖고 있어서 신뢰성을 평가한다는 것은 곧 신뢰성이 부족하기 때문이라는 잘못된 선입견을 갖고 있기 때문입니다.

광고란 설득을 위해 거짓이나 과장된 표현으로 효과를 높이는 매체 언어입니다. 따라서 교사는 광고가 유익한 정보를 주기도 하지만 그렇지 못한 경우도 있으므로 광고 내용을 무조건 믿어서도 안 되지만, 그렇다고 무조건 광고를 나쁜 것으로 단정 지어서도 안 된다는 것을 분명하게 인식하고 이를 학생들에게 지도해야 합니다. 광고 내용이 얼마나 믿을 만한지 잘 구분하기 위해 광고의 비판적 읽기가 반드시 필요함을 교사가 명확하게 인식하고 있어야 학생들이 혼란스러워하지 않도록 바르게 설명할 수 있을 것입니다.

여기서 잠깐!

광고의 신뢰성 평가가 필요한 이유

'침대는 가구가 아니라 과학'이라는 광고 카피는 일반인들이 가지고 있던 '침대는 가구'라는 상식을 깬 문구로 소비자들을 설득하였다. 실제 초등학생이 이 광고를 사실로 믿고 시험에서 '침대'를 가구가 아닌 것으로 답을 썼다는 일화는 유명하다. 이것은 어린 학생이 광고가 설득의 매체라는 특성을 제대로 알지 못한 상태에서 광고글을 사실로 받아들였거나 수없이 광고에 노출되어 특정 주장에 완전히 설득되었거나, 광고가 사실 정보와 설득을 위한 주장을 섞어 보내는데 사실과 주장을 구분하여 판단하지 못하였기 때문이다.

광고에서 거짓을 말하거나 사실과 다르게 오해하도록 하거나 상식적으로 용납될 수 있는 정도를 넘어선 과장은 법적 제재를 받는다. 그럼에도 불구하고 '과장' 기법과 '상식적'이라는 기준이 모호하다는 함정이 있다. 광고의 신뢰성 평가가 중요한 이유가 바로 여기에 있다.

광고는 그림(사진), 영상, 소리, 음악 등을 고도의 기술로 집약하여 수용자를 설득하는 매체 언어로서 수용자가 무비판적으로 볼 경우에 주장의 합리성 여부와 상관없이 무방비로 설득당하기 쉽다. 특히 오늘날 영상 및 이미지 시대의 광고는 좀 더 정밀하고 다각적인 비판적 읽기가 필요하다. 따라서 학생들이 그림(사진), 소리, 글 등이 복합적으로 뒤섞여 만들어진 텍스트와 생산 및 수용 상황 맥락, 사회 · 문화적 배경 지식을 총동원하여 논리적이고 객관적인 평가를 통하여 현명한 판단을 내릴 수 있도록 해야 한다.

04

학생 진단

이 내용을 학습할 학생들이 겪을 어려움은 무엇인가?

본시 학습 내용에 대한 성취도를 높이기 위해서는 학습 내용의 핵심적인 지식과 이에 대한 학생들의 이해도가 어떤지, 학생들의 이해도를 높이는 데 방해되는 걸림돌이 무엇인지 미리 예상하거나 실태를 파악하고 걸림돌을 제거하거나 이해도를 높이기 위한 대비책을 마련해 두는 노력이 필요합니다. 여기서는 학습 내용의 핵심 지식을 먼저 알아보고, 이에 대한 학생들의 이해도나 어려움에 어떤 것이 있는지 살펴봅니다.

학습 내용

핵심 지식 : 광고의 신뢰성을 평가하는 방법
– 광고에서 거짓되거나 과장된 표현이 있는지 찾는다.

본시 학습에서 학생들에게 꼭 가르쳐야 할 세 가지 핵심 지식의 내용입니다.

핵심 지식 1 광고의 거짓된 표현이란? ➡ 허위 광고

• 거짓된 표현이란, 사실이 아닌 것을 사실처럼 꾸미는 것이다.

• 허위 광고란, 상품에 대한 광고 주장과 실제 상품 간에 차이가 존재하는 광고이다. 즉, 광고에서 주장하는 내용이 사실과 다른 경우로, 교과서에서는 '허위'라는 표현 대신에 '거짓'된 내용을 내용 활동으로 제시하고 있다. 그러나 학생들도 이미 생활 속에서 '허위 광고'라는 용어를 접한 경험이 있으므로 의미를 이해시킨 후에 용어를 안내하는 것도 좋을 것이다.

핵심 지식 2 광고의 과장된 표현이란? ➡ 과장 광고

- 과장된 표현이란, 사실을 지나치게 부풀려서 나타내는 것이다.
- 과장 광고란, 사실의 과장된 표현으로 착각을 일으키게 하여 상품에 대한 올바른 선택을 그르치게 하는 광고이다. 과장 방법이 다양하고 판단 기준이 명확하지 않지만 '세계 최고', '만병통치'와 같은 최상급 용어 사용, 영상 표현 기술로 현실적으로 있을 수 없는 장면을 보여주는 것, 심리적 불안 조성 등은 과장 광고의 범주에 들 수 있다. 과대 광고와 동일한 개념으로 사용한다.

핵심 지식 3 광고를 비판적으로 읽는 방법이란?

- 광고를 읽을 때는 먼저 광고의 의도를 파악한 후, 거짓되거나 과장된 표현이 있는지 확인한다. 이것이 광고를 비판적으로 읽는 것이며, 광고의 신뢰성을 평가하는 방법이 된다.

여기서 잠깐!

핵심 지식으로 추가할 내용이 있다면 적어 보세요.

선개념

본시 학습 내용인 '광고'와 관련하여 이미 배운 내용(선개념)이 무엇인지 알고, 본시 학습을 방해하는 것이 무엇인지 살펴보아야 합니다. 만약 알고 있어야 할 내용에 대한 학생들의 이해가 부족할 때에는 보충 지도를 하여 이해도를 향상시킨 후 본시 학습을 지도해야 본시 학습의 성취도가 높아질 수 있습니다. 또한 이 내용 중에서 오개념이 형성된 경우에는 반드시 오개념을 바로잡아 주어야 본시 학습 내용에 대한 이해도가 높아질 것입니다. 선개념이 무엇인지 찾기 위해서는 관련 선수 학습 내용을 확인하면 됩니다. 본시 학습인 '광고'와 관련한 선수 학습 내용을 먼저 살펴본 후, 그 중에서 본시 학습을 위해 꼭 알아야 할 내용을 찾으면 됩니다.

◉ '광고' 관련 단원의 선수 학습 내용

5-1. 읽기: 6단원 깊이 있는 생각

- 광고의 성격 알기(1/6)
- 광고의 성격을 파악하며 광고 읽기(2~3/6)
- 광고의 표현 특성 알기(4/6)
- 광고에 나타난 표현 특성 찾기(5~6/6)

5-2. 읽기: 3단원 의견과 주장

- 광고의 의도를 파악하는 방법 알기(1/6)
- 광고를 보고 의도 파악하기(2~3/6)

선수 학습 내용 중에 본시 학습을 위해 학생들이 광고에 대해 반드시 알고 있어야 할 개념에는 이런 것이 있습니다.

◉ 학생들이 이미 알고 있어야 할 개념

- 광고의 성격
- 광고의 표현 특성
- 광고의 의도를 파악하는 방법

본시 학습을 위해 학생들이 이미 알고 있어야 할 기능도 살펴보아야 하겠지요.

◉ 학생들이 이미 알고 있어야 할 기능

- 광고의 성격을 파악하며 광고 읽기
- 광고에 나타난 표현 특성 찾기
- 광고를 보고 광고의 의도 파악하기

여기서 잠깐!

선개념에 추가할 내용이 있다면 적어 보세요.

알아두기

학생들이 잘 이해하고 있는지 확인해 보세요.

1) **광고의 성격**
   - 물건을 팔거나 소비자의 반응을 자극하기 위한 상업적 목적 또는 일반인들의 인식이나 행동에 영향을 주기 위한 공익적 목적으로 만들어지는 설득적 담화

2) **광고의 성격을 파악하며 광고 읽기**
   - 광고가 제공하는 정보를 살펴본다.
   - 광고에 사용된 글이나 그림, 소리, 영상 등을 살펴본다.
   - 마음을 움직이게 하는 내용을 찾아본다.

3) **광고의 표현 특성**
   - 광고는 그림, 사진, 소리, 글로 이루어져 있다.

4) **광고의 의도를 파악하는 방법**
   - 그림, 사진, 소리가 무엇을 말하고 있는지 짐작한다.
   - 글에 담긴 의미를 생각한다.
   - 광고를 만든 곳을 찾고 하는 일을 생각한다.
   - 그림(사진), 소리, 글, 광고를 만든 곳과 연관 지어 의도를 파악한다.

5) **광고를 보고 의도 파악하기**
   - 광고의 의도를 파악하는 데 있어 중요한 것은 광고의 영상, 음향, 음성, 문자 등의 언어적 요소가 어떻게 구성되어 있는지 분석하고 맥락을 고려하여 종합적으로 파악하는 것이다.

난개념

본시에서 학습해야 할 내용 중에서 학생들이 이해하기 어려워하는 내용(난개념)이 무엇인지 미리 알아 두어야 합니다. 가장 기본적인 난개념은 학습 목표입니다. 그럼, 본시 학습의 난개념을 좀 더 자세히 살펴보기로 할까요?

난개념(기능) 1 광고의 거짓된 표현이란? ➡ 허위 광고

• 거짓된 표현이란, '사실이 아닌 것을 사실처럼 꾸미는 것'임을 이해하지 못한다.

• 광고의 그림(사진), 글, 소리 등에서 거짓된 표현을 쉽게 찾아내지 못한다.

• 허위 광고와 허풍 광고를 구분하지 못한다.

– 허위 광고는 사실과 다르거나 근거 없는 내용을 광고하여 기만으로 유도하는 것이고, 허풍 광고는 사실이거나 입증할 수 없는 것을 과장하여 표현한 것이다.

난개념(기능) 2 광고의 과장된 표현이란? ➡ 과장 광고

• 과장된 표현이란, '사실을 지나치게 부풀려서 나타내는 것'임을 쉽게 이해하지 못한다.

• 광고를 보고 과장 광고의 경계 구분이 모호하여 과장된 표현을 쉽게 찾아내지 못한다.

난개념 3 광고의 신뢰성이란 어떤 것인지 이해하지 못한다.

• 신뢰성이란 믿는 것을 말한다. 따라서 광고의 신뢰성이란, 광고가 믿을 만한 것인지 아닌지의 여부를 말한다. 그런데 무조건 광고를 믿어 왔던 학생들은 광고의 신뢰성을 생각하는 것 자체를 이해하기 어려워한다.

난개념 4 광고의 신뢰성을 평가해야 하는 까닭을 이해하지 못한다.

• 광고는 보는 이의 마음을 끌어 의도대로 설득하기 위해 거짓되거나 과장된 표현을 쓰기 때문에 무조건 광고를 그대로 믿어서는 안 된다. 광고에 어떤 거짓, 과장 표현이 있는지 비판적으로 읽어야 하는 것이다. 그러나 그 동안 광고를 무비판적으로 받아들여 왔던 경험으로 인해 광고의 신뢰성을 평가해야 하는 까닭을 이해하지 못하는 경우가 있다.

난개념 5 광고의 과장, 거짓 표현의 허용 범위에 대해 혼란스러워한다.

• 문학에서 과장법이 깊은 인상을 주거나 웃음을 주는 역할을 하는 것처럼 광고에서도 과장 표현은 유머로 받아들여지며 허용되는 경우가 많아 광고의 과장, 거짓된 표현을 어디까지 허용해도 되는지 경계를 구분하기 어려워한다.

난개념 6 '공익 광고'가 무엇인지 이해하지 못한다.

• 공익 광고란, 기업이나 단체가 공공의 이익을 목적으로 하는 광고이다. 상품을 팔기 위한 상

품 광고와는 달리 공익성과 사회적 책임을 바탕으로 사회의 개발이나 친선, 복지를 증진시킬 목적으로 제작된 광고이다. 공공의 이익을 위해 환경, 인권 등 사회 제반 문제들을 인간 존중의 정신에 입각하여 모든 사람들에게 알기 쉽고 설득력 있게 호소하는 것이다.

여기서 잠깐!

난개념에 추가할 내용이 있다면 적어 보세요.

오개념

본시에서 학습해야 할 내용과 관련하여 학생들이 이미 갖고 있는 선개념 중에서 잘못 알고 있거나 본시 학습 중에 잘못 이해할 가능성이 있는 내용(오개념)이 무엇인지도 파악해야 합니다. 이것을 오개념이라고 합니다. 특히 본시 수업에서는 학생은 물론, 교사 가운데에도 생활 속에서 광고에 대한 비판적 읽기가 익숙하지 않아 혼란스러워하는 경우를 쉽게 볼 수 있습니다. 흔히 볼 수 있는 오개념에는 어떤 것들이 있는지 예시를 통해 같이 고민해 보기로 할까요?

오개념 1 광고의 설득적 기능을 위한 과장된 표현은 당연하다.

- 광고의 목적은 설득이며 수요자의 기억에 오래 남게 하기 위해 과장된 표현은 당연한 것이라고 생각한다.
- 광고에 과장된 표현이 있어도 신뢰성이 떨어지는 것은 아니라고 생각한다.

오개념 2 광고의 신뢰성 평가는 할 필요가 없다고 생각한다.

- 광고의 의도를 표현하기 위해서는 과장, 허위 표현은 문제 되지 않는다고 생각한다.
- 광고의 신뢰성을 평가하는 것이 의미 없으며 할 필요가 없다고 생각한다.

오개념 3 광고는 과장, 거짓된 표현을 사용하므로 믿을 수 없는 것이다.

- 광고는 기본적으로 설득을 위해 과장이나 거짓된 표현을 사용한다. 따라서 광고는 무조건 나쁘고 믿을 수 없다고 생각한다.

오개념 4 공익 광고만 믿을 수 있다고 생각한다.

- 공익 광고는 과장된 표현은 사용하지만 거짓된 표현은 하지 않으므로 믿을 수 있다고 생각한다.
- 거짓된 표현을 사용하는 상업 광고는 모두 믿을 수 없다고 생각한다.

오개념 5 과장, 거짓된 표현의 사용을 전혀 받아들이지 못한다.

- 광고가 설득을 위한 것이라 하여도 과장, 거짓된 표현을 사용하는 것을 이해하거나 받아들이지 못한다.
- 광고에 과장된 표현이나 거짓된 표현을 사용하는 것은 잘못이며 있을 수 없는 일이라고 생각하고 이를 전혀 수용하지 못한다.

여기서 잠깐!

오개념에 추가할 내용이 있다면 적어 보세요.

흥미, 태도

본시 수업 내용은 단순한 말하기와 듣기의 인지적 측면 이외에 '광고'라는 매체 언어에 대한 정의적 측면에 대해서도 학생들이 이해와 인식을 바르게 할 수 있는 지도가 필요합니다. 따라서 본시 학습과 관련한 학생들의 흥미나 태도 등을 살펴보고, 학습 목표 도달과 관련하여 지도해야 할 내용을 찾아보기로 하지요.

- 광고에 대한 학생들의 흥미는 매우 높으며 창의적인 아이디어가 풍부한 광고를 좋아한다.
- 광고는 톡톡 튀는 새로운 아이디어가 있어야 한다고 생각한다.
- 평소 텔레비전 광고에 익숙해 있어서 신문, 잡지, 포스터 등 인쇄 광고에서 그림 내용만 관찰하려 하고 글의 내용은 꼼꼼하게 읽으려 하지 않는다.
- 광고를 볼 때 광고 모델이나 기발한 아이디어에만 관심을 두고, 광고에서 말하고자 하는 내용을 비판적으로 읽으려는 태도가 부족하다.
- 광고를 비판적으로 읽어 본 경험이 없어서 비판적으로 읽기를 두려워하거나 어려워한다.

여기서 잠깐!

흥미, 태도와 관련하여 추가할 내용이 있다면 적어 보세요.

05

교수 처방

이 학습 내용을 지도할 때 사용하는 교수법과 사용 이유는 무엇인가?

본시 수업 내용은 '광고의 신뢰성을 평가하는 방법 알기'입니다. 앞에서 살펴본 학생들의 이해도, 즉 선개념, 난개념, 오개념을 지도하기 위해서는 학생 이해도의 내용 및 수준에 따라 적절한 표상 방법을 활용한 교수 처방이 필요하고, 이를 뒷받침하기 위해서는 교사와 학생의 상호작용을 활발하게 하는 수업 대화가 필요합니다. 그런데 학생의 활발한 참여를 이끌어 내기 위해서는 마중물 원리를 적용한 수업 대화를 해야 합니다. 따라서 교수법을 연구할 때에는 표상 전략과 마중물 전략을 함께 연구하는 것이 중요합니다.

[전시 학습] 단계에서의 선개념과 교수 처방

본시 수업에서 '광고의 신뢰성을 평가하는 방법'을 공부하기 위한 선개념에는 〈광고의 의도를 파악하는 방법〉이 있습니다.

① 그림, 사진, 소리가 무엇을 말하고 있는지 짐작한다.
② 글에 담긴 의미를 생각한다.
③ 광고를 만든 곳을 찾고 하는 일을 생각한다.
④ 그림(사진), 소리, 글, 광고를 만든 곳과 연관 지어 파악한다.

예시 ➜ 광고 자료를 예시로 보여 주고 광고의 글, 그림을 살펴봄으로써 광고의 의도를 파악할 수 있음을 상기시킨다.

단서, 탐문 ➜ '광고의 의도를 파악하는 방법'에 대한 단서를 제공하거나 학생의 응답에 대해 명료화, 정교화 등의 탐문을 실시한다.

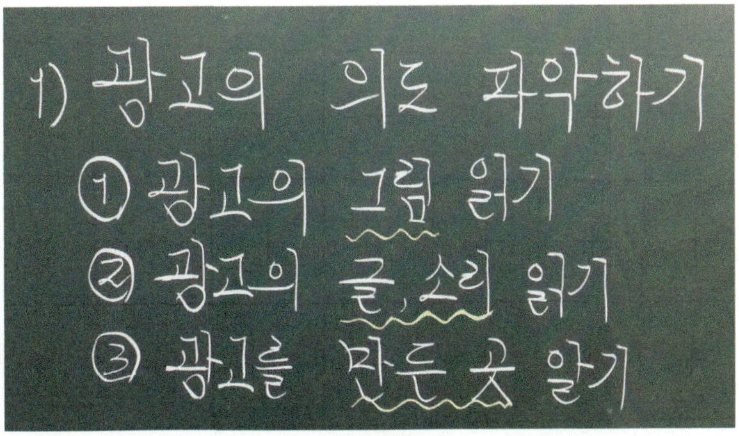

교사 지난 시간에 함께 공부했던 광고입니다. 이 광고의 의도는 무엇이었나요?

학생 장애인에 대한 편견을 버리고 능력을 봐야 한다는 것입니다.

교사 광고의 의도를 파악하기 위해서는 광고의 무엇을 살펴보았나요?

학생 광고 그림에서 음표 머리에 지구가 그려져 있어 음악으로 세상이 하나가 되었다는 것을 알 수 있었습니다.

학생 광고의 글에서 들을 수 없었던 베토벤이 위대한 음악으로 세상을 즐겁게 만들었다는 내용과 능력은 장애와는 아무런 상관이 없다는 내용에서 장애에 대한 편견을 버려야 함을 알게 되었습니다.

교사 광고에서 또 무엇을 보았나요?

학생 1 광고를 만든 곳을 보았습니다.

학생 2 장애인고용공단에서 만들었습니다.

교사 그렇다면 광고의 의도를 파악하는 방법이 무엇이었는지 정리해 볼까요?

학생 1 광고의 그림을 읽습니다.

학생 2 광고의 글을 읽습니다.

학생 3 광고가 만든 곳을 확인합니다.

[문제 확인] 단계에서의 난개념과 교수 처방

난개념 공부할 문제에 제시된 '신뢰성'의 뜻을 이해하지 못한다.

⊙ 공부할 문제 제시하기

개념 정의 공부할 문제 확인 단계에서 '신뢰성'이란, 광고를 믿을 수 있는 성질을 말하는 것이라고 개념을 정의 내린 후 광고를 믿을 수 있는지 아닌지 신뢰성을 평가하는 방법을 공부할 것이라고 공부할 문제를 확인한다.

교사 오늘 우리는 광고에 대해 믿을 수 있는지 없는지를 확인해 보려고 합니다. 이때 믿을 수 있는 것을 뭐라고 하는지 혹시 알고 있나요?

학생 (대답하지 못할 경우에는 교사가 낱말을 알려준다.)

교사 믿을 수 있는 것을 '신뢰성'이라고 합니다. 그래서 오늘 우리는 광고를 믿을 수 있는지 없는지, 즉 신뢰성이 어느 정도인지 평가하는 방법을 알아보려고 합니다.

난개념 광고의 신뢰성을 평가해야 하는 이유를 이해하지 못한다.

예시 광고는 설득을 위한 언어이므로 과장이나 거짓된 표현을 사용할 수 있다. 그러나 지나친 과장이나 거짓된 표현으로 피해를 입을 수 있다. 여기서는 과장, 거짓, 허위 등의 표현을 사용하지 말고 광고에 속았던 경험을 이야기해 보게 하여 이와 같은 피해를 입지 않으려면 광고가 믿을 만한지 신뢰성을 평가할 필요성이 있음을 강조한다.

연결하기 ➔ 광고로 인해 피해 입은 경험에 대해 공감할 수 있도록 하고, 이러한 경험을 광고의 신뢰성 평가의 필요성으로 연결하여 지도한다.

교사 광고를 믿고 샀는데 피해를 입은 경험이 있다면 이야기해 봅시다.

학생 어머니께서 인터넷에서 제 옷을 구입해 주셨는데 인터넷에 올려진 사진과 달리 실제로 옷을 받아 보니, 옷감도 별로고 디자인과 색도 안 예뻐서 반품한 경우가 있었습니다.

교사 그랬군요. 무척 속상했겠네요. 인터넷에서 보는 것과 달랐다는 말이네요?

학생 네. 반품하는 것이 귀찮아서 웬만하면 입을까 했지만 화면에는 색이 예쁜 초록이던데 실제로는 전혀 예쁘지 않은 초록이었어요.

교사 실제 색상이나 디자인이 광고와 달라서 피해를 입은 것이군요. 혹시 이와 비슷한 경험이 있는 친구들이 또 있나요?

학생 (손을 들어 확인하고, 경험을 이야기한다.)

교사 이런 피해를 입지 않으려면, 우리는 광고를 볼 때 어떻게 보아야 할까요?

학생 광고가 얼마나 믿을 만한지 확인해야 합니다.

교사 그렇지요. 광고가 믿을 만한지 신뢰성을 확인할 수 있어야 합니다. 이것이 오늘 우리가 광고의 신뢰성 평가방법을 공부하는 이유입니다.

[배움 1] 단계에서의 난개념과 교수 처방

난개념 ➔ 교과서에 제시된 광고의 의도를 쉽게 파악하지 못한다.

확대 자료 ➔ 광고의 의도 파악하기는 지난 시간에 배운 내용이지만 아직 쉽게 파악하지 못하는 학생이 있을 수 있다. 이때 교사는 교과서에 제시된 광고 그림을 확대 자료로 제작하여 칠판에 붙인 후, 학생들과 함께 광고의 내용을 분석하면서 광고의 의도를 쉽게 파악할 수 있도록 한다.

단서, 격려 ➔ 확대 자료를 활용하여 광고의 의도를 파악할 수 있는 단서를 안내하거나 짚어 주어 학생들이 광고의 의도를 쉽게 파악하도록 한다.

◉ 광고 그림 자료 제시하기

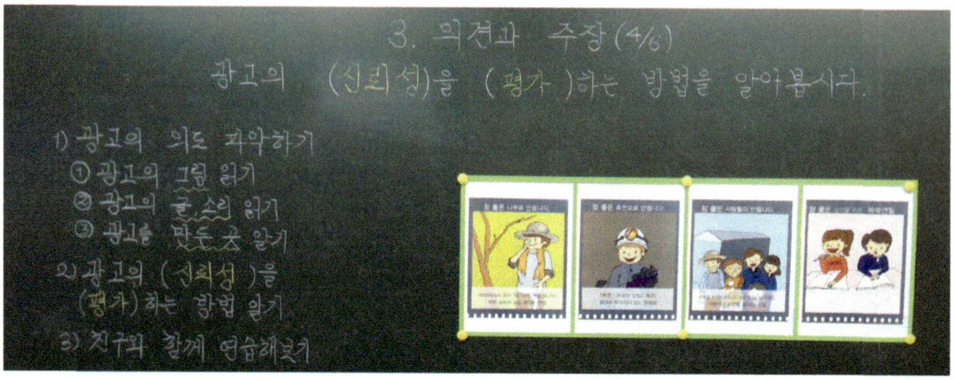

전원 참여 ➡ 교사와 함께 광고의 내용을 분석한 후 광고의 의도를 교과서에 정리하게 하고 전원 참여 발표 방법으로 확인하여 참여를 높인다.

◉ 전원 참여 발표로 광고의 의도에 대한 학생 이해도 확인하기

① 개인별 생각을 공책에 정리한 후, 학생 모두 제자리에 일어서게 한다.

② 학생을 지명하여 생각을 발표하게 하고, 비슷한 답을 적은 학생은 "빙고"를 외치며 자리에 앉는다.

③ 위의 ②번과 같은 방법으로 마지막까지 남은 학생의 답을 모두 확인한다.

여기서 잠깐!

전원 참여 학습 방법을 활용할 때 유의할 점

모든 학생의 답을 확인하는 과정에서 너무 많은 종류의 답이 나오면 시간이 길어져 수업의 집중력이 떨어지기 쉽습니다. 따라서 가능하면 서너 가지 정도의 답이 나오는 질문에 활용하는 것이 좋습니다.

[배움 2] 단계에서의 난개념과 교수 처방

난개념 ➔ ① 광고의 장면별 글과 그림의 비판적 읽기 활동을 혼자 하는 것은 내용이 많아 어려울 것이다.

모둠 토의 ➔ 모둠별 토의 활동을 통해 생각을 나누게 하여 광고 장면별 비판적 읽기 활동을 쉽게 할 수 있도록 학습 활동을 조직한다.

책임 공유 ➔ 모둠별 토의 활동 시에 각자 다른 색의 포스트잇에 생각을 적어 모둠 학습판에 붙이게 하여 토의 활동에 함께 참여하도록 한다. 모둠별로 토의 결과를 발표하여 상호 비교하고, 확인한다.

⊙ 모둠 토의를 통해 광고를 비판적으로 읽기

① 4인 1모둠을 조직하여 앉는다.

② 4명이 서로 다른 색의 포스트잇에 자신의 생각을 기록한다.

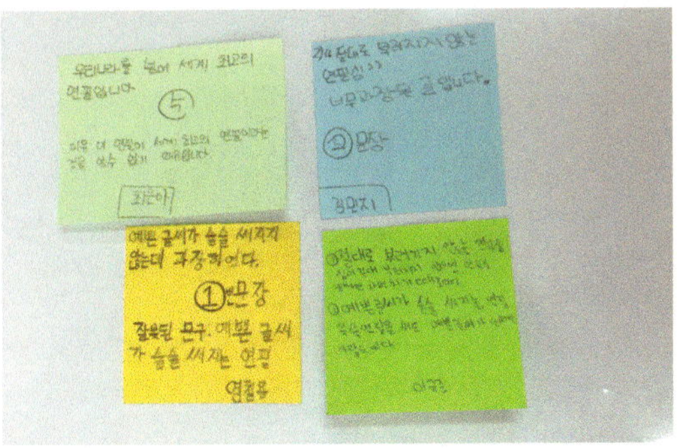

③ 모둠 학습판에 각자 생각을 적은 포스트잇을 붙인다.

④ 각자 적은 내용을 한 명씩 돌아가며 발표한다.

명료화 학생들이 발표한 내용을 정리하여 설명해 주고 '부풀림', '허풍' 등의 용어를 명료하게 정리해 준다.

⊙ 판서를 통해 광고의 장면별 비판적 읽기 내용 정리하기

교사 첫 번째 장면의 문제점이 무엇인지 이야기해 봅시다.

학생 예쁜 글씨가 술술 써진다고 하는 것은 사실이 아니라고 생각합니다. 예쁘게 글이 써지는 학생도 있겠지만 그렇지 않은 경우도 있기 때문입니다.

교사 여러분들의 생각도 비슷한가요? 혹시 조금 다른 의견은 없나요?

학생 없습니다.

교사 그렇다면, 이런 현상을 낱말로 표현한다면 뭐라고 할 수 있을까요?

학생 사실을 너무 많이 부풀린 것 아닐까요?

교사 그렇지요. 바로 이런 것을 '부풀림'이라고 할 수 있습니다. (판서한다.)

난개념 ② 광고의 장면별 글과 그림을 비판적으로 읽기를 할 때, 사실을 숨긴 장면은 비판적 읽기를 하지 못한다.

마중물 마중물 수업 전략 중에서 '딴청부리기'의 활용으로 틀린 것이 없으니까 넘어간다고 하여 문제를 찾아낸 학생들의 참여를 높인다.

설명 광고 표현 중에서 '사실 숨김'에 대해 용어를 정의해 주면서 광고를 비판적으로 꼼꼼하게 읽어야 함을 강조하여 설명한다.

교사 세 번째 장면은 문제가 없으니까 그냥 넘어가도 되죠?

학생 선생님, 이상한데요!

교사 뭐가 이상한가요?

학생 틀린 것이 있는 것 같습니다.

교사 어떤 부분에 문제가 있는지 자세하게 말해 볼까요?

학생 1 매달 나무를 심는다고 했지만, 연필을 만들기 위해 나무를 베는 것은 자연을 훼손하는 것이잖아요.

학생 2 나무를 심는 것은 좋은 일이라고 생각합니다. 하지만, 이 회사가 처음부터 나무를 베어 환경을 훼손하고 있다는 사실은 변하지 않습니다. 아름다운 자연을 살린다고 하는 것은 나쁜 이미지를 만회하기 위한 것처럼 느껴집니다.

교사 어때요? 이 의견에 대해 여러분들은 어떻게 생각하나요?

학생 처음에는 생각하지 못했는데 듣고 보니 정말 교묘하게 숨긴 것 같아요. 연필 만드는 것 자체가 자연을 훼손하는 것인데 그건 생각하지 못했거든요.

교사 여러분들이 아주 잘 찾았습니다. 나무를 심는 것은 분명 좋은 일을 하고 있는 것이지만, 처음부터 연필을 만들기 위해 나무를 베어 자연을 훼손하고 있다는 사실을 교묘하게 숨기고 나무 심는 것을 강조하고 있습니다. 이것을 '사실 숨김'이라고 할 수 있겠습니다.

학생 아하~, 사실을 숨기는 것이구나.

[배움 3] 단계에서의 난개념과 교수 처방

난개념 ③ 광고의 비판적 읽기 활동 후, 광고에서 문제점들을 찾아냈지만 이 내용에서 광고의 신뢰성을 평가하는 방법을 도출해 내지 못한다.

단서 제공 광고에서 찾아낸 문제점들이 '부풀림', '허풍', '사실 숨김', '미입증' 등이며 다른 광고에도 이런 문제점들이 있는지 확인해야 한다. 이때 이 문제점들이 광고의 신뢰성을 평가하는 요소임을 알게 한다.

정의 광고의 신뢰성을 평가하는 방법은 부풀림, 허풍, 사실 숨김, 미입증 등의 내용을 찾아내는 것이다. 이런 광고를 과장 광고, 허위 광고라고 정의하고, 이에 대한 배경 지식을 연결하여 이해도를 높인다.

⊙ 판서를 통해 광고의 비판적 읽기와 신뢰성을 평가하는 방법 확인하기

난개념 ④ 광고의 신뢰성을 평가하는 방법을 확인했지만, 실제 광고를 보고 신뢰성을 평가하는 방법이 어떤 것인지 구체적으로 이해하지 못하는 학생들이 있다.

예시, 연습 예시 광고 자료를 제공하여 교사와 함께 광고를 보면서 신뢰성 평가 요소들이 해당되는지 차례로 평가해 보는 연습 활동을 한다.

단서 제공 예시 광고 자료를 보면서 신뢰성을 평가하는 방법이 맞는지 연습하는 활동을 할 때, 교사는 전체 학습으로 진행하면서 단서를 제공하여 학생들이 좀 더 쉽게 이해할 수 있도록 한다.

⊙ 예시 광고 자료의 비판적 읽기 활동을 통한 학습 이해도 확인 및 보충 (1)

댐의 물을 흡수하는 기저귀: 과장, 거짓

교사 기저귀 광고를 보고 여러분들의 생각을 말해 보세요.

학생 댐을 기저귀 위에 갖다 붙인 건 정말 아이디어가 기발하고 재미있어요.

교사 그래요. 아이디어가 무척 돋보이는 광고네요. 그런데 이것이 사실일까요?

학생 에이, 그건 아니죠. 작은 기저귀 하나가 저렇게 많은 물을 흡수할 수는 없어요.

교사 혹시 다르게 생각하는 친구 있나요? 이 광고를 보고 기저귀의 물 흡수 성능이 매우 뛰어나다고 생각하는 사람은 혹시 없을까요?

학생 아마 있을 것 같습니다.

교사 그래요, 광고를 보고 이 상품에 대한 호감도가 높아질 수 있겠지요. 그러면 이제부터 이 광고를 비판적으로 읽기를 해봅시다. 기저귀의 물 흡수 성능을 제대로 알고 싶다면 어떤 내용을 봐야 할까요?

학생 기저귀의 물 흡수 성능 실험 결과입니다.

교사 그렇죠. 실험 결과와 같이 누구라도 인정할 만한 검사 결과가 있어야겠지요. 하지만 이 광고에서는 그런 결과는 없습니다. 그렇다면 이 광고는 믿을 만한 광고일까요?

학생 믿을 수 있는 자료를 제시하지 않았기 때문에 신뢰성 있는 광고가 아니라고 생각합니다.

교사 이 광고에 대해 보충 의견이나 반대 의견 있으면 발표해 보세요.

학생 제 생각엔 기발한 광고이지만 믿을 수 있는 광고는 아니라고 생각합니다.

⦿ 예시 광고 자료의 비판적 읽기 연습 활동을 통한 학습 이해도 확인 및 보충 (2)

가장 이상적인 영양균형을 갖춘 라면: 과장, 거짓

교사 이번에는 라면 광고를 한번 볼까요? 혹시 이 광고를 본 적이 있습니까?

학생 네, 광고도 본 적 있고, 먹어 보기도 했습니다.

교사 그렇군요. 이 광고에서 강조하는 것은 무엇일까요?

학생 비록 라면이지만, 몸에 좋은 보양식이라고 강조하고 있습니다.

교사 아주 잘 찾았습니다. 그렇다면 광고는 믿을 수 있는 내용인가요?

학생 아니요. 믿을 수 없습니다.

교사 그렇게 생각하는 이유는 무엇인가요? 모둠별로 이 광고에 대한 비판적 읽기를 하고 과장이나 허위 내용이 있는지 토의하여 찾아보세요. (모둠별 토의)

학생 토의 결과, 우리 모둠에서는 이 광고에서 말하는 보양식이라는 것은 사실을 교묘하게 숨기는 것이라고 결론을 내렸습니다. 그 이유는, 원래 라면이라는 상품이 인스턴트 음식인데 그것을 숨기고, 보양식이라고 한 것은 지나친 과장이거나 거짓이라고 판단되었기 때문입니다.

교사 광고를 비판적으로 읽기를 꼼꼼하게 잘 하였습니다. 이렇게 과장, 허위 표현을 찾는 것이 광고의 신뢰성을 평가하는 방법입니다.

여기서 잠깐!

선개념, 난개념, 오개념에 대한 교수 처방으로 추가할 내용이 있다면 적어 보세요.

06

지도 유의점

이 학습 내용을 지도할 때 고려해야 할 유의점은 무엇인가?

본시 학습의 내용은 광고의 신뢰성을 평가하는 방법을 공부하는 것입니다. 그런데 광고는 일상생활 속에서 매우 많이 접하는 매체 언어이며 현대인들은 광고에 매우 익숙해져 있습니다. 이것은 학생들도 마찬가지이므로 본시 수업의 목표인 과장 광고 및 허위 광고를 구별해 낼 수 있도록 하기 위해서는 학생의 발달 수준과 교사의 수업 전문성 수준을 고려하여 지도해야 합니다.

학생 발달 수준에 따른 학습

본시 수업과 관련한 학생의 발달 수준을 고려하기 위해서는 생활 속에서 다양한 광고를 접해 본 경험적 지식과 '광고'라는 매체 언어에 대한 배경 지식을 확인해야 합니다. 특히, 과장 광고와 허위 광고로 인해 피해를 입은 경험을 확인하여 이러한 경험을 공유하고 문제점을 확인한다면 본시 학습의 필요성을 인식할 수 있어 학습 동기 유발에 매우 효과적입니다.

여기서 잠깐!

학생들의 발달 수준을 확인하는 방법은 무엇일까요?

광고로 인해 피해를 입은 경험이 있는지를 확인하는 방법은 전 차시 학습의 차시 예고 단계에서 학생들에게 경험의 유무를 물어보는 방법이 가장 좋습니다. 이때 교사는 학생들의 경험 내용을 확인하면서 동시에 학생들이 지닌 광고의 과장, 허위 표현에 대한 이해도를 함께 확인할 수 있어야 합니다. 이 과정에서 교사는 경험을 통해 광고를 그대로 믿어서는 안 된다는 것을 알고 있는 학생들이 많은 경우보다 그러한 경험을 통한 배경 지식을 지닌 학생들이 거의 없는 경우에 수업 내용과 수준을 더 쉽게 준비해야 합니다.

만약, 전 차시 학습의 차시 예고 단계에서 학생의 경험과 이해도를 확인하지 못했다면, 수업 시작 전 아침시간이나 쉬는 시간에 물어보기, 수업 중 동기 유발 단계에서 경험 물어보기 등이 가능합니다. 다만, 수업 중에 경험을 묻고 이해도를 확인하여 그 수준에 맞춰 수업을 전개하는 것은 대단히 어려우므로 사전에 많은 준비와 많은 수업 노하우가 필요합니다.

학습 목표에 따른 학습

광고는 설득을 목적으로 하는 매체 언어로서, 본 단원의 학습 목표는 글, 그림(사진), 소리 등에 장치한 거짓이나 과장된 표현을 비판적으로 보고 평가하는 자세를 기르는 것입니다. 문학의 과장법처럼 광고에도 사회적으로 용인되는 수준의 과장이나 허풍, 유머가 자연스럽게 표현되고 있습니다. 본 단원을 통해 광고에 표현된 과장, 허풍, 유머의 요소들이 어떻게 설득의 기능을 발휘하는지 객관적이고 논리적인 관점에서 비판적으로 평가하는 능력을 기르는 것이 필요합니다. 아울러 창의적 예술로서 표현의 효과를 음미하는 관점도 학습할 수 있도록 하는 것이 좋습니다. 따라서 본시 수업에서 교사는 광고가 신뢰성이 있는지 광고를 비판적으로 읽고 평가하는 방법을 찾아보는 학습 활동을 하되, 광고의 예술적 표현을 인정할 수 있도록 합니다.

수업 전문성 수준에 따른 학습

5학년 교사를 대상으로 수업 시연을 통해 본시 수업의 PCK를 함께 연구하는 컨설팅 시간을 여러 차례 가졌습니다. 그럴 때마다 매번 이러한 의문이 제기되었습니다.

> [질문] 원래 광고는 과장된 표현을 쓰는 것인데 그런 과장된 표현에 대해 광고의 신뢰성이 있다, 없다고 평가하는 것은 저도 어렵게 느껴집니다. 어느 정도까지 과장된 광고를 창의적이라고 인정할 것인지, 어떤 것을 신뢰성이 없는 것으로 평가할 것인지의 기준을 어떻게 정해야 하나요?

이미 소비자로서 과장 광고와 허위 광고에 익숙하여 과장 광고와 허위 광고에 대한 비판적 사고를 하지 않게 되면서 광고란 으레 그런 것이라고 생각해 왔다면, 이러한 의문을 가지는 경우가 많을 것입니다. 수업을 하다 보면, 교사는 자신의 일상적인 경험을 토대로 학생들에게 실천적 지식과 간접적 경험을 제공하는 경우가 많은데 교사가 과장 광고와 허위 광고를 전혀 구분하지 못하는 경우에는 교과서에 제시된 광고를 꼼꼼하게 비판적으로 읽지 못하므로, 학생들에게 과장과 허위 표현을 제대로 가르치지 못하게 됩니다.

광고의 신뢰성 여부를 결정짓는 중요한 기준 중의 하나는, 광고를 접하는 소비자에게 정신적, 물질적 피해를 주는가 하는 것이 될 것입니다. 물질적 피해를 주지 않더라도 지나친 과장이나 거짓된 표현으로 소비자들에게 잘못된 인식을 갖게 하는 것은 결코 바람직한 광고가 될 수 없습니다. 특히 자라나는 학생들은 아직 판단력이 미흡하므로 스스로 평가하고 판단하지 못하고 제공되는 광고 내용을 그대로 믿기 쉽습니다. 그러므로 본시 수업을 통해 유쾌한 즐거움이나 상상력, 기발한 아이디어는 인정하더라도 광고 내용을 있는 그대로 무분별하게 믿어서는 안 된다는 것을 인식하도록 하는 것이 중요합니다. 따라서 교사는 자신의 경험과 생각만으로 내용을 가르치기보다 교육과정에서 이 내용을 가르치도록 다루는 이유가 무엇인지를 바르게 파악하고, 학생들이 올바른 배움의 시간을 가질 수 있도록 '광고'라는 매체 언어에 대한 지식을 갖추어야 합니다.

여기서 잠깐!

교과 내용에 대한 지식을 어떻게 갖출 수 있을까요?

'광고'라는 매체 언어에 대한 기초적인 교과 내용 지식은 교사용 지도서에 교사의 이해를 돕기 위한 참고 자료로 제시되어 있는 경우가 많으므로 교사용 지도서를 꼼꼼하게 확인합니다.

그 외 시나 소설 등의 문학이나 애니메이션, 뉴스 등 영역별 내용적 지식은 국어과 교수법 관련 도서를 참고하거나 각 영역마다 자세히 소개된 교수법 관련 도서 및 영역별 특성이 소개되어 있는 일반 도서 등을 통해 도움을 얻을 수 있습니다.

07

학생 평가

이 학습 내용에 대한 학생들의 이해도나 어려움을 평가하는 방법은 무엇인가?

본시 학습의 내용은 광고의 신뢰성을 평가하는 방법을 공부하는 것입니다. 따라서 본시 학습 내용에 대한 학생들의 학습 이해도를 확인하려면 광고의 신뢰성을 평가하는 방법을 얼마나 이해했는지 확인해야 합니다. 일반적으로 학습 이해도의 확인을 정리 단계에서 형성평가를 통해 실시하는 경우가 많으나, 학습 이해도에 따른 교사의 처방을 강화하기 위해서는 정리 단계의 형성평가 이외에도 전개 단계에서 과정 중심의 평가가 필요합니다. 이를 통해 학생들의 이해도를 확인하고, 학생들의 반응에 따라 적절한 처방을 합니다.

광고의 신뢰성 평가 의미 이해하기

배움 ② 단계에서 광고의 비판적 읽기 후, 예시 자료 제시하기

바르면 주름이 펴지는 화장품: 허풍, 거짓

푹신푹신한 돌침대: 거짓

평가 방법 : 질문 – 응답(개별)	학생의 반응(예시)	평가 결과 및 피드백
1) 광고 내용이 사실일까요? 2) 광고를 믿고 제품을 구입하여 이용하였다면 어떤 결과가 일어날까요? 3) 위의 광고는 믿을 만한 광고인가요? 그렇게 생각한 이유는 무엇인가요?	믿을 수 없는 광고이다. 그 이유는 사실임을 믿을 만한 객관적인 자료를 제시하지 않았다.	본시 학습 문제에 대한 내용을 잘 이해하고 있다.
	잘못된 내용이 무엇인지 잘 모르겠다.	잘못된 내용을 찾아 이해할 수 있게 교사와 학생들의 도움이나 설명을 제공한다.

일반화 단계의 연습 활동을 통해 이해도 확인하기

배움 ③ 모둠별 광고의 비판적 읽기 연습 활동을 통한 이해도 확인 및 피드백

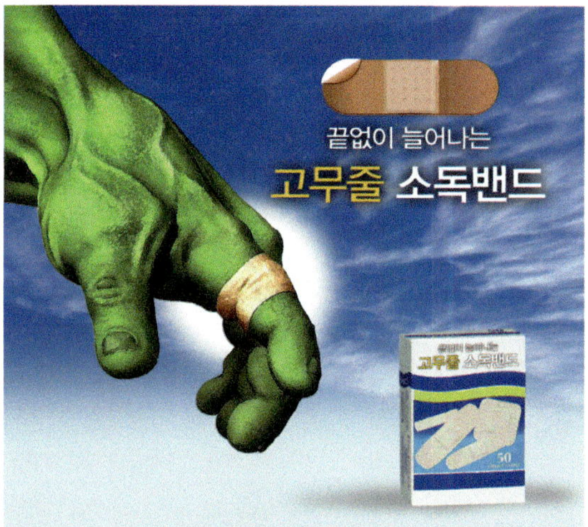

평가 방법 : 관찰
1) 모둠에서 광고를 선택한다. 2) 광고의 의도를 파악한다. 3) 광고의 의도보다 지나친 과장이나 사실과 다른 내용을 표현하였는지 등을 PMI를 활용하여 비판적으로 읽는다. 4) 각자의 생각을 적어 차례로 발표하여 모둠 토의를 한다. 5) 토의 결과와 그렇게 생각한 까닭을 기록한다. (P–M–I 중에서 하나를 선택하여 의견과 그 이유를 기록해도 좋다.) 6) 모둠별 토의 내용을 발표하고 비교 대조한다.

모둠 토의 결과(예시)	
〈왼쪽 광고〉	**〈오른쪽 광고〉**
P) 좋은 점 구두약으로 구두를 반짝반짝하게 닦아 뒷차가 비친다는 아이디어가 기발하다. **M) 문제점** 구두약이 아무리 좋아도 뒷차의 모습이 비치는 것은 지나친 과장이다. – 실제로 구두는 무거워서 차에 걸지 못한다, 냄새 나겠다 등 **I) 흥미로운 점** 진짜로 이렇게 해본다면 무척 재미있겠다 등	모둠원들이 토의하고 광고에 대해 P–M–I 중에서 하나를 선택한다. **P) 좋은 점** 이 광고에 대한 호응도가 높을 것 같다. 그 이유는 헐크의 손에도 밴드가 감길 정도로 부드럽고 유연하다는 것을 보여주는 아이디어가 기발하고 좋기 때문이다. **M) 문제점** 아이디어는 좋지만 과장이 심하다. 실제로는 헐크만한 손가락 굵기도 없지만, 있어도 이렇게 하지는 못하므로 과장보다 거짓에 가깝다. **I) 흥미로운 점** 이런 밴드가 있다면 손가락이 아니라, 손목도 가능할 것 같다.

여기서 잠깐!

추가할 평가 내용이 있다면 적어 보세요.

PCK 본시 교수 · 학습 과정안

국어(읽기) 5-2-3 **의견과 주장(4/6)**

국어과 PCK 수업 설계

학습 내용

- **교과:** 국어
- **학년-학기:** 5-2
- **단원:** 3. 의견과 주장
- **차시:** 4/6
- **주제:** 광고의 신뢰성을 평가하는 방법 알기

학습 필요

- 광고란 설득을 위해 효과적인 기법을 사용하는 매체 언어이므로 생활 속에서 광고의 아이디어에 현혹되어 무비판적으로 받아들이지 않도록 광고의 신뢰성 평가의 필요성을 알고, 비판적인 광고 읽기 태도를 기르고자 함

학생 평가

- 모둠별 예시광고의 비판적 읽기 연습 활동의 과정평가

교수 처방

〈배움 전략〉	〈배움 원리〉
□ 설명 – 비유	■ 공감 – 신뢰
■ 설명 – 예시	■ 공감 – 수용
■ 설명 – 그림	■ 공감 – 존중
■ 설명 – 정의	■ 공감 – 격려
□ 설명 – 실물	■ 공감 – 표현
□ 설명 – 비교	□ 지원 – 개발
□ 설명 – 대조	■ 지원 – 도전
■ 시범 ■ 관찰	■ 지원 – 참여
■ 서사 ■ 탐구	□ 지원 – 연결
■ 발문 □ 추론	□ 지원 – 반성
■ 단서 □ 조작	
■ 연습 □ 요약	
□ 과제 □ 메모	
■ 매체 ■ 발표	

학습 흐름

1. **광고를 비판적으로 읽기**
   - 광고의 의도를 파악하고 문제점 찾아내기
2. **광고의 신뢰성 평가방법 찾기**
   - 광고의 신뢰성 평가방법 토의하기
3. **광고의 신뢰성 평가방법 익히기**
   - 광고의 신뢰성 평가방법으로 비판적 읽기

학생 진단

- **선개념**
  광고의 의도를 파악하는 방법 알기
- **난개념**
  (1) 광고의 신뢰성 평가 이유에 대한 이해 부족
  (2) 광고의 과장, 거짓된 표현을 정확하게 찾아내기 어려움
- **오개념**
  과장, 거짓된 표현을 사용한 광고를 무조건 나쁘다고 함

학생 배움중심의 수업 설계 개요

교과	국어(읽기 5-2)	단원(차시)	3. 의견과 주장(4/6)
학습 목표	광고의 신뢰성을 평가하는 방법을 알 수 있다.		

단계 (시량)	학습 과정	교수 · 학습 활동	배움중심 PCK 전략			자료(★) 및 유의점(※)
			배움 주춤	배움 전략	배움 원리	
문제 확인 (5′)	전시 학습 상기	• **광고의 의도를 파악하는 방법 확인하기** – 예시 광고를 보고 광고의 의도 파악하기	선개념	예시 단서	격려 칭찬	★ 광고 자료
	학습 동기 유발	• **스토리텔링으로 광고를 무조건 믿고 물건을 구입하여 어려움을 당한 문제 상황 살펴보기**	배경 지식	서사	공감 예시	★ 이야기자료 ※ 선경험 활용 ※ 학습의 필요성 인식
	문제 확인	• **학습 문제 확인하기** • **학습 활동 순서 및 규칙 확인하기**		개념 그래픽 조직자	연결	★ 안내 자료
문제 해결 방법 탐색 (7′)	광고 읽기	배움1 **광고의 의도 파악하기** • **광고의 내용 확인하기** – 광고 그림을 보고 내용 예측하기 – 광고 내용 확인하기	선개념	삽화	지원 예시	★ 교과서 광고 확대자료
	광고 의도 파악하기	• **광고의 의도 확인하기** – 광고의 그림, 글, 만든 이(곳) 등을 종합하여 광고의 의도 확인하기	선개념 난개념 오개념	짝토의 전원 참여	공감 격려	
문제 해결 (15′)	광고를 비판적 으로 읽기	배움2 **광고를 비판적으로 읽기** • **광고를 비판적으로 읽기** – 개인별 광고 내용 분석하기 – 모둠 토의하기 – 토의 결과 발표를 통해 광고 분석 결과 확인하기	난개념 오개념	모둠 토의 단서	딴청 부리기	★ 교과서 광고 그림확대자료 ※ 개인–짝–모둠
	광고의 신뢰성 평가방법 확인하기	• **광고의 신뢰성 평가방법 확인하기** – 광고의 신뢰성 평가방법 정리하기 – 예시 광고자료를 보면서 광고의 분석 및 신뢰성 평가하기	난개념 오개념	정의 예시 단서 탐문 판서	격려 칭찬	★ 광고 예시자료 ※ 예시자료로 이해도 확인 및 피드백
일반화 (8′)	광고의 신뢰성 평가방법 적용하기	배움3 **광고의 신뢰성 평가방법 익히기** • **예시 광고의 신뢰성 평가하기** – PMI 모둠 토의를 통해 광고의 신뢰성 평가하기 • **광고의 신뢰성 평가방법 확인하기** • **수준별 학습하기**	오개념	모둠 토의	협력 격려 지원	★ 광고 예시자료 ※ 모둠 연습 활동으로 광고의 신뢰성 평가방법 이해 높이기
학습 정리 (5′)	학습 정리 평가 및 예고	• **광고의 신뢰성 평가방법 확인하기** • **형성평가 및 과제 제시하기** • **차시 예고하기**	난개념 오개념	정의	격려 칭찬	★ 학습장 ※ 학습 이해도 확인

학생 배움중심의 교수 · 학습 과정안(약안)

교과	국어(읽기 5-2)	단원(차시)	3. 의견과 주장(4/6)
학습 목표	광고의 신뢰성을 평가하는 방법을 알 수 있다.		

단계(시량)	학습 과정	교수 · 학습 활동	배움중심 PCK 전략			자료(★) 및 유의점(※)
			배움 주춤	배움 전략	배움 원리	
문제 확인 (5′)	전시 학습 상기	• 광고의 의도를 파악하는 방법 확인하기 – 예시 광고를 보고 광고의 의도 파악하기	선개념	예시 단서	격려 칭찬	★ 광고 자료
	학습 동기 유발	• 스토리텔링으로 광고를 무조건 믿고 물건을 구입하여 어려움을 당한 문제 상황 살펴보기	배경 지식	서사 개념	공감 예시	★ 이야기자료 ※ 선경험 활용 ※ 학습의 필요성 인식
	문제 확인	• 학습 문제 확인하기 • 학습 활동 순서 및 규칙 확인하기		그래픽 조직자	연결	★ 안내 자료

선개념 **선개념 형성 정도를 파악하기 위한 활동 – 예시, 단서**

지난 시간에 학습한 '광고의 의도 파악하기' 방법을 확인하기 위하여 교과서 61쪽에 제시된 광고를 예를 들어 광고의 의도를 파악하는 방법을 확인한다. 이때 광고의 의도를 파악하기 위해 광고의 무엇을 살펴보아야 하는지 기억하는 것을 돕기 위해 손으로 광고를 만든 곳을 가리켜 단서를 제공하여 쉽게 떠올릴 수 있도록 한다.

동기유발을 유도하기 위한 활동 – 서사

동기유발 단계에서 교사의 일화를 활용한 서사를 통해 광고와 관련한 문제 상황을 제시하고 학생들로 하여금 문제 장면에 몰입하도록 유도한다.

동기유발을 유도하기 위한 활동 – 공감, 선경험, 연결, 예시

동기유발에 서사를 통해 제시된 문제 장면에 대한 공감을 유도하고, 이와 관련한 자신의 경험을 연결하여 떠올려보게 한다. 그리고 광고를 보고 물건을 구입할 때 실패하지 않으려면 어떻게 해야 하는지 자신의 경험을 예를 들어 발표해 보도록 한다.

난개념 **공부할 문제를 확인하기 위한 활동 – 개념 정의**

오늘 공부할 문제를 확인하기에 앞서서 광고를 실제와 비교한 후에 구입하기 위해서는 광고 내용을 먼저 꼼꼼하게 확인해야 하는데 이것을 '비판적 읽기'라고 하며, 광고 내용이 맞는지 안 맞는지 확인하여 나타난 결과에 대해 '신뢰성'이라고 한다는 개념을 정의해 줌으로써 본시 학습에 방해가 되지 않도록 하며 학습에 대한 이해를 높이도록 한다.

단계(시량)	학습 과정	교수 · 학습 활동	배움중심 PCK 전략			자료(★) 및 유의점(※)
			배움 주춤	배움 전략	배움 원리	
문제 해결 방법 탐색 (7′)	광고 읽기	배움1 **광고의 의도 파악하기** • **광고의 내용 확인하기** – 광고 그림을 보고 내용 예측하기 – 광고 내용 확인하기	선개념	삽화	지원 예시	★ 교과서 광고 확대자료
	광고 의도 파악하기	• **광고의 의도 확인하기** – 광고의 그림, 글, 만든 이(곳) 등을 종합하여 광고의 의도 확인하기 – 개인 생각 후 짝끼리 서로 생각 말하기 – 전원 참여 기법으로 광고 의도 확인하기	선개념 난개념 오개념	짝토의 전원 참여	공감 격려	

선개념 **교과서에 제시된 광고의 의도를 파악하기 위한 활동 – 삽화 자료**

교과서에 제시된 광고 삽화를 확대하여 칠판에 게시하고, 교사와 학생이 광고를 함께 꼼꼼하게 읽기 활동을 전개한다.

난개념 **광고의 의도 파악하기를 돕기 위한 활동 – 짝토의, 전원 참여**

교과서에 제시된 광고를 읽고, 광고의 의도를 파악하여 개인별 생각을 공책에 적은 후, 짝과 이야기해 보게 하여 광고의 의도를 제대로 파악했는지 스스로 확인해 보고 생각을 수정 보완할 수 있도록 한다. 그 후 모든 학생을 자리에서 일어서게 하여 '일어서서 생각 나누기' 방법으로 자신이 생각한 광고의 의도를 다른 학생들도 비슷하게 생각했는지 비교하고 확인해 보도록 하여 학습 의욕을 높이고 학생들이 광고의 의도를 제대로 파악했는지 진단하며, 혹시 광고의 의도를 파악하지 못한 경우에는 다른 학생의 발표 내용을 활용하여 광고의 의도를 파악할 수 있도록 한다.

오개념 **교과서에 제시된 광고의 의도 파악 시 오개념 처방활동 – 단서, 작게 나누어 발문**

광고의 의도를 파악하는 활동에서 연필을 만드는 이 회사가 좋은 회사라는 것을 보여주는 광고 장면에 대하여 학생들이 연필과 회사 중에 어느 것을 강조하는지 혼란스러워하고 오개념을 가질 수 있어 작게 나누어 발문하기와 연필을 판매하기 위한 광고임을 단서로 제시하여 광고에서 강조하는 것이 연필임을 이해할 수 있도록 한다.

단계 (시량)	학습 과정	교수 · 학습 활동	배움중심 PCK 전략			자료(★) 및 유의점(※)
			배움 주춤	배움 전략	배움 원리	
문제 해결 (15′)	광고를 비판적으로 읽기	배움2 **광고를 비판적으로 읽기** • **광고를 비판적으로 읽기** – 개인별 광고 내용 분석하기 – 모둠 토의하기 – 토의 결과 발표를 통해 광고 분석 결과 확인하기	난개념 오개념	모둠 토의 단서	딴청 부리기	★ 교과서 광고 그림확대자료 ※ 개인–짝–모둠
	광고의 신뢰성 평가방법 확인하기	• **광고의 신뢰성 평가방법 확인하기** – 광고의 신뢰성 평가방법 정리하기 – 예시 광고자료를 보면서 광고의 분석 및 신뢰성 평가하기	난개념 오개념	정의 예시 단서 탐문 판서	격려 칭찬	★ 광고 예시자료 ※ 예시자료로 이해도 확인 및 피드백

난개념 **광고의 비판적 읽기를 돕기 위한 활동 – 모둠 토의, 단서, 격려, 칭찬**

교과서에 제시된 광고 삽화를 모둠 친구들과 함께 협력하여 토의한 후 그 결과를 학급 전체로 발표하고 확인하게 한다. 이때, 교사는 광고 장면별로 비판적 읽기 결과를 확인하는데 학생들의 생각을 확인하기 위해 질문하고, 그 반응에 따라 탐문을 하여 다양한 생각을 확인하여 학생들의 이해 수준을 확인한다. 내용을 확인한 후 교사는 결과를 칠판에 제시한 광고확대자료 아래 판서하고, 학생들은 교과서 광고 장면 아래에 기록하도록 한다.

오개념 **광고의 비판적 읽기를 돕기 위한 활동 – 딴청부리기**

광고의 비판적 읽기가 쉬워 보이는 장면의 내용에 대해 딴청부리기를 활용하여 교사는 광고가 잘못된 내용이 없는 거 맞느냐고 물으면서 의도적으로 곧장 다음 광고 장면으로 넘어가려고 한다. 이때 비판적 읽기를 하지 못한 학생들은 교사의 말에 쉽게 그대로 지나치고 말지만, 비판적 읽기를 한 소수의 학생들이 이의를 제기한다. 이를 통해 교사는 비판적 읽기를 한 학생들에게 자신의 생각을 분명하게 말할 수 있는 기회를 제공하며 미처 비판적 읽기를 하지 못한 학생들에게는 광고를 비판적으로 읽으려면 보다 꼼꼼하게 읽기를 시도해야 함을 깨닫도록 한다.

난개념 **광고의 신뢰성을 평가하는 방법을 확인하는 활동 – 개념 정의, 단서**

광고의 비판적 읽기 활동 결과 광고의 내용에 대하여 비판적으로 읽은 내용이 과장, 허위, 거짓 등의 개념이라는 것을 정의하고, 이러한 기준으로 비판적으로 읽기를 하도록 함으로써 신뢰성을 평가할 수 있음을 이해하도록 한다.

오개념 **광고의 신뢰성을 평가하는 방법을 익히는 연습 활동 – 예시, 연습**

예시 광고를 보면서 과장, 허위, 거짓 등을 찾아내어 광고의 신뢰성을 평가하는 연습을 통해 신뢰성 평가방법에 대한 오개념을 처방하고, 광고의 신뢰성을 바르게 평가하는 능력을 기를 수 있도록 한다.

단계(시량)	학습 과정	교수 · 학습 활동	배움중심 PCK 전략			자료(★) 및 유의점(※)
			배움 주춤	배움 전략	배움 원리	
일반화 (8′)	광고의 신뢰성 평가방법 적용하기	배움3 **광고의 신뢰성 평가방법 익히기** **• 예시 광고의 신뢰성 평가하기** – PMI 모둠 토의를 통해 광고의 신뢰성 평가하기 **• 광고의 신뢰성 평가방법 확인하기** **• 수준별 학습하기**	오개념	모둠 토의	협력 격려 지원	★광고 예시자료 ※모둠 연습 활동으로 광고의 신뢰성 평가방법 이해 높이기

난개념 **광고의 신뢰성 평가방법을 적용하는 활동 – 연습, 모둠 토의, 격려, 지원**

오개념 교사가 제시한 광고 자료에 대하여 모둠 친구들과 함께 협력하여 광고를 비판적으로 읽기를 한 결과를 모둠별로 발표하게 한다. 이때 광고의 신뢰성을 찾아낼 수 있도록 학생들의 사고를 자극하는 질문과 탐문을 하고 격려와 지원을 통해 광고의 신뢰성을 평가하는 방법을 다시 확인하고, 신뢰성 평가 활동에 자신감을 갖게 한다.

단계(시량)	학습 과정	교수 · 학습 활동	배움중심 PCK 전략			자료(★) 및 유의점(※)
			배움 주춤	배움 전략	배움 원리	
학습 정리 (5′)	학습 정리 평가 및 예고	**• 광고의 신뢰성 평가방법 확인하기** **• 형성평가 및 과제 제시하기** **• 차시 예고하기**	난개념 오개념	정의	격려 칭찬	★학습장 ※학습 이해도 확인

난개념 **광고의 신뢰성 평가방법 학습을 정리하는 활동 – 개념 정의, 격려, 칭찬**

오개념 오늘 배운 내용인 광고의 신뢰성 평가방법이 어떤 것이었는지를 확인한다. 이를 위해 광고의 의도를 파악하고, 광고의 내용에 거짓, 과장, 허위 등이 없는지 비판적으로 읽기를 해야 함을 확인한다. 이때 거짓, 과장, 허위 등에 대하여 개념을 다시 정의하여 확인하고, 학생들의 학습 활동에 대하여 칭찬과 격려를 하여 학습에 대한 자신감과 성취감을 높인다.

평가 계획

평가 영역	평가 내용	평가 시기	평가자	평가방법	평가 척도
지식 기능 태도	광고의 신뢰성을 평가해야 하는 필요성과 평가방법을 알고 있는가?	활동2, 3 학습 정리	교사 학생	관찰법 자기평가	상 중 하
	광고를 보고 과장 표현, 허위 표현을 찾아낼 수 있는가?	활동2, 3 학습 정리	교사 학생	산출물 자기평가 상호평가	상 중 하
	광고를 보고 비판적으로 읽으려는 태도를 가지는가?	전 과정	교사	관찰법	상 중 하

학생 배움중심의 교수 · 학습 과정안(세안)

교과	국어(읽기 5-2)	단원(차시)	3. 의견과 주장(4/6)
학습 주제	광고의 신뢰성 평가방법 알기		
학습 목표	광고의 신뢰성을 평가하는 방법을 알 수 있다.		
지도 중점	본시 수업은 광고를 비판적으로 읽는 능력과 평가 자세를 기르기 위하여 광고의 신뢰성을 평가하는 방법을 알아보는 데 중점을 둔다. 이를 위해 시범과 설명, 판서, 예시, 연습을 통해 문제를 해결하고자 한다. 특히 구조화된 학습 정리를 통해 광고의 신뢰성을 평가하는 방법을 명료화하고, 광고를 비판적으로 보고 평가하는 자세를 기르도록 한다.		
교수 · 학습 자료	교사	교과서 62~63쪽 광고 그림확대자료, 예시 광고, 모둠학습 활동자료	
	학생	학습장	
학습 조직	전체 ➡ 모둠 ➡ 개별 ➡ 모둠 ➡ 전체		

문제 확인(5')

학습 과정 (학습 집단)	교수 · 학습 활동	배움중심 PCK 전략			자료(★) 및 유의점(※)
		배움 주춤	배움 전략	배움 원리	
마음 열기	• **학습 분위기 조성하기** – 국어 노래 부르기				
전시 학습 상기	• **광고의 의도를 파악하는 방법 확인하기** – 예시 광고를 보고 광고의 의도 파악하기	선개념	예시 단서	격려 칭찬	★광고 자료

선개념

T 광고의 의도를 파악하기 위해서는 광고의 무엇을 살펴보아야 하는지 교과서 61쪽 광고의 예를 들어 이야기해 봅시다. (예시)

S1 그림을 보고 지구 모양 음표에서 귀가 들리지 않지만 음악으로 세계를 사로잡은 베토벤을 상징하는 것으로 알 수 있습니다.

S2 광고 글에 능력은 장애와 상관이 없다, 편견을 버리면 무한한 능력을 볼 수 있다고 적혀 있어서 장애인에 대한 편견을 버리자는 내용임을 알 수 있었습니다.

T 광고의 그림과 글을 살펴보았습니다. (손으로 광고를 만든 곳을 가리키며) 또 살펴볼 것은 무엇일까요? (단서)

S3 광고를 만든 곳이 한국장애인고용공단이어서 장애인에 대한 편견을 버리고 능력을 인정하자는 것을 알 수 있습니다.

T 광고의 의도를 파악하기 위해서는 무엇을 확인해야 할까요?

Ss 광고의 그림, 글, 만든 곳을 살펴봐야 합니다.

문제 확인(5')

학습 과정 (학습 집단)	교수 · 학습 활동	배움중심 PCK 전략			자료(★) 및 유의점(※)
		배움 주춤	배움 전략	배움 원리	
학습 동기 유발 문제 확인	• **스토리텔링으로 광고를 무조건 믿고 물건을 구입하여 어려움을 당한 문제 상황 살펴보기** • **학습 문제 확인하기** • **학습 활동 순서 및 규칙 확인하기**	배경 지식	서사 개념 그래픽 조직자	공감 예시 연결	★ 이야기자료 ※ 선경험 활용 ※ 학습의 필요성 인식 ★ 안내 자료

선개념

T 선생님은 지난 주말, 서점까지 직접 갈 시간이 없어서 인터넷에서 책 광고를 보고 구입했어요. 그런데, 광고 내용은 책이 무척 좋다고 되어 있었는데 실제로 받아 본 책 내용은 기대했던 것보다 별로여서 실망하고 말았어요. (서사) 무엇이 문제였을까요?

S 인터넷 광고 내용이 엉터리여서 실패했을 것 같습니다.

T 광고 내용이 어떻게 엉터리였을까요?

S1 책 내용과 맞지 않아요.

S2 재미없는 책을 재미있는 책인 것처럼 광고를 만들었어요.

T 맞아요. 장점만 강조해서 광고를 만들었기 때문이었어요. 혹시 여러분들도 선생님처럼 이렇게 광고를 보고 물건을 구입했는데 마음에 들지 않았거나 혹은 안 좋은 물건을 구입하게 되었던 경험이 있다면 이야기해 봅시다. (공감, 선경험)

Ss (광고를 보고 물건 구입에 실패했던 경험을 발표한다.)

T 선생님처럼, 그리고 우리들처럼 이렇게 광고를 보고 물건을 구입할 때 실패하지 않으려면 어떻게 해야 할까요? (예시)

S1 광고를 꼼꼼하게 살펴봐야 합니다.

S2 광고 내용이 사실인지 확인해야 합니다.

S3 믿을 만한 것인지 아닌지 따져봐야 합니다 등

T 여러분들의 생각처럼 광고 내용이 사실인지 꼼꼼하게 확인하고 따져보는 방법은 무엇일까요?

S 광고 내용이 맞는지 실제 물건과 비교해서 확인합니다 등

난개념

T 그런 방법도 있겠군요. 그런데 광고를 실제와 비교한 후에 구입하려면 먼저 무엇을 공부해야 할까요?

S 광고 내용을 꼼꼼하게 확인하는 방법을 공부해요.

T 네, 그래요. 그런 것을 우리는 '비판적 읽기'라고 합니다. (개념 정의) 그럼 광고 내용이 맞는지 확인하는 것을 어떤 낱말로 표현할 수 있을까요? (공부할 문제의 빈 괄호 안을 가리킨다.)

S (생각한 답을 발표한다.)

T 네, 광고 내용이 맞는지 안 맞는지를 '신뢰성'이라고 합니다. (개념 정의) 오늘 우리는 광고의 신뢰성을 평가하는 방법을 공부하겠습니다.

문제해결방법 탐색(7')

학습 과정 (학습 집단)	교수 · 학습 활동	배움중심 PCK 전략			자료(★) 및 유의점(※)
		배움 주춤	배움 전략	배움 원리	
광고 읽기	배움1 **광고의 의도 파악하기** **• 광고의 내용 확인하기** – 광고 그림을 보고 내용 예측하기 – 광고 내용 확인하기	선개념	삽화	지원	★교과서 광고 확대자료
광고 의도 파악하기	**• 광고의 의도 확인하기** – 광고의 그림, 글, 만든 이(곳) 등을 종합하여 광고의 의도 확인하기 – 개인 생각 후 짝끼리 서로 생각 말하기 – 전원 참여 기법으로 광고 의도 확인하기	선개념 난개념 오개념	짝토의 전원 참여	공감 격려	

선개념

T 교과서에 제시된 광고를 읽고 무엇을 광고하는 것인지 알아봅시다.

S (광고 내용을 확인한다.)

T (칠판에 교과서 광고 그림확대자료를 게시하여 붙인다.) (삽화)

T (광고의 그림, 글의 내용을 장면별로 확인한다.) 무엇을 광고하는 내용인가요?

S 연필입니다.

난개념

T 그렇죠. 공통적으로 들어가는 낱말이 연필인 것에서 알 수 있듯이 이 광고는 연필 광고입니다. 이 광고의 의도는 무엇일까요? 각자 생각하여 공책에 적고, 짝과 이야기해 봅시다. (짝토의)

S (각자 광고의 의도를 생각하여 공책에 적고, 짝과 이야기한다.)

T 광고의 의도가 무엇인지 모두 함께 확인해 봅시다. 다 같이 자리에서 일어나 볼까요? (전원 참여)

Ss (모두 자리에서 일어나서 편안한 자세로 바르게 선다.)

T 누가 먼저 발표해 볼까요? (희망자, 번호 추첨 등을 다양하게 활용하여 지명한다.)

오개념

S1 이 회사의 연필이 좋다는 것을 알리는 것입니다. (같은 의견은 '빙고'를 외치면서 발표자와 같이 자리에 앉는다.)

S2 좋은 연필이니까 많이 사달라고 하는 것입니다.

S3 연필을 만드는 이 회사가 좋다는 것을 알리려는 것입니다.

T 이 광고에서 강조하는 것은 연필일까요, 회사일까요? (오개념 처치 – 단서 제공, 작게 나누어 발문하기)

S 연필입니다.

T 네, 강조하는 것은 바로 연필이죠. 그러면 연필이 좋은 것이니까 어떻게 하라고 말하고 싶은 건지 생각해 볼까요?

S 많이 구입하라는 것입니다.

문제 해결(15')

학습 과정 (학습 집단)	교수 · 학습 활동	배움중심 PCK 전략			자료(★) 및 유의점(※)
		배움 주춤	배움 전략	배움 원리	
광고를 비판적으로 읽기	배움2 **광고를 비판적으로 읽기** **• 광고를 비판적으로 읽기** – 개인별 광고 내용 분석하기 – 모둠 토의 및 토의 결과 발표하기 – 광고 분석 결과 확인하기	난개념 오개념	모둠 토의 단서	딴청 부리기	★ 교과서 광고 그림확대자료 ※ 개인–짝–모둠

T　연필 광고가 과연 믿을 만한 광고인지, 광고 장면별 그림과 글의 내용을 꼼꼼하게 비판적으로 읽어 보도록 합시다. 순서는 첫째, 개인별로 광고 장면마다 문제점을 찾아 교과서의 해당되는 그림이나 글에 표시를 합니다. 둘째, 포스트잇에 문제점을 기록하고, 모둠학습판에 붙입니다. 셋째, 한 명씩 차례로 자신의 생각을 까닭을 들어 발표하고 서로 생각을 비교합니다. 넷째, 발표 내용을 정리하여 모둠별로 발표합니다. (모둠 활동 안내)

S　(모둠별 토의 활동을 한다.) (모둠 토의)

난개념

T　(모둠별 토의 과정을 집중 관찰하면서 토의 활동을 지원한다. 이때 단서 제공, 격려, 칭찬 등의 공감적 지원을 적극 실천한다.)

T　여러분들의 토의 결과를 발표해 봅시다.

S　(모둠별로 광고의 비판적 읽기 결과를 발표한다. 이때 모둠별로 광고의 한 장면씩 발표하게 하여 모둠의 참여도를 높인다.)

S1　첫 번째 장면은 '예쁜 글씨가 술술 써지는 연필'이라는 문구에 문제가 있습니다. 아무리 새 연필이라도 모두가 예쁜 글씨가 술술 써지는 것은 아니라고 생각되기 때문입니다.

T　혹시 보충하거나 다른 의견 있나요? (탐문)

S2　우리 모둠에서는 그 문구가 거짓이라고 생각합니다. 왜냐하면, 새 연필은 글씨가 예쁘게 써지지만 그것은 잠시뿐이기 때문입니다.

T　그렇게 생각했군요. 그렇다면 처음에는 잠시 글씨가 예쁘게 써질 때가 있다면 이 내용이 완전히 거짓이라고 할 수 있을까요?

S　아니요, 그때는 잠시 사실인 것 같습니다.

T　그래요, 이 내용이 사실일 때도 있지만 아닐 때가 더 많다면, 거짓은 아니겠지만 사실보다 부풀려졌다고 할 수 있어요. (첫째 장면 아래에 '부풀림'이라고 판서한다.)

Ss　(학생들도 교과서 광고 장면 아래에 '부풀림'이라고 쓴다.)

T　이제 두 번째 광고 장면에 대하여 이야기해 볼까요?

S　'절대로 부러지지 않는 연필'이라는 문구는 거짓입니다. 절대로 부러지지 않는 연필은 없기 때문입니다.

T　보충하거나 다른 의견 있나요? (학생들의 반응을 둘러본다.)

T　이렇게 있을 수 없는 내용을 표현하는 것을 어떤 낱말로 나타낼 수 있을까요?

S1 거짓된 표현이라고 할 수 있습니다.

S2 허풍이라고 할 수 있습니다.

T 그래요. 절대로 부러지지 않는 연필은 거짓에 가깝다고 할 수 있지요. 이런 걸 광고에서는 허풍이라고 할 수 있습니다. (둘째 장면 아래에 '허풍'이라고 판서한다.)

Ss (학생들도 교과서 광고 둘째 장면에 '허풍'이라고 쓴다.)

오개념

T 그럼, 셋째 장면은 문제가 없으니까 그냥 넘어가도 되겠지요? (딴청부리기)

S1 네.

S2 아뇨, 문제 있어요!

T 그래요? 어떤 문제가 있지요? 매달 나무를 심는다는 것은 좋은 것 아닌가요?

S2 매달 나무를 심는다는 것은 분명 좋다고 생각합니다. 그런데 원래 연필은 나무를 베어야 만들 수 있잖아요? 그러니까 그건 앞뒤가 맞지 않다고 생각합니다.

S3 맞아요. 연필을 만들기 위해 나무를 벤다는 것을 일부러 숨기기 위한 것 같습니다. 나무를 매달 심어도 나무를 베는 만큼 심는다는 것도 아니고, 나무가 금방 자라지도 않으니까요.

S1 듣고 보니 정말 그러네요.

T 다르게 생각하는 친구 있나요? 보충 의견도 좋아요.

T (학생 반응 없음) 여러분들이 어려운 내용을 잘 찾았네요. 매달 나무를 심는 것은 분명 좋은 일입니다. 하지만, 여러분들 말처럼 연필을 만들기 위해 나무를 베는 것은 자연을 훼손하는 일이죠. 그리고 매달 나무를 심는다는 내용을 강조하여 그 사실을 느끼지 못하게 하는 효과를 거두었습니다. 이것이야말로 광고의 효과입니다. 이것이 바로 누구나 다 아는 사실을 교묘하게 숨기는 것입니다. (셋째 장면 아래에 '사실을 숨김'이라고 판서한다.)

Ss (교과서 광고 셋째 장면에 '사실을 숨김'이라고 쓴다.)

난개념

T 자, 그럼 넷째 장면은 어떤가요?

S 문제 될 것이 없습니다.

T 그럼, 마지막 장면을 볼까요? 문제가 될 만한 내용이 있나요?

S1 네, 있습니다. '세계 최고의 연필'이라는 것을 믿을 만한 자료를 제시하지 않았습니다.

S2 맞습니다. 그것을 확인할 자료가 있어야 한다고 봅니다.

T 그것을 확인할 수 있으려면 어떤 자료가 있으면 될까요?

S (대답하지 못한다.)

T 세계 최고는 무엇으로 확인할 수 있을지 골라 보세요.
① 판매량 ② 디자인 ③ 가격 (단서 제공)

S 판매량이요. 디자인은 세계 1위를 확인하기 어려울 것 같아요.

T 그렇죠. 디자인보다는 판매량이겠죠. 그런데 그런 자료가 없다면, 사실을 확인할 수 없어서 믿을 수 없는 내용이 되고 맙니다. 이렇게 확인할 수 있는 것을 '입증'이라고 하는데, 그것을 입증하지 못하니 반대로 '미입증'이라고 할 수 있습니다.

문제 해결(15')

학습 과정 (학습 집단)	교수 · 학습 활동	배움중심 PCK 전략			자료(★) 및 유의점(※)
		배움 주춤	배움 전략	배움 원리	
광고의 신뢰성 평가방법 확인하기	**• 광고의 신뢰성 평가방법 확인하기** – 광고의 신뢰성 평가방법 정리하기 – 예시 광고자료를 보면서 광고의 분석 및 신뢰성 평가하기	난개념 오개념	정의 예시 단서 탐문 판서	격려 칭찬	★ 광고 예시자료 ※ 이해도 확인 및 피드백

난개념

T 오늘 우리가 공부할 문제인 광고의 신뢰성을 평가하는 방법이 무엇인지 정리해 볼까요? 먼저 사실적인 내용을 크게 부풀리거나 허풍을 넣은 것을 뭐라고 표현할 수 있을까요?

S1 '과장'이라고 합니다.

T 그렇지요. (공부할 문제 아래에 '과장'을 적으며) '과장된 표현'이라고 합니다. (개념)

T 그러면 사실이 아닌데 사실처럼 사실을 교묘하게 숨겼고, 입증되지 않았는데 입증된 것처럼 한 것을 어떤 표현이라고 할까요?

S '허위'입니다.

T 그렇지요. ('허위'를 적으며) 허위, 혹은 거짓된 표현이라고 하지요. (개념) 그럼 우리는 광고를 볼 때 어떻게 보면 될까요?

S1 과장된 표현이 있는지 확인합니다.

S2 허위나 거짓 표현을 확인합니다.

T 그렇습니다. 그럼 우리는 이런 과장, 허위, 거짓 표현들을 어떻게 확인할 수 있을까요?

S (답하지 못한다.)

T 광고의 무엇을 보고 과장, 허위, 거짓을 찾아낼 수 있을까요? 1번 글, 2번 그림, 3번 글과 그림 중에서 몇 번일까요? (단서)

Ss 3번이요!

T 그렇죠. 광고의 글과 그림을 모두 확인해야 하는 거죠.

오개념

T 그럼 다른 광고를 직접 보면서 다 같이 연습해 볼까요? (예시 광고자료를 TV로 제시한다.) 무슨 광고인가요? (예시, 연습)

Ss 기저귀 광고입니다.

T 이 광고의 의도는 무엇일까요?

Ss 기저귀의 성능이 좋으니 많이 사라는 것입니다.

T 이 광고에 대해 비판적 읽기를 해보고 신뢰성을 평가해 봅시다.

S1 엄청난 물을 기저귀 한 장으로 막는 것은 있을 수 없어요.

S2 그렇습니다. 이것은 과장된 표현이고 허풍입니다.

S3 저는 그림이 너무 그럴듯해서 깜빡 속았어요.

T 그렇군요. 그럼 다음 광고를 하나 더 볼까요?

S (같은 방법으로 광고의 비판적 읽기를 시도한다.)

일반화(8')

학습 과정 (학습 집단)	교수 · 학습 활동	배움중심 PCK 전략			자료(★) 및 유의점(※)
		배움 추출	배움 전략	배움 원리	
광고의 신뢰성 평가방법 적용하기	배움3 **광고의 신뢰성 평가방법 익히기** **• 예시 광고의 신뢰성 평가하기** – PMI 모둠 토의를 통해 광고의 신뢰성 평가하기 **• 광고의 신뢰성 평가방법 확인하기** – 공책에 기록하기 **• 수준별 학습하기**	난개념 오개념	연습 모둠 토의 발문 탐문	협력 격려 지원	★ 광고 예시자료, 학습장 ※ 모둠 연습활동으로 광고의 신뢰성 평가방법 이해 높이기

난개념

T 광고의 신뢰성을 평가하는 방법은 작은 사실을 너무 많이 부풀렸거나 허풍이 있는 과장된 표현이나 사실을 교묘하게 숨겼거나 입증되지 않은 내용을 표현한 거짓된 표현을 찾는 것입니다. 다음 라면 광고를 보고 신뢰성 평가방법을 적용하여 봅시다. (연습)

T 모둠별로 친구들과 함께 광고를 읽고 거짓되거나 과장된 표현을 찾아서 서로 발표하여 봅시다. (모둠별로 학습 자료를 배부하고, 모둠활동 방법을 안내한다.)

S (모둠 친구들과 함께 협력하여 광고의 내용과 의도를 파악한 후, 광고 내용을 비판적으로 읽고, 순서대로 모둠 활동을 한다.)

T (모둠 활동 과정을 둘러보며 학생들의 사고를 자극하는 발문과 탐문을 던지거나 사고 활동을 격려하고 지원한다.)

S (모둠 토의 활동 결과, 광고에서 과장이나 거짓된 표현을 찾아 발표한다. 이때 PMI 토의를 활용하여도 좋다.)

S1 우유를 듬뿍 함유하고 있다고 해서 '우골보양식사'라고 말하는 것은 지나친 부풀림이라고 생각합니다.

오개념

S2 그리고 가장 이상적인 영양균형을 갖추었다고 표현한 것은 지나친 과장이나 허위 표현이라고 생각합니다. 영양균형을 갖추었다고 해도 '가장 이상적'이라는 것은 믿기도 어렵습니다.

S3 보충하겠습니다. 영양균형에 대한 사실 자료를 광고에 제시하지 않았습니다.

T 그럼 이 라면 광고는 신뢰성이 높은 건가요, 낮은 건가요?

Ss 신뢰성이 낮다고 할 수 있습니다.

T 광고 내용에 대하여 신뢰성을 어떻게 평가하면 되는지 그 방법이 충분히 이해되었습니까? 그럼, 광고의 신뢰성을 평가하는 방법이 무엇인지 알게 된 내용을 정리하여 공책에 적어 보세요.

Ss (광고의 신뢰성을 평가하는 방법을 공책에 기록한다.)

학습 정리(5')

학습 과정 (학습 집단)	교수 · 학습 활동	배움중심 PCK 전략			자료(★) 및 유의점(※)
		배움 주춤	배움 전략	배움 원리	
학습 정리 평가 및 예고	• **광고의 신뢰성 평가방법 확인하기** • **형성평가 및 과제 제시하기** – 실생활 속에서 광고를 볼 때 비판적으로 읽기 • **차시 예고하기**	난개념 오개념	정의	격려 칭찬	★ 학습장 ※ 학습 이해도 확인

난개념 오개념

T 오늘 우리는 광고의 신뢰성을 평가하는 방법을 공부하였습니다. 배운 내용을 정리해 봅시다. (칠판에 판서한 내용을 활용한다.)

S 광고의 글, 그림을 비판적으로 읽고 과장된 내용인지, 거짓된 내용인지 찾습니다.

T 과장된 표현이란 어떤 것인지 예를 들어 말해 볼까요?

S 작은 사실을 너무 많이 부풀린 것을 말합니다.

S 거짓된 표현이란 사실을 숨긴 것이나 반대로 없는 것을 있는 것처럼 거짓으로 꾸민 것을 말합니다.

T (칭찬한 후) 이렇게 광고의 신뢰성을 평가해야 하는 이유는 무엇일까요?

S 광고 표현에 속아서 피해를 입지 않기 위해서입니다.

T (칭찬한 후) 텔레비전 광고 이외에도 거리의 각종 광고, 신문이나 잡지 광고, 인터넷 광고 등 광고는 우리 생활 속에서 매우 쉽게 접할 수 있습니다. 이렇게 많은 광고를 우리는 어떻게 봐야 할까요?

S1 광고의 의도를 파악한 후, 내용을 꼼꼼하게 확인합니다.

S2 광고 내용이 믿을 만한 것인지 비판적으로 읽습니다 등

T 오늘 과제는 '광고를 비판적으로 읽기를 직접 해보고, 그 내용을 공책에 적어오기'입니다. 오늘 공부 열심히 잘 하였습니다.

평가 계획

평가 영역	평가 내용	평가 시기	평가자	평가방법	평가 척도
지식 기능 태도	광고의 신뢰성을 평가해야 하는 필요성과 평가방법을 알고 있는가?	활동2, 3 학습 정리	교사 학생	관찰법 자기평가	상 중 하
	광고를 보고 과장 표현, 허위 표현을 찾아낼 수 있는가?	활동2, 3 학습 정리	교사 학생	산출물 자기평가 상호평가	상 중 하
	광고를 보고 비판적으로 읽으려는 태도를 가지는가?	전 과정	교사	관찰법	상 중 하

수업 후기

백란현
김해 월산초등학교 교사

교과서의 주어진 질문에 따라 함께 답을 찾아 가면서 수업에 대한 고민은 없으나 재미없는 수업으로 아이들과 내가 지루함을 느낄 때, 문지영 수석 선생님의 학생 배움중심 PCK 수업 연수를 듣게 되었다. 국어과 수업 설계를 공부한 이후로 2학기 국어 수업에서는 지루함을 줄이고 아이들이 수업에 좀 더 흥미를 가질 수 있는 방법을 생각하면서 교사로서 살아 있다는 느낌을 받게 되었다.

수업은 교사와 아이들, 아이들 서로의 대화 속에서 이루어진다. 문지영 수석 선생님과 동학년 선생님들과 같이 광고 단원에 대한 수업을 함께 공부할 시간을 갖게 되었고, 광고의 신뢰성을 평가하는 방법을 알아보는 목표를 향해 아이들과 문답 형식의 배움중심 PCK 수업을 실천해 보았다.

전 차시 학습 내용이 광고의 의도를 파악하기 위해 그림, 글, 광고를 만든 곳을 고려해야 한다는 것이었는데, 이번 차시에서는 광고를 만든 곳이 어디인지를 먼저 살펴보니 광고의 의도가 '참 좋은 쓱쓱 연필을 사주세요.'라는 것임을 아이들이 쉽게 찾을 수 있었다. 특히 광고를 만든 곳을 살펴보는 것이 광고의 의도를 찾는 일에 중요한 단서가 됨을 아이들이 다시 알게 되었다. 그리고 수업을 진행하면서 단어의 선택이 중요함을 생각해 보았다. 거짓되거나 과장된 표현은 부풀림과 허풍으로 말을 바꾸어 제시하여 아이들이 쉽게 내용을 알 수 있도록 하였다.

교과서의 5개의 그림을 확대 복사하여 칠판에 게시한 후 한 장씩 함께 살펴보기로 했다. '예쁜 글씨가 술술 써지는 연필'이라는 표현이 부풀림이 있다는 것을 알아내기 위해 우리 반 찬혁이에게 질문을 던졌다. 찬혁이는 우리 반에서 성적이 우수한 아이지만 글씨체가 다소 알아보기 어렵다는 단점을 가진 반면에 자존감이 높은 아이로 질문을 던졌을 때 담임 교사와 같은 반 친구들과 소통이 잘 되어 거의 상처를 받지 않는 학생이었다. 마침 중간평가에서 글씨체도 개선되었고 우수한 성적을 받았길래 "찬혁이 글씨가 좀 나아졌는데, 연필 새로 샀니?"라고 질문하였다. 찬혁이는 "아니요, 쓰던 연필이에요."라고 대답하였고 모두가 웃으면서 수업을 진행하였다. 우리는 예쁜 글씨가 술술 써지는 특별한 연필이 있는 것이 아니라 사람마다 글씨체가 다름을 알고 부풀림이 있는 광고임을 깨달았다. 그리고 마중물 수업 전략인 '딴청부리기'를 통해 세 번째 장면에서는 문제점이 없다고 말하면서 넘어가려고 하자 아이들이 아주 흥분하면서 광고의 문제점을 적극적으로 찾아내었다. '아름다운 자연을 살리는 연필'이라는 내용을 보고 숨어 있는 사실도 찾아야 함을 문답을 통해 알게 되었는데, 특히 철용이는 '매달 직원 모두가 나무를 심는 날을 지정했는데 그 나무로 연필을 만드는 것은 아니다'라는 의견을 내놓으면서 아이들은 연필이 나무를 잘라 만든다는 광고의 숨겨져 있는 사실을 다시 생각할 수 있었다. 또한 '세계 최고의 연필'이라고 광고에서 말하는 문구가 입증되지 않은 내용임을 수업 중의 교사와 아이들의 대화를 통해 알게 되었다.

이번 수업을 통해 나는 수업이란, 교사와 학생, 그리고 학생과 학생 간의 대화라는 것을 새삼 깨닫게 되었는데, 특히 담임으로서 반 아이들의 학습 수준이나 성향 등을 알고 발문할 수 있어서 더 의미 있는 국어 수업이 되었다.

무엇보다 가장 좋았던 것은 교육과정을 먼저 살펴보고 수업을 준비하는 것이 얼마나 신나는 일인지 한 번 더 생각해 보는 시간이 되었다는 것이다. 한 시간의 수업을 위한 나의 작은 고민과 노력이 아이들의 사고를 확장하고 적극적으로 학습에 임하게 만드는 놀라운 변화를 직접 경험해 보니 교사로서의 책임감과 연구하는 노력이 정말 중요하고 아이들을 사랑하는 마음을 바탕으로 하여 더욱더 노력해야겠다는 생각을 하게 되었다

2 CoRe 활용 학생 배움중심의 수학과 PCK 수업 설계

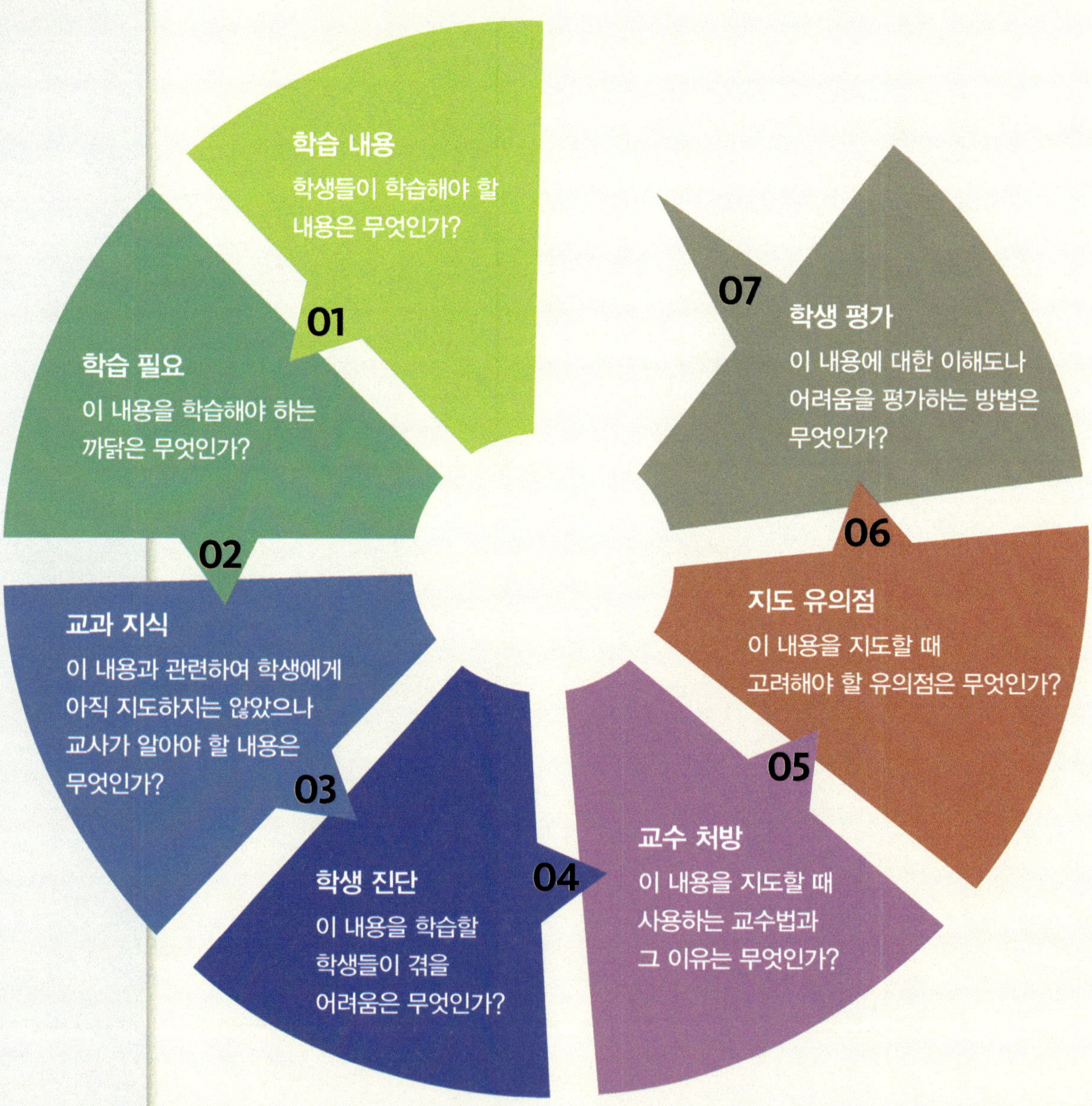

01

학습 내용

학생들이 학습해야 할 내용은 무엇인가?

이 수업은 학생들이 '14−9'를 달걀판과 바둑돌을 사용하여 뺄셈 놀이를 한 후 어떻게 계산했는지 서로 이야기하며 '(십 몇)−(몇)'의 계산 원리를 이해하는 것입니다.

본시의 학습 문제

- (십 몇) − (몇) = (몇)의 계산을 해 봅시다.

교과서 살펴보기 단원 도입 살펴보기

뺄셈을 할 수 있어요 (1)

익힘책 105 ~

학년 학기	1학년 2학기
단원(차시)	5. 덧셈과 뺄셈(12/16)
학습 주제	(십 몇) − (몇) = (몇)의 계산하기

생각열기 달걀판과 바둑돌을 사용하여 뺄셈 놀이를 해 봅시다.

활동 1 14 − 9를 어떻게 계산했는지 이야기해 보시오.

본시의 학습 문제

교사의 고민 :
(몇 십)−(몇)=(몇)의 계산 방법은 무엇일까?

이 수업은 '(십 몇)-(몇)=(몇)'의 계산을 빼는 수(감수)를 분해하여 빼고 또 빼는 방법을 알아보는 데 있습니다. 또한 받아내림이 있는 뺄셈을 배우기 앞서 1학년의 뺄셈을 완성하게 되는 단계입니다. 학생들은 이 활동을 통해 뺄셈구구를 완성할 수 있는 능력을 기를 수 있습니다.

(몇 십)-(몇)=(몇)의 계산방법

- 빼는 수(감수)를 분해하여 빼고 또 빼는 방법 알아보기

본시의 학습 요소

1. 달걀판을 이용하여 뺄셈하기
2. 뺄셈 방법 알아보기
3. 두 수의 뺄셈 익히기

본시 학습의 교과서 살펴보기

교사의 고민 :
빼는 수(감수)를 분해하여 빼고
또 빼는 방법을 어떻게
가르쳐야 할까?

그림에서 12-5를 할 때 2를
먼저 빼는 이유를 알게 하는 것이
이번 차시의 핵심 과제라고 볼 수 있어!

활동 2 그림을 보고 계산하시오.

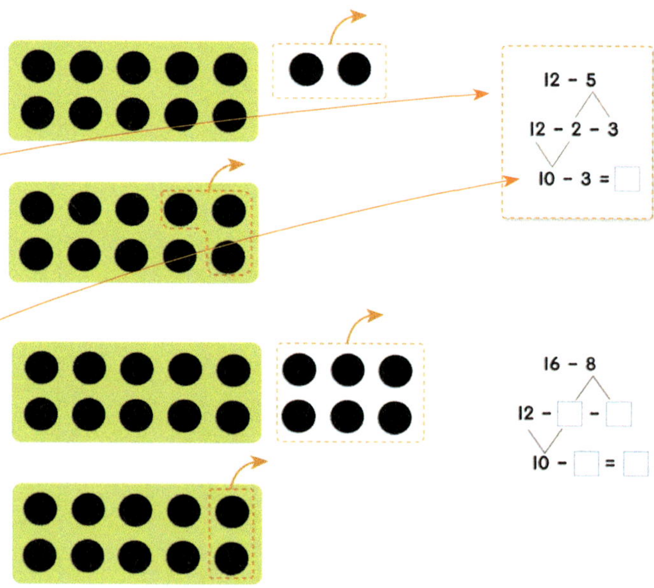

마무리 계산을 하시오.

15 − 6 = □ 13 − 4 = □ 14 − 8 = □

02

학습 필요

이 내용을 학습해야 하는 까닭은 무엇인가?

단원 소개를 살펴보면, 본 차시의 학습 내용을 학생들이 배워야 하는 까닭은 1~2학년군에서 가장 중점적으로 다루는 수와 연산 영역의 덧셈과 뺄셈에서 가장 큰 어려움을 겪으며 좌절을 경험하게 되는 받아올림이 있는 덧셈과 받아내림이 있는 뺄셈을 배우기 위해 감가법, 감감법을 학습하며 덧셈구구와 뺄셈구구를 완성하기 위함임을 알 수 있어요.

교사용 지도서 살펴보기

3 덧셈과 뺄셈(2)

▶ **구비할 교구**: 수 모형, 숫자 카드(1~18), 도미노, 모형 달걀, 10칸 달걀판, 검은 바둑돌, 흰 바둑돌

단원 소개

초등학교 수학 1~2학년군에서 가장 중점적으로 다루는 부분은 수와 연산 영역으로 그중에서도 덧셈과 뺄셈에 관한 내용이 대부분이다. 앞서 학생들은 9 이하의 수의 가르기와 모으기, 덧셈과 뺄셈, 덧셈과 뺄셈의 관계 그리고 받아올림이 없는 두 자리 수의 덧셈과 받아내림이 없는 두 자리 수의 뺄셈에 대한 학습을 해 왔다. 이제 학생들은 덧셈과 뺄셈을 배우면서 가장 큰 어려움을 겪으며 좌절을 경험하게 되는데 그것은 바로 받아올림이 있는 덧셈과 받아내림이 있는 뺄셈이다. 1학년의 덧셈과 뺄셈을 완성하게 되는 이 단원에서는 받아올림이 있는 덧셈과 받아내림이 있는 뺄셈을 배우기에 앞서 덧셈구구와 뺄셈구구를 완성하는 것을 최종 목표로 삼고 있다. 이를 위해 10 가르기와 10이 되도록 모으기, 10이 되는 더하기, 10에서 빼기, 합이 10이 되는 두 수를 이용하여 세 수의 덧셈하기 등을 배우게 된다. 그리고 가수 분해, 피가수 분해를 활용한 덧셈과 감가법, 감감법을 활용한 뺄셈 등의 학습을 통해 덧셈구구와 뺄셈구구의 완성에 이르게 된다.

받아내림이 있는 뺄셈을 배우기 위해 감가법, 감감법을 활용한 뺄셈 학습을 하며 뺄셈구구를 완성하고자 하는 구나!

03

교육과정 교과 지식

이 학습 내용과 관련하여 교사가 알아야 할 내용은 무엇인가?

본시 학습 내용을 더 잘 가르치기 위해서는 교사가 미리 알아 두어야 할 관련 내용이 있습니다. 그 중에서도 가장 먼저 알아 두어야 할 내용은 '(십 몇) − (몇) = (몇)'의 계산과 관련된 학습 계열입니다. 이것은 본시 학습 내용의 가르칠 범위를 결정하는 데 도움을 줍니다. 또한 '(십 몇) − (몇) = (몇)'의 계산에 대한 교과 지식을 알아 두면 학생들이 '(십 몇) − (몇) = (몇)'의 계산 방법을 이해할 수 있도록 설명하는 데 중요한 열쇠가 됩니다.

학습의 계열

선수 학습	• 수의 가르기와 모으기【1 · 2학년군1】-3 • 덧셈과 뺄셈【1 · 2학년군1】-3 • 덧셈과 뺄셈의 관계【1 · 2학년군1】-3 • □가 있는 덧셈식과 뺄셈식【1 · 2학년군1】-3 • 받아올림이 없는 두 자리 수의 덧셈【1 · 2학년군2】-3 • 받아내림이 없는 두 자리 수의 뺄셈【1 · 2학년군2】-3
본시 학습	• 10 가르기와 모으기 • 10이 되는 더하기, 10에서 빼기 • 합이 10이 되는 두 수를 이용한 세 수의 덧셈 • (몇)+(몇)=(십 몇) • (십 몇)−(몇)=(몇)
후속 학습	• 받아올림이 있는 (두 자리 수)+(한 자리 수), (두 자리 수)+(두 자리 수)【1 · 2학년군3】-3 • 받아내림이 있는 (두 자리 수)−(한 자리 수), (두 자리 수−(두 자리 수)【1 · 2학년군3】-3 • 여러 가지 방법으로 합과 차 구하기【1 · 2학년군3】-3 • 세 수의 혼합 계산【1 · 2학년군3】-3 • 덧셈과 뺄셈의 관계【1 · 2학년군3】-3 • 덧셈식, 뺄셈식에서 □의 값 구하기【1 · 2학년군3】-3

교과 핵심 지식

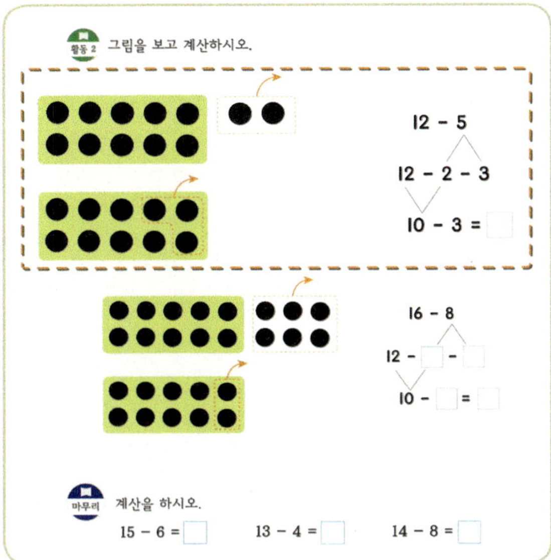

12−5를 계산하기 전에 받아내림이 필요 없는 17−5의 계산을 예시를 들어 17의 7에서 5를 빼면 2가 됨을 학생들이 확인하게 한 후, 12−5를 할 때 2를 먼저 빼어야 한다는 것을 자연스럽게 인식시켜야 함을 알고 있어야 해요.

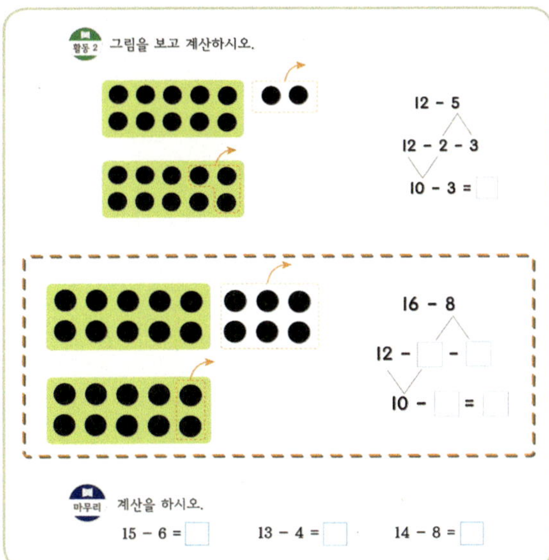

빼는 수(감수) 8을 두 수로 분해할 때에는 '1과 7', '2와 6', '3과 5', '4와 4' 등으로 가를 수 있어요. 이 때, 빼지는 수(피감수)를 10으로 만들 수 있는 수로 감수를 분해하여 빼야 하므로 빼는 수(감수) 8은 6과 2로 분해해야 한다는 것을 알고 있어야 해요.

04

학생 진단

이 내용을 학습할 학생들이 겪을 어려움은 무엇인가?

본 차시를 지도할 때 고려해야 할 핵심 지식은 학생들이 (십 몇)-(몇)=(몇)과 관련된 선개념, 오개념, 난개념입니다. 이 개념들은 특정한 학생들이 가지고 있는 개념이므로 가르쳐야 할 학생들마다 차이가 있고 같은 학교, 같은 학년의 경우에도 다를 수 있습니다. 다만, 지도교사는 평소 학생들의 모습을 살펴보고 미리 진단해 보거나 수업 진행 중에 확인하여 처방할 수도 있습니다.

지금 소개하는 내용은 수업 전 특정 학생들을 미리 진단하여 찾은 선개념, 오개념, 난개념을 본시 수업 전개 시 발문을 통해 확인하고 처방한 내용입니다.

선개념

(십 몇)-(몇)=(몇)을 지도할 때 첫 번째로 고려해야 할 핵심 지식은 학생들에게 수업 전에 형성된 선개념입니다. 선개념은 주로 본시 학습 도입 부분의 전시 학습 상기 단계에서 확인하는 경우가 많고, 때로는 학습 전개 부분에서도 핵심 내용을 설명하기 위해서 확인하기도 합니다. 이번 차시에서는 전시 학습 상기 단계와 학습 전개 단계의 [배움 2]에서 선개념을 확인할 필요가 있습니다.

⊙ [전시 학습 상기] 단계에서 선개념 확인

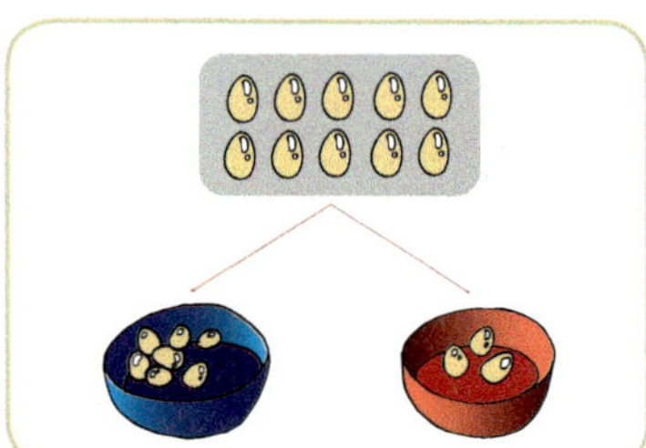

(십 몇)-(몇)=(몇)의 계산을 위해 감수를 분해해야 하지요. 그러므로 전 차시에 학습했던 10을 두 수로 갈라 보게 하여 선개념을 확인하고 출발점 행동을 골라야 해요.

⊙ [배움 2]에서 선개념 확인

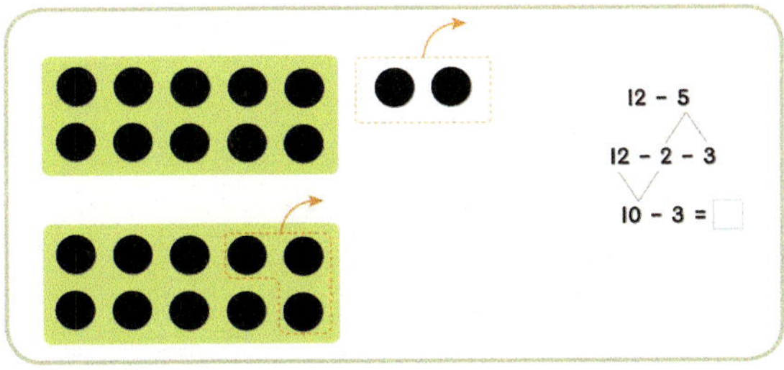

12−5를 계산하기 전에 받아내림이 필요 없는 17−5의 계산을 예시를 들어 17의 7에서 5를 빼면 2가 됨을 학습자가 이해하고 있는지 확인해요.

선개념

교사 지금부터는 12−5를 어떻게 하면 좋을지 고민해 볼 거에요.
그 전에, 지난번에 배웠던 17−5 계산을 먼저 해 볼까요?
17−5를 할 수 있는 사람은 손을 들어 볼까요?

학생 (모두 손을 든다.)

교사 그럼, 평소 뺄셈을 어려워했던 우빈이가 한번 해 볼까요?

학생 17의 7에서 5를 빼면 2가 됩니다. 그래서 12입니다.

교사 그래요. 우빈이는 십의 자리는 그대로 두고 일의 자리 7에서 2를 빼었군요. 아주 잘했습니다.
그럼, 이제는 12−5를 해 봅시다. 방금 계산했던 17−5의 계산 방법을 이용하면 될까요?

학생 아니오. 일의 자리 수가 작아서 뺄 수가 없어요.

여기서 잠깐!

선개념에 추가할 내용이 있다면 적어 보세요.

난개념

본 차시에서는 빼는 수(감수)를 분해하여 빼고 또 빼는 방법으로 (십 몇)−(몇)=(몇)의 계산을 할 수 있어야 합니다. 이 내용과 직접적으로 관련된 지도는 [배움 2]에서 '12−5, 16−8'을 지도할 때 이루어지는데 그림 자료를 활용하여 12−5를 지도해도 학생들은 매우 어려워합니다. 그러므로 5를 분해하는 이유를 제대로 인식하지 못하고 단지 5를 가르기에만 급급하다 보면 (십 몇)−(몇)=(몇)의 계산 방법을 명확하게 이해하지 못하게 됩니다.

⊙ [배움 2]에서 난개념 확인

난개념

'12−5'의 경우, 빼는 수 5를 2와 3으로 가르고 2를 먼저 빼어야 하는데, 빼는 수 5를 2와 3으로 가르지 못하고 1과 4, 4와 1, 3과 2 등으로 가르거나, '12−5'에서 1, 4, 3 등으로 먼저 빼는 경우.

여기서 잠깐!

난개념에 추가할 내용이 있다면 적어 보세요.

오개념

(십 몇)−(몇)=(몇)을 지도할 때 두 번째로 고려해야 할 핵심 지식은 학생들이 학습하는 과정에서 잘못 형성하게 되는 오개념을 확인하여 적절한 처방을 함으로써 학습의 걸림돌을 제거하고 학습 목표 성취도를 높이는 것입니다. 이번 차시의 '배움1'은 스토리텔링 기법을 적용하여 (십 몇)−(몇)=(몇)의 계산 원리를 학생들이 조작활동을 통해 빼는 수(감수)를 분해하여 빼고 또 빼는 방법으로 익힐 수 있도록 하는 데 있지만 수업하는 과정에서 때론 조작적 오개념이 형성되어 계산의 원리를 이해하는 데 방해가 될 수도 있으므로 반드시 확인해야 합니다.

⊙ [배움 1]에서 조작적 오개념 확인

[배움 1]에서 달걀판과 바둑돌을 사용하여 뺄셈 놀이를 할 때 학생들이 오개념을 갖고 있는 것을 쉽게 확인할 수 있습니다. 14개의 바둑돌에서 9개의 바둑돌을 빼야 하는 상황에서 달걀판 밖에 놓인 바둑돌 4개를 먼저 빼고 달걀판 안에서 5개를 더 빼야 하지만 간혹 학생들 중에는 바둑돌 4개를 뺀 후에 다시 달걀판 안에서 9개를 더 빼는 모습을 볼 수

있습니다. 이렇게 되면 결국 달걀판 안에는 5개가 남아 있지 않고, 1개만 남아 있게 됩니다. 학생들은 9를 빼야 한다는 사실에 집중하다 보니 바둑돌 4개를 뺀 후에 다시 달걀판 안에서 9개를 더 빼게 되는 조작적 오개념을 보이는 경우가 있습니다.

달걀판 14–9 뺄셈 놀이 하기

조작적 오개념이 드러난 상황

오개념

교사 자, 지금부터는 달걀판을 사용하여 뺄셈 놀이를 해 봅시다. 선생님은 바둑돌 14개를 달걀판의 빈칸에 하나씩 넣고, 나머지 4개는 달걀판 밖에 놓을 거예요. 이 중에서 9개의 바둑돌을 사라지게 할 것인데, 9개를 빼기 위해 달걀판 밖에 있는 바둑돌 4개를 먼저 빼요. 그러면 달걀판 안에 있는 바둑돌은 몇 개 더 빼야 하고, 몇 개의 바둑돌이 남게 될까요? 여러분이 가지고 있는 바둑돌을 사용하여 만들어 보세요.

[각자 활동을 한 후]

교사 그럼, 이제는 선생님과 여러분의 달걀판을 비교해 봅시다.

학생 1 전, 달걀판 안에 남은 바둑돌이 5개입니다.

교사 그래요, 그럼 다른 사람도 모두 5개인가요?

학생 2 어, 이상하다. 선생님 저는 1개가 남아 있는데요.

교사 그래요. 우빈이는 지금까지 뺀 바둑돌이 모두 몇 개인지 세어 볼래요?

학생 2 13개입니다.

여기서 잠깐!

오개념에 추가할 내용이 있다면 적어 보세요.

05

교수 처방

이 학습 내용을 지도할 때 사용하는 교수법과 사용 이유는 무엇인가?

[전시 학습] 단계에서의 선개념과 교수 처방

선개념 10을 두 수로 가르기

실물, 조작 10개의 공기돌(실물) 제시 및 조작활동

공감하기 10을 두 수로 가를 수 있는지 확인하여 배움2에서 자연스럽게 연결될 수 있도록 칭찬과 격려 제공

⊙ 10을 두 수로 가르기

교사 (공기돌을 보여주며) 자, 공기돌의 수는 얼마인가요?

학생 10입니다.

교사 그래요. 그럼 지난번에 배운 내용을 떠올려 보며 이 10을 두 수로 갈라 봅시다.

학생 7과 3으로 가를 수 있습니다.

교사 (공기돌을 7과 3으로 가르며) 예, 참 잘했습니다. (공기돌을 다시 모으며) 또 어떻게 가를 수 있나요?

학생 2와 8로 가를 수 있습니다.

교사 (공기돌을 2와 8로 가르며) 그렇죠. 그럼 7과 3, 2와 8이 아닌 다른 수로도 갈라 봅시다. 이번에는 여러분이 가르고 싶은 수를 여러분이 가지고 있는 공기돌을 가지고 갈라 보세요.

학생 (1,9), (5,5), (4,6), (6,4), (9,1), (3,7), (8,2) 등으로 가른다.

교사 (눈으로 확인하며) 정말 잘했군요. 10은 1과 9, 5와 5, 4와 6 등으로 가를 수 있군요.

[배움 2] 단계에서의 선개념과 교수 처방

선개념	17–5의 계산 방법
예시, 시범	수모형, 수모형 조작 시범
공감하기	17의 7에서 5를 빼면 2가 되므로 12가 된다는 것을 이해하고 있는지 확인하여 칭찬과 격려 제공

⊙ 17–5의 계산

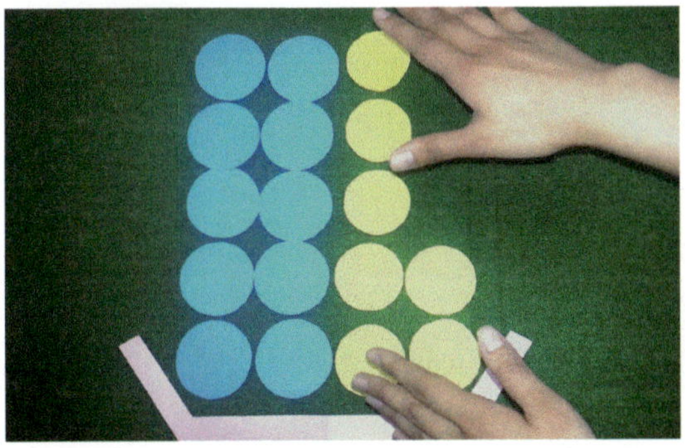
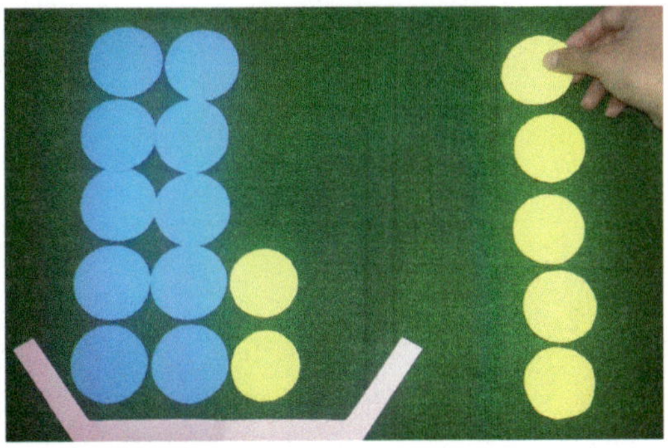

교사 (칠판에 17의 수모형을 제시하며) 자, 이 수모형은 얼마인가요?

학생 17입니다.

교사 그래요, (10 수모형과 낱개 7개를 손가락으로 따로 따로 가리키며) 모두 십, 칠이지요? 그럼 이 17에서 5를 빼려면 어떻게 해야 하나요?

학생 17의 7에서 5를 빼면 2가 되므로 12입니다.

교사 그렇죠, (수모형 7에서 5를 덜어내며) 우빈이는 10자리는 그대로 두고 일의 자리 7에서 5를 빼었군요. 참 잘했습니다.

[배움 1] 단계에서의 오개념과 교수 처방

오개념 14-9를 할 때 달걀판 밖에 있는 바둑돌 4개를 먼저 뺀 후 달걀판 안에서 다시 9개를 빼는 조작적 오개념

매체, 조작 실물화상기에서 조작활동

지원하기 조작적 오개념이 드러난 상황과 그렇지 않은 상황을 서로 비교하여 설명하는 과정에서 오개념을 가진 학생들이 다시 조작활동을 해 볼 수 있도록 참여 조장

⊙ 달걀판을 사용하여 뺄셈하기

교사 자, 그럼 짝과 답을 비교해 봅시다. 달걀판 안에 남아 있는 바둑돌은 몇 개인가요?

학생 5개입니다.

학생 1개입니다.

교사 어, 이상하다. 짝과 답이 같은 경우도 있지만 다른 경우도 있네요. 그럼 이번에는 달걀판 안에 남아 있는 바둑돌이 5개인 사람과 1개인 사람을 다시 살펴봅시다. (실물화상기를 켜며) 남아 있는 바둑돌이 5개 남은 사람 중에 친구들 앞에서 한번 계산해 볼 사람 없나요?

학생 제가 해 볼게요.

교사 좋아요.

학생 (실물화상기에서 달걀판을 사용하여 바둑돌 빼기를 조작함)

교사 자, 여러분 수진이는 어떻게 계산했나요?

학생 먼저 달걀판 밖에서 4개를 빼고 다시 달걀판 안에서 5개를 뺐어요.

교사 예. 잘했어요. 수진이가 활동하는 것을 잘 살펴보았군요. 자, 그럼 이번에는 바둑돌이 1개 남아 있는 사람이 한번 해 봐요.

학생 제가 해 볼게요. (실물화상기에서 바둑돌 빼기를 조작함)

교사 자, 여러분 진수는 어떻게 계산했나요?

학생 먼저 달걀판 밖에서 4개를 빼고 다시 달걀판 안에서 9개를 빼었어요.

교사 (깜짝 놀라며) 그래요? 그럼 진수는 지금까지 모두 몇 개 뺐을까요?

학생 어, 지금까지 뺀 바둑돌이 13개입니다.

교사 그래요? 그럼 진수야, 수진이가 한 것을 생각해 볼래? 수진이는 처음에는 진수처럼 달걀판 밖에서 4개를 뺐어. 그런데 그 후 달걀판 안에서는 몇 개를 더 뺐었지?

학생 5개입니다.

교사 그래? 그럼 이번에는 진수는 달걀판 안에서 9개를 다시 뺐고, 수진이는 5개만 더 뺐어. 진수는 이미 달걀판 밖에서 4개를 뺐는데 왜 다시 9개를 더 뺐지?

학생 아, 달걀판 밖에서 뺀 것을 생각하지 못했어요.

교사 그래요. 그럼 여러분 진수가 9개만 빼려면 어떻게 해야 할까요?

학생 선생님, 진수는 9개를 4개와 5개로 갈라 먼저, 달걀판 밖에서 4개를 빼고 달걀판 안에서는 5개만 더 빼면 됩니다.

교사 정말인지 진수가 다시 계산해 볼까요? (잠시 후) 정말 잘했어요.

[배움 2] 단계에서의 난개념과 교수 처방

난개념	12−5, 16−8을 감수를 분해하여 빼고 또 빼는 계산 방법
시범 보이기	그림 자료를 활용한 판서를 통해 시범 보이기
연결하기	감수를 분해하기 위해 10을 두 수로 가르는 활동을 연결 지어 설명하고 계산 과정에서 드러나는 10에 집중할 수 있도록 유도

⦿ [배움 2] 뺄셈 방법 알아보기

① 16–8을 할 때, 빼는 수 8을 분해하려면 무엇에 주의해야 하는지를 묻고 학생의 난개념을 확인해요.

⬇

② 8을 어떤 수로 분해해야 하는지, 또 그 이유를 정확하게 답하지 못할 경우 계산 과정에서 드러나게 되는 10을 강조해요.

"16에서 일의 자리 수만큼 먼저 빼면 어떤 수가 남게 되나요?"

⬇

③ 16-8에서 피감수 16의 일의 자리 수만큼 빼려면 감수 8을 6과 2로 가를 수 있기 때문에 6을 먼저 빼는 것을 확인해요.

⬇

④ 그림을 보고 10묶음 밖에 나와 있는 6개의 수모형을 먼저 뺀 다음 어떻게 해야 하는지 생각하게 한 후, 10묶음 안에 있는 수모형 2개를 더 빼야 하는 것을 알게 해요.

⬇

⑤ 16-8의 뺄셈은 16에서 6을 빼고, 남은 10에서 2를 더 빼면 8이 됨을 그림과 뺄셈식으로 확인해요.

06

지도 유의점

이 학습 내용을 지도할 때 고려해야 할 유의점은 무엇인가?

본시 학습뿐만 아니라 수학과에서는 학생 발달 수준을 고려한 수준별 수업, 즉 개별 학습에 대해 유의해야 합니다. 교과의 특성상 다른 교과보다 학습 수준을 확인하기 쉽고 용이하며 그 차이도 큰 편이어서 가능한 수준별 학습이 고려되어야 합니다. 그런데 본시 학습은 감수를 분해하여 '(십 몇) − (몇) = (몇)'의 계산을 해야 하는 비교적 난이도가 높은 차시에 해당하므로 배움 전략을 사용하여 충분히 지도하였다고 해도 학생 간의 학습 수준은 차이가 있을 것으로 봅니다.

또한 바람직한 수학 학습을 위해 기본적으로 요구되는 능력인 수학적 사고력 신장 방안에 대해서도 고민해야 합니다.

수준별 학습하기

[배움 2] 단계의 학습 후에는 형성평가를 실시하여 수준별 학습이 진행되도록 하는 것이 좋습니다. 이때에는 자기 주도적 학습이 가능한 학생들과 교사의 도움이 필요한 학생들을 나누어 심화 · 보충형 수준별 학습으로 지도하는 것이 좋은데, 특히 학생 발달 수준이 낮은 하위권의 학생들과 교사 간 1 : 1 맞춤학습을 계획하여 운영한다면 학습 목표 도달도가 좀 더 높을 것입니다.

형성평가
(십 몇)−(몇)=(몇)의 계산하기

➡

척척이학습
- 자기 주도적 학습
- 중 · 상위권

➡

차근이학습
- 교사와 1:1 맞춤학습
- 하위권

수준별 학습

학습 성취 수준이 높은 학생의 경우에는 학생의 호기심과 흥미를 고려하여 자기 주도적 학습이 가능한 놀이, 퀴즈, 게임, 역할극, 토론 등을 이용한 활동을 해도 되고, 좀 더 손쉬운 수학 익힘책을 활용하여 실시해도 됩니다.

여기서 잠깐!

수준별 학습 시 수학 익힘책 활용 방법

수학 익힘책은 학생들이 학습 결과를 스스로 점검해 보는 자학자습용 워크북으로 활용하도록 구성되어 있으므로 가정학습으로 활용하거나, 교사의 판단에 따라 수업 시간에 학생들의 수준을 고려할 필요가 있을 때 활용하도록 합니다. 문항별 수준은 별 1~2개를 표시하여 어려운 정도를 표시하였으므로 쉽게 활용할 수 있을 것입니다.

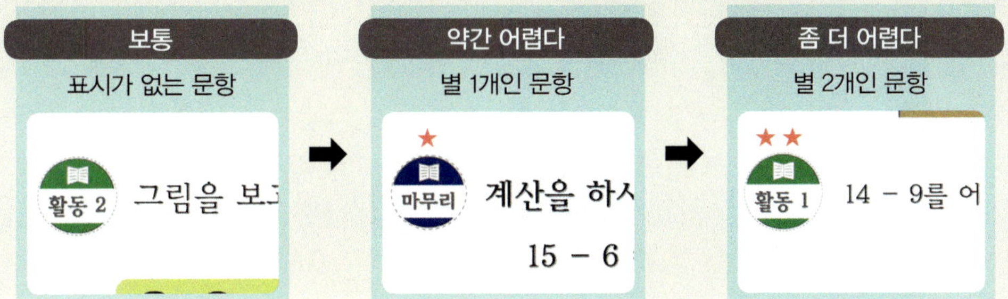

수학적 사고력 신장 방안

수학의 내용적 특성과 관련 지어 분류한 방식에 따라 수학적 사고 능력을 지도하기 위해서는 내용에 대한 분석을 통해 어떤 특성을 가지는 사고 과정을 경험시킬 것인지를 미리 파악하여 준비하는 것이 중요합니다. 이번 차시는 '빼는 수(감수)를 분해하여 빼고 또 빼는 방법'을 알아보는 것이 핵심이므로 12−5의 경우 5를 (1,4), (4,1), (2,3), (3,2) 등 여러 가지로 가를 수 있지만 피감수 12를 고려하여 2와 3으로 가를 수 있도록 지도해야 합니다. 따라서 학생들은 그림과 수식을 활용하여 추상화, 일반화, 유비 추리 등 기능적 측면에 비추어 수학적 사고를 분류하고, 여러 내용 영역에서 추출된 대상을 공통의 수학적 사고에 의해 파악할 수 있도록 지도해야 합니다.

07

학생 평가

이 학습 내용에 대한 학생들의 이해도나 어려움을 평가하는 방법은 무엇인가?

본시의 학습 내용인 감수를 분해하는 '(십 몇) − (몇) = (몇)' 계산의 이해도를 확인하기 위해서는 단원의 학습 지도 목표 분류에 따른 영역을 고루 평가하는 것이 좋습니다. 특히 내용의 평가는 관찰 및 지필 방법으로 확인할 수 있기 때문에 학습 목표에 대한 학생들의 진전 상황을 모니터링하기 위한 증거 수집이 매우 용이하나 과정의 평가는 학생들의 학습 활동 모습에 대한 교사의 관찰이 매우 중요합니다. 다시 말하면 수를 분해하여 감감법으로 '(십 몇) − (몇) = (몇)의 계산 방법을 설명할 수 있는가?'에 대한 관찰이 가능한 수업이 이루어져야 하므로 다인수 학급인 경우 개별 활동보다는 동시다발적 요소를 지닌 짝활동이나 모둠활동이 수업 설계 단계에서부터 고려되어야 하는데, 1학년 학생의 특성상 모둠활동보다는 짝활동이 학습 효과가 큽니다.

(십 몇) − (몇) = (몇)의 계산에 대한 내용의 평가

지필 평가	평가 증거 수집	평가 증거 해석	평가 결과 추론
(십 몇)−(몇)=(몇) 계산하기	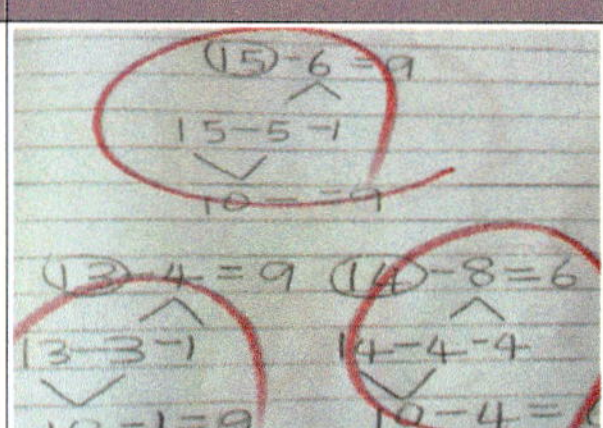	감수를 분해하여 빼고 또 빼는 방법으로 뺄셈을 하였으므로 정답임	본시 학습 문제인 감수를 분해하여 (십 몇)−(몇)=(몇)의 계산을 할 수 있다.
		14−8의 계산에서 감수인 8을 (4, 4)로 분해하지 못하고 3과 8로 분해하였으므로 오답임	빼는 수(감수)를 분해하여 (십 몇)−(몇)=(몇)의 계산을 하는 데 어려움이 있다.

(십 몇)−(몇)=(몇)의 계산에 대한 과정의 평가

[배움 3] 단계에서 감수를 분해하여 감감법으로 (십 몇)−(몇)=(몇)의 계산 방법을 설명할 수 있는지 평가합니다. 그러므로 자연스러운 학습 상황에서 짝에게 자신의 계산 방법을 설명하는 모습에 대한 교사의 면밀한 관찰을 중심으로 동료 평가와 자기 평가를 합하여 이해도를 확인해야 합니다. 다음은 평가 과정을 정리한 모습입니다.

마무리 **계산을 하시오.**

15 − 6 = ☐　　13 − 4 = ☐　　14 − 8 = ☐

① 교과서 165쪽 마무리 문제 풀기

⬇

② 각자 계산 후 짝에게 계산 방법 설명하기

PCK 본시 교수·학습 과정안

수학 1-2-5 덧셈과 뺄셈(12/16)

수학과 PCK 수업 설계

학습 필요

- 받아내림이 있는 뺄셈을 배우기 위해 감가법, 감감법을 활용한 뺄셈 학습을 하며 뺄셈구구를 완성하고자 함

학습 내용

- **교과:** 수학
- **학년-학기:** 1-2
- **단원:** 5. 덧셈과 뺄셈
- **차시:** 12/16
- **주제:** (십 몇)-(몇)=(몇)의 계산하기

교수 처방

〈배움 전략〉

□ 설명 – 비유
□ 설명 – 예시
■ 설명 – 그림
■ 설명 – 정의
■ 설명 – 실물
□ 설명 – 비교
□ 설명 – 대조
■ 시범 ■ 관찰
□ 서사 ■ 탐구
■ 발문 □ 추론
■ 단서 □ 조작
□ 연습 □ 요약
□ 과제 □ 메모
■ 매체 ■ 발표

〈배움 원리〉

■ 공감 – 신뢰
■ 공감 – 수용
■ 공감 – 존중
■ 공감 – 격려
□ 공감 – 표현
■ 지원 – 개발
■ 지원 – 도전
□ 지원 – 참여
■ 지원 – 연결
□ 지원 – 반성

학생 평가

- (십 몇)-(몇)=(몇)의 계산
- 지필, 관찰, 상호 및 자기평가
- 공책, 활동지

학습 흐름

1. **달걀판 뺄셈놀이**
   - 잎의 생김새를 관찰하는 방법을 알아보고 관찰하기
2. **뺄셈방법 알아보기**
   - (십 몇)-(몇)=(몇)의 뺄셈방법 알아보기
3. **뺄셈방법 설명하기**
   - (십 몇)-(몇)=(몇)의 계산방법 설명하기

학생 진단

- **선개념**
  10을 두 수로 가르기, 받아내림이 없는 (두 자리수-한 자리수)의 뺄셈하기
- **난개념**
  감수를 분해하여 빼고 또 빼는 방법으로 뺄셈하기
- **오개념**
  달걀판과 바둑돌을 사용하여 14-9의 계산을 할 때 드러나는 조작적 오개념

학생 배움중심의 수업 설계 개요

교과	수학(1−2)	단원(차시)	5. 덧셈과 뺄셈(12/16)
학습 목표	(십 몇)−(몇)=(몇)의 계산을 할 수 있다.		

단계 (시량)	학습 과정	교수 · 학습 활동	배움중심 PCK 전략 배움 추출	배움 전략	배움 원리	자료(★) 및 유의점(※)
도입 (5′)	선수 학습 상기 학습 동기 유발 문제 확인	**• 10을 두 수로 가르기** − 10을 여러 가지 두 수로 가르게 하기 **• 스토리텔링으로 달걀판에 남은 바둑돌 수 알아맞히는 놀이 소개하기** **• 학습 문제 확인하기** **• 학습 활동 순서 및 규칙 확인하기**	선개념 배경 지식	조작 매체 실물 발문	연결	★ 공기돌, 실물화상기 ★ 이야기자료 ※ 선경험 활용 ※ 학습의 필요성 인식 ※ 교사 판서
전개 (30′)	달걀판 뺄셈놀이	배움1 **달걀판 뺄셈놀이** **• 달걀판을 사용하여 뺄셈하기** − 달걀판과 바둑돌을 사용한 놀이 활동하기 − 달걀판 놀이활동을 뺄셈으로 설명하기	오개념	실물 조작 발문	참여 수용 존중	★ 달걀판, 바둑돌, 실물화상기
	뺄셈방법 알아보기	배움2 **뺄셈방법 알아보기** **• 빼는 수(감수)를 분해하여 빼고 또 빼는 방법 알아보기** **• 그림을 보고 12−5의 계산방법 알아보기** − 17−5와 12−5의 계산방법의 다른 점 인식하기 − 12−5를 어떻게 계산하는지 설명하기 **• 그림을 보고 16−8의 계산방법 알아보기** − 16−8을 어떻게 계산하는지 설명하기	선개념 난개념	시범 비교 연습 발문	정의 수용	★ 그림이나 수모형 ※ 지필평가 이해도 확인 및 피드백 ※ 교사 판서
	뺄셈방법 설명하기 형성평가 수준별 학습	배움3 **뺄셈방법 설명하기** **• (십 몇)−(몇)=(몇)의 계산방법 설명하기** − 교과서 165쪽 마무리 문제 해결하기 **• 짝과 함께 계산방법 설명하기** **• 형성평가 실시하기** **• 수준별 학습하기** 척척이학습 (자기주도적 학습) / 차근이학습 (교사와 1:1 맞춤 학습)	난개념	개발 추론 연습	격려 신뢰 표현	★ 수학 익힘책, 학습장 ※ 형성평가 결과를 이용하여 수준별 학습하기
정리 (5′)	학습 정리 과제 제시 및 예고	**• 학습 내용 정리하기** **• 수준별 과제 제시하기** 문제 만들어 풀기 / 달걀판 뺄셈 놀이 하기 **• 차시 예고하기**		반성 예시	격려 칭찬	★ 학습장 ※ 학습 이해도 확인

학생 배움중심의 교수 · 학습 과정안(약안)

교과	수학(1-2)	단원(차시)	5. 덧셈과 뺄셈(12/16)
학습 목표	(십 몇)-(몇)=(몇)의 계산을 할 수 있다.		

단계 (시량)	학습 과정 (학습 집단)	교수 · 학습 활동	배움중심 PCK 전략			자료(★) 및 유의점(※)
			배움 주춤	배움 전략	배움 원리	
도입 (5′)	학습 분위기 조성 선수 학습 상기 (전체)	• **학습 분위기 조성하기** - 대면 인사를 나누며 학습할 마음을 갖게 한다. • **선수 학습 상기하기** - 10을 두 수로 가르기를 한다.	선개념	시범 매체 실물 발문	연결	★ 실물화상기, 공기돌 ※ 선개념에 대한 진단 및 처방으로 출발점 행동을 고른다.
	동기 유발 (전체)	• **동기 유발하기** - 달걀판과 바둑돌을 사용하여 남아 있는 바둑돌의 수를 알아맞히는 놀이를 하며 오늘 공부에 관심을 갖게 한다.	선개념	발문 실물	연결	★ 10칸 달걀판, 바둑돌 18개
	공부할 문제 확인 (전체)	• **공부할 문제 찾기** **공부할 문제** 뺄셈을 해 봅시다.				※ 공부할 문제를 명확히 인지시켜 도달점 행동을 분명히 한다.
	공부할 순서 안내 (전체)	• **공부할 순서 안내하기** **학습 활동 안내** 배움 달걀판 뺄셈놀이 배움 뺄셈방법 알아보기 배움 뺄셈방법 설명하기 수준별 학습 차근이 척척이				※ 공부할 순서는 학생이 발표한 내용을 바탕으로 하여 정하고 학습 활동 전체의 흐름과 중점 내용을 확실히 이해할 수 있도록 명확하고 자세하게 안내한다.

선개념 **선개념 형성 정도를 파악하기 위한 활동 – 시범, 실물**

교사의 의도적인 딴청부리기를 통해 10을 두 수로 가르기에 대한 이해를 하고 있는지 확인하는 것이 필요하다.

선개념 형성을 이용한 공부할 문제 확인 활동 – 발문, 실물

실물자료를 활용한 스토리텔링 게임을 통해 (십 몇)-(몇) 뺄셈하기에 대한 학습 동기를 유발하고 14는 10칸 달걀판 안에 10개, 밖에 4개로 나누어진다는 선개념을 확인하여 본시 공부할 문제를 명확히 인지시키도록 한다.

단계 (시량)	학습 과정 (학습 집단)	교수 · 학습 활동	배움중심 PCK 전략			자료(★) 및 유의점(※)
			배움 추출	배움 전략	배움 원리	
전개 (30')	달걀판 뺄셈놀이 (짝활동)	**학습 활동 전개하기** 배움1 **달걀판 뺄셈놀이** • **달걀판을 사용하여 뺄셈하기** –달걀판과 바둑돌을 사용한 놀이 활동을 하게 하고, 달걀판 놀이 활동을 뺄셈으로 설명한다. –달걀판으로 14–9를 어떻게 계산했는지 말하게 한다.	오개념	실물 조작 발문	참여 수용 존중	★달걀판, 바둑돌, 실물화상기
	뺄셈방법 알아보기 (전체)	배움2 **뺄셈방법 알아보기** • **빼는 수(감수)를 분해하여 빼고 또 빼는 방법 알아보기** –그림을 보고 12–5의 계산방법을 설명한다. –그림을 보고 16–8의 계산방법을 알아보게 한다.	선개념 난개념	시범 비교 연습 발문	정의 수용	★그림이나 수모형 ※교사 판서
	뺄셈방법 설명하기 (개별 및 짝활동)	배움3 **뺄셈방법 설명하기** • **(십 몇)–(몇)=(몇)의 계산방법 설명하기** –교과서 165쪽에 있는 마무리 문제를 풀어보고 짝에게 계산방법을 설명하게 한다.	난개념	개발 추론 연습	격려 신뢰 표현	※형성평가 결과를 바탕으로 수준별 학습을 하게 한다.
	수준별 학습 (개별)	• **형성평가 실시하기** • **수준별 학습하기** –학습자의 수준을 고려하여 수준별 학습을 하게 한다. 수준별 학습: 차근이학습 (하위권) 교사와 1:1 맞춤학습 / 척척이학습 (중 · 하위권) 자기주도적 학습				★수학 익힘책, 학습장 ※자기주도적 개별 학습이 가능하도록 분위기를 조성한다.

오개념 **오개념 처방을 위한 활동 – 실물, 조작**

교사와 학생의 실물자료 조작을 통해 달걀판으로 14–9를 어떻게 계산하였는지 확인하여 14–9의 계산을 달걀판 밖에서 4를 빼고 달걀판 안에서 9를 다시 빼지 않도록 진단, 처방하는 것이 중요하다. 특히 이 과정에서 9를 빼기 위해 9를 4와 5로 가르기를 할 수 있도록 사고의 확장을 조장하는 것이 필요하다.

선개념 **선개념 형성을 이용한 12–5의 계산활동 – 발문, 시범**

선개념 형성을 이용하여 5를 2와 3으로 분해할 수 있는지 확인하고 교사의 시범과 마중물 발문을 통해 12–5의 계산을 하는 과정에서 5를 분해하는 이유를 인지시키도록 한다.

난개념 **난개념 처방을 위한 활동 – 발문, 비교**

그림자료를 비교해 보도록 하여 16−8의 계산 시 감수를 분해하는 이유를 명확하게 이해시키는 것이 중요하다.

단계(시량)	학습 과정(학습 집단)	교수 · 학습 활동	배움중심 PCK 전략 (학습 집단)	배움 전략	배움 원리	자료(★) 및 유의점(※)
정리(5')	학습 내용 정리하기(전체) 수준별 과제 제시(전체) 차시 예고(전체)	• **학습 내용 정리하기** −프레젠테이션 자료를 활용하여 중요 학습 내용을 퀴즈 형식으로 평가한다. • **수준별 과제 제시하기** −학습자의 수준을 고려하여 과제를 안내한다. [상 · 중 문제 만들어 풀기] [하 달걀판 뺄셈놀이] • **차시 학습 내용 알기** −다음 시간에 배울 내용 안내하기	난개념	반성 발문 예시	격려 칭찬	★동기유발자료 ★PPT 자료 ※과제를 안내할 때 예시자료와 시범을 보여주며 하위권 학생들의 과제 해결에 도움을 준다.

난개념 **난개념 확인을 위한 활동 – 발문, 예시**

동기유발자료를 활용하여 난개념이 어느정도 처방되었는지 확인하고 피드백하도록 한다.

평가 계획

평가 영역	평가 관점	평가 시기	평가 방법
지식 기능 태도	(십 몇)−(몇)=(몇)의 계산을 할 수 있는가?	전개/정리	관찰/지필
	수를 분해하여 감감법으로 (십 몇)−(몇)=(몇)의 계산방법을 설명할 수 있는가?	전개	관찰/상호/자기평가
	다양한 활동을 통하여 뺄셈에 흥미를 가지고 학습하는가?	전 단계	관찰

학생 배움중심의 교수·학습 과정안(세안)

교과	수학 (1-2)		단원(차시)	5. 덧셈과 뺄셈(12/16)
학습 주제	(십 몇)-(몇) 뺄셈하기		교과서	수학: 164~165쪽 수·익: 105~106쪽
학습 목표	(십 몇)-(몇)=(몇)의 계산을 할 수 있다.			
지도 중점	뺄셈을 원활하게 계산해내는 뺄셈구구식의 연산능력보다는 빼는 수를 분해하여 빼고 또 빼는 방법을 10개들이 달걀상자를 사용한 놀이 활동을 통해 이해할 수 있도록 하며 이 과정에서 빼는 수(감수)를 분해하여 빼고 또 빼는 방법을 익히게 한다.			
교수·학습 자료	교사	뚜껑이 있는 10칸 달걀판, 바둑돌 18개, 실물화상기		
	학생	학습장, 10칸 달걀판, 바둑돌		
학습 조직	전체 ➡ 모둠 ➡ 개별 ➡ 모둠 ➡ 전체			

도입(5')

학습 과정 (학습 집단)	교수·학습 활동	배움중심 PCK 전략			자료(★) 및 유의점(※)
		배움 주춤	배움 전략	배움 원리	
학습 분위기 조성 선수 학습 상기 (전체)	• **학습 분위기 조성하기** -대면 인사를 나누며 학습할 마음을 갖게 한다. • **선수 학습 상기하기** -10을 두 수로 가르기를 한다.	선개념	시범 매체 실물 발문	연결	★ 실물화상기, 공기돌 ※ 선개념에 대한 진단 및 처방으로 출발점 행동을 고른다.

선개념

T (공기돌을 보여주며) 공기돌 10을 두 수로 갈라 보세요.

S 7과 3으로 가를 수 있습니다.

T 참 잘했습니다. 또 어떻게 가를 수 있나요?

S 2와 8로 가를 수 있습니다.

T 그렇죠. 그럼 이번에는 여러분들이 직접 7과 3, 2와 8이 아닌 다른 수로도 갈라 봅시다.

Ss ((2,8), (3,7), (4,6), (5,5), (6,4), (8,2), (9,1) 등으로 가른다.)

T (눈으로 확인하며) 정말 잘했군요. 여러분들은 지난번에 배운 내용을 잘 기억하고 있군요.

도입(5')

학습 과정 (학습 집단)	교수·학습 활동	배움중심 PCK 전략			자료(★) 및 유의점(※)
		배움 주춤	배움 전략	배움 원리	
동기 유발 (전체)	• **동기 유발하기** – 달걀판과 바둑돌을 사용하여 남아 있는 바둑돌의 수를 알아맞히는 놀이를 하며 오늘 공부에 관심을 갖게 한다.	선개념	발문 실물	연결	★ 10칸 달걀판, 바둑돌 18개
공부할 문제 확인 (전체)	• **공부할 문제 찾기** 공부할 문제 뺄셈을 해 봅시다.				※ 공부할 문제를 명확히 인지시켜 도달점 행동을 분명히 한다.
공부할 순서 안내 (전체)	• **공부할 순서 안내하기** 학습 활동 안내 배움 달걀판 뺄셈놀이 배움 뺄셈방법 알아보기 배움 뺄셈방법 설명하기 수준별 학습 차근이 척척이				※ 공부할 순서는 학생이 발표한 내용을 바탕으로 하여 정하고 학습 활동 전체의 흐름과 중점 내용을 확실히 이해할 수 있도록 명확하고 자세하게 안내한다.

선개념

T 선생님과 재미있는 놀이를 하면서 오늘 공부를 시작할까요!
선생님이 문제를 내면 잘 생각해 두었다가 나중에 같이 해결해 봅시다.
우선, 선생님이 바둑돌을 달걀판의 빈칸에 하나씩 넣고, 나머지는 달걀판 밖에 놓을 거예요. 바둑돌이 모두 몇 개인가요?

S 14개입니다.

T 맞아요. 이제 선생님이 사라질 바둑돌의 수를 말할 거예요. 사라질 바둑돌의 수는 9개입니다. 선생님은 9개의 바둑돌을 빼기 위해 달걀판 밖에 있는 바둑돌 4개를 먼저 빼요. 그러면 달걀판 안에 있는 바둑돌은 몇 개 더 빼야 하고, 몇 개의 바둑돌이 남게 될까요?

전개(30')

학습 과정 (학습 집단)	교수 · 학습 활동	배움중심 PCK 전략			자료(★) 및 유의점(※)
		배움 주춤	배움 전략	배움 원리	
달걀판 뺄셈놀이 (짝활동)	**학습 활동 전개하기** 배움1 **달걀판 뺄셈놀이** • **달걀판을 사용하여 뺄셈하기** – 달걀판과 바둑돌을 사용한 놀이 활동을 하게 하고, 달걀판 놀이 활동을 뺄셈으로 설명한다. ⊙ 선생님의 달걀판 안의 바둑돌 수와 여러분이 달걀판에 놓은 바둑돌의 수를 비교해 보세요. ⊙ 이 상황을 뺄셈식으로 어떻게 만들 수 있나요? –14–9입니다. – 달걀판으로 14–9를 어떻게 계산했는지 말하게 한다.	오개념	실물 조작 발문	참여 수용 존중	★ 달걀판, 바둑돌, 실물화상기

오개념

T 처음에 달걀판 안과 밖에 있는 바둑돌은 모두 몇 개인가요?

Ss 14개입니다.

T 14개의 바둑돌에서 9개의 바둑돌을 뺄 때 달걀판 밖의 바둑돌을 먼저 빼려면 몇 개를 빼야 하나요?

Ss 4개를 먼저 뺍니다.

T 달걀판 안의 바둑돌을 더 빼려면 몇 개를 더 빼야 하나요?

Ss 5개입니다.

T 달걀판 안에 남아 있는 바둑돌은 몇 개인가요?

Ss 5개입니다.

S1 어, 그런데 제 달걀판에는 바둑돌이 1개가 남았습니다.

T 그래요? 어떻게 해서 1개만 남게 되었나요?

S1 선생님께서 9개를 사라지게 하라고 하셔서 9개를 뺐습니다.

T 그럼 지금까지 뺀 바둑돌은 모두 몇 개인지 확인해 보세요.

S1 어, 이상하다? 왜 13개일까요?

T 우리가 빼야 하는 바둑돌은 몇 개였나요?

S1 9개였어요.

T 그럼 왜 이렇게 되었을까요?

T 먼저 어디에 있는 바둑돌을 빼야 했나요?

S1 바깥에 있는 바둑돌입니다.

T 그렇지요. 그럼 4개를 뺐군요? 그럼 모두 9개를 빼려면 몇 개를 더 빼야 하나요?

S1 9개 중에 4개를 뺐으니까 5개를 더 빼야 해요.

T 5개는 어디에서 더 빼야 하나요?

S1 음, 달걀판 안에서 빼야 해요.

T 5개를 빼고 나면 달걀판 안에는 바둑돌이 몇 개 남아 있어야 할까요?

S1 5개입니다.

전개(30')

학습 과정 (학습 집단)	교수 · 학습 활동	배움중심 PCK 전략			자료(★) 및 유의점(※)
		배움 주춤	배움 전략	배움 원리	
뺄셈방법 알아보기 (전체)	배움2 **뺄셈방법 알아보기** • **빼는 수(감수)를 분해하여 빼고 또 빼는 방법 알아보기**			정의	★그림이나 수모형
	– 그림을 보고 12–5의 계산방법을 설명한다. ⭘ 17–5은 무엇인가요? – 12입니다.	선개념	시범 비교 연습 발문	수용	※ 교사 판서
	⭘ 그림에서 12–5를 할 때 어떻게 하나요? ⭘ 선생님이 계산을 어떻게 하는지 살펴봅니다. – 그림을 보고 16–8의 계산방법을 알아보게 한다. – 16에서 6을 빼고, 남은 10에서 2를 더 빼면 8이 됩니다.	난개념			

선개념

T 12–5는 어떻게 계산해야 할까요?

S 2에서 5를 뺄 수 없습니다.

T 그럼 5를 2와 3으로 가르고 빼 보겠습니다. 12에서 2를 먼저 빼면 어떻게 되나요?

S 10이 됩니다.

T 그럼 10에서 5에서 2와 가르고 남은 3을 더 뺍니다. 얼마가 되나요?

S 7이 됩니다.

난개념

T 16에서 8을 빼려고 합니다. 일의 자리수 6에서 8을 뺄 수가 없으니 8을 두 수로 가르려고 합니다. 어떤 수로 가르면 좋을까요?

S1 6과 2로 가릅니다.

S2 4와 4로 가릅니다. (혹은 5와 3, 1과 7 등)

S3 모르겠어요.

T (판서 그림자료를 가리키며) 16을 어떤 수로 만들어 주면 계산하기 좋을까요? 아까 달걀판으로 뺄셈했던 것을 떠올려 보고 그림을 자세히 보고 생각해 보세요.

S 10으로 만들어 줍니다.

T 10으로 만들어 주려면 8을 어떤 수로 가르고 빼야 할까요?

S 6과 2로 가릅니다.

T 왜 6과 2로 가르지요?

S 16에서 6을 빼야 10을 만들 수 있습니다.

T 맞아요. 빼는 수 8을 6과 2로 가르고 16에서 먼저 6을 빼면 무엇이 되나요?

S 10입니다.

T 네. 그리고 10에서 또 2를 빼면 답은?

S 8이 됩니다.

T 그래요, 결국 16 빼기 8은 8이 됩니다.

전개(30')

학습 과정 (학습 집단)	교수 · 학습 활동	배움중심 PCK 전략			자료(★) 및 유의점(※)
		배움 주춤	배움 전략	배움 원리	
뺄셈방법 설명하기 (개별 및 짝활동)	배움3 **뺄셈방법 설명하기** • **(십 몇)−(몇)=(몇)의 계산방법 설명하기** – 교과서 165쪽에 있는 마무리 문제를 풀어 보고 짝에게 계산방법을 설명하게 한다.	난개념	개발 추론 연습	격려 신뢰 표현	※ 형성평가 결과를 바탕으로 수준별 학습을 하게 한다.
수준별 학습 (개별)	• **형성평가 실시하기** • **수준별 학습하기** – 학습자의 수준을 고려하여 수준별 학습을 하게 한다. 수준별 학습: 차근이학습 (하위권) 교사와 1:1 맞춤학습 / 척척이학습 (중 · 하위권) 자기주도적 학습				★ 수학 익힘책, 학습장 ※ 자기주도적 개별 학습이 가능하도록 분위기를 조성한다.

난개념 **T** 교과서 165쪽 아래에 있는 마무리 뺄셈 문제를 선생님과 풀어 본 뺄셈방법으로 풀어 보고 짝에게 계산방법을 설명해 보세요. 빼는 수를 어떤 수로 가른 후에 빼야 할지 잘 생각하여 스스로 풀어 봅니다.

S1 15−6은 어떻게 계산했니?

S2 15에서 5를 빼고, 남은 10에서 1을 더 빼면 9가 돼.

S2 넌 어떻게 풀었는데?

S1 13−4의 계산을 말해 볼게.

S2 응. 말해 봐.

S1 13의 3에서 3을 빼고, 남은 10에서 1을 더 뺐어.

S2 그러면 답이 뭐야?

S1 9가 되었어.

S2 잘했어.

정리(5')

학습 과정 (학습 집단)	교수 · 학습 활동	배움중심 PCK 전략			자료(★) 및 유의점(※)
		배움 주춤	배움 전략	배움 원리	
학습 내용 정리하기 (전체)	• **학습 내용 정리하기** – 프레젠테이션 자료를 활용하여 중요 학습 내용을 퀴즈 형식으로 평가한다. – 오늘 공부에서 알게 되어서 좋았던 점, 더 알고 싶은 점, 어려웠던 점 등을 이야기하며 오늘 공부를 반성하게 한다.	난개념	반성 발문 예시	격려 칭찬	★동기유발자료 ★PPT 자료 ※학생들의 학습 도달도를 확인하고 피드백을 제공한다. ※과제를 안내할 때 예시자료와 시범을 보여주며 하위권 학생들의 과제 해결에 도움을 준다. ※차시 학습 내용에 관심을 갖게 한다.
수준별 과제 제시 (전체)	• **수준별 과제 제시하기** – 학습자의 수준을 고려하여 과제를 안내한다. [상 · 중: 문제 만들어 풀기] [하: 달걀판 뺄셈놀이]				
차시 예고 (전체)	• **차시 학습 내용 알기** – 다음 시간에 배울 내용과 관련된 내용을 안내한다.				

평가 계획

평가 영역	평가 관점	평가 시기	평가 방법
지식 기능 태도	(십 몇)−(몇)=(몇)의 계산을 할 수 있는가?	전개/정리	관찰/지필
	수를 분해하여 감감법으로 (십 몇)−(몇)=(몇)의 계산방법을 설명할 수 있는가?	전개	관찰/상호/자기평가
	다양한 활동을 통하여 뺄셈에 흥미를 가지고 학습하는가?	전 단계	관찰

수업 후기

이민경
통영 유영초등학교 교사

1학년 수학은 참 쉽다. 아이들도 수학시간을 좋아한다. 알록달록한 수 큐브, 반들반들 빛나는 바둑알, 드르륵 드르륵 돌아가는 모형시계, 큼지막한 숫자 카드와 그림 카드, 점이 콕콕 그려진 주사위, 모두 만지고 싶어 안달이 난다. 교과서는 숨은 그림이라도 찾듯 흥미로운 그림이 가득하고 선생님께서 재미난 이야기도 들려주신다.

그런데 어느 날, '내 짝은 빨간 동그라미를 많이 받았는데 내 교과서에는 빨간 줄이 늘어간다. 부끄럽고 내 교과서를 보려고 드는 짝이 미워진다. 수학이 점점 싫어진다.'라며 자신만만하던 얼굴이 점점 아래로 향하더니 아무리 불러도 이내 자기 손톱만 보고 있는 아이들이 하나 둘 늘어간다.

말이 통하지 않는 1학년을 만나 수업에 열중하지 않는 아이들만 탓하며 화만 내고 있던 나는 수업 컨설팅을 요청하기에 이르렀다. 나의 컨설턴트가 되어주신 수석 선생님께서는 학습자가 무엇을 왜 배워야 하고, 그 배움이 일어나기 위해 학습자가 곤란해하는 점이 무엇인지 알고 난 후 배움이 잘 일어나도록 잘 가르치는 배움중심의 PCK 수업을 소개해 주셨다. PCK 이론과 참고할 만한 수업지도안을 살펴볼 수 있는 좋은 기회였지만, 이 새로운 앎은 또 하나의 난관이기도 했다.

수석 선생님의 조언대로 수학 수업을 다시 준비해 보았다. 교과서와 지도서를 펼쳐놓고 1학년 학습자의 수준과 눈으로 살펴보았다. 하지만 학생의 배움을 주춤하게 만드는 요인이 한눈에 보이는 것이 아니었다. 솔직히 '어떻게 교과서를 봐야 할지 모르고 있었다'가 정확한 나의 상태였다. 부끄럽기도 했다. 난 학창시절 수학을 정말 꽤 잘하는 학생이었다. 교과서의 빼기 문제의 수준이 나라는 어른에게 너무 쉬운 게 문제였다.

결국, 수석 선생님께서는 교과서에 나오는 모든 것의 의미를 아이들의 눈높이에서 살펴보라 하셨다. 가령 '이 그림에는 왜 아이와 아이가 아니라 선생님과 아이가 마주 보고 있을까? 왜 그렇지?', ' 여기에 화살표가 왜 따로 나와 있지?', ' 아이들이 5개가 남는 것을 쉽게 찾아낼까?' 심지어는 '여기는 네모 빈칸이 왜 여기에 있지?' 같은 질문도 하셨다. 내게는 너무 쉬운 수학책이 수석 선생님의 질문과 함께 점점 어려워졌다. 딱 두 쪽짜리의 고작 10분이면 충분히 파악할 수 있었던 바로 그 교과서는 하루고 이틀이고 보아도 어려운 교과서가 되었다. 다행히 온갖 고민들로 점철된 연구 후 오개념과 난개념을 찾고, 나름의 처방 전략을 가지고 수업을 준비했다.

수업시간은 확실히 달라졌다. 우선 내 마음이 달라져 있었다. 학습자가 어떤 오류를 보일지, 어떤 어려움을 토로할지 예상하고 수업을 하니 자신이 생겼다. 아이들의 입에서 삐져 나오는 말 한마디도 다 알아들을 수 있었다. 무엇이 어려워서 저런 말을 하는지 그 마음이 보였다. 또한, 아이들이 이해하지 못하는 상황이 답답하지 않고 오히려 기쁘게 느껴졌다. 건조한 실내에서 바싹 마른 화분에 물을 주면 마른 흙이 물을 먹으며 내는 소리 같은 반응이었다. 미리 준비한 물과 같은 처방 전략을 가지고 있으니까 조급하지도, 화가 나지도 않았다. 마음이 한결 편안해지니 나 스스로 좀 더 성숙하고 좋은 선생님이 된 것 같았다.

이번 컨설팅을 통해 1학년 학습자의 수준에 맞춘 수업을 진행하기 위해서는 충분한 교육과정 연구와 학습자에 대한 이해가 이루어져야 함을 절실히 느꼈다. 내가 수학 교과의 지식을 잘 알고 있는가도 중요하지만, 학습자가 그 지식을 어떻게 바라보고 어떻게 알고 알아 왔는지를 이해하는 것, 그리고 그들의 눈높이에 맞추어 그들의 방식으로 전달하고 그들의 사소한 어려움에도 공감하는 것이 교사인 나와 학생 모두가 배움의 기쁨에 충만한 교실을 만드는 기본 요건이 된다는 생각이 들었다.

3

CoRe 활용 학생 배움중심의 사회과 PCK 수업 설계

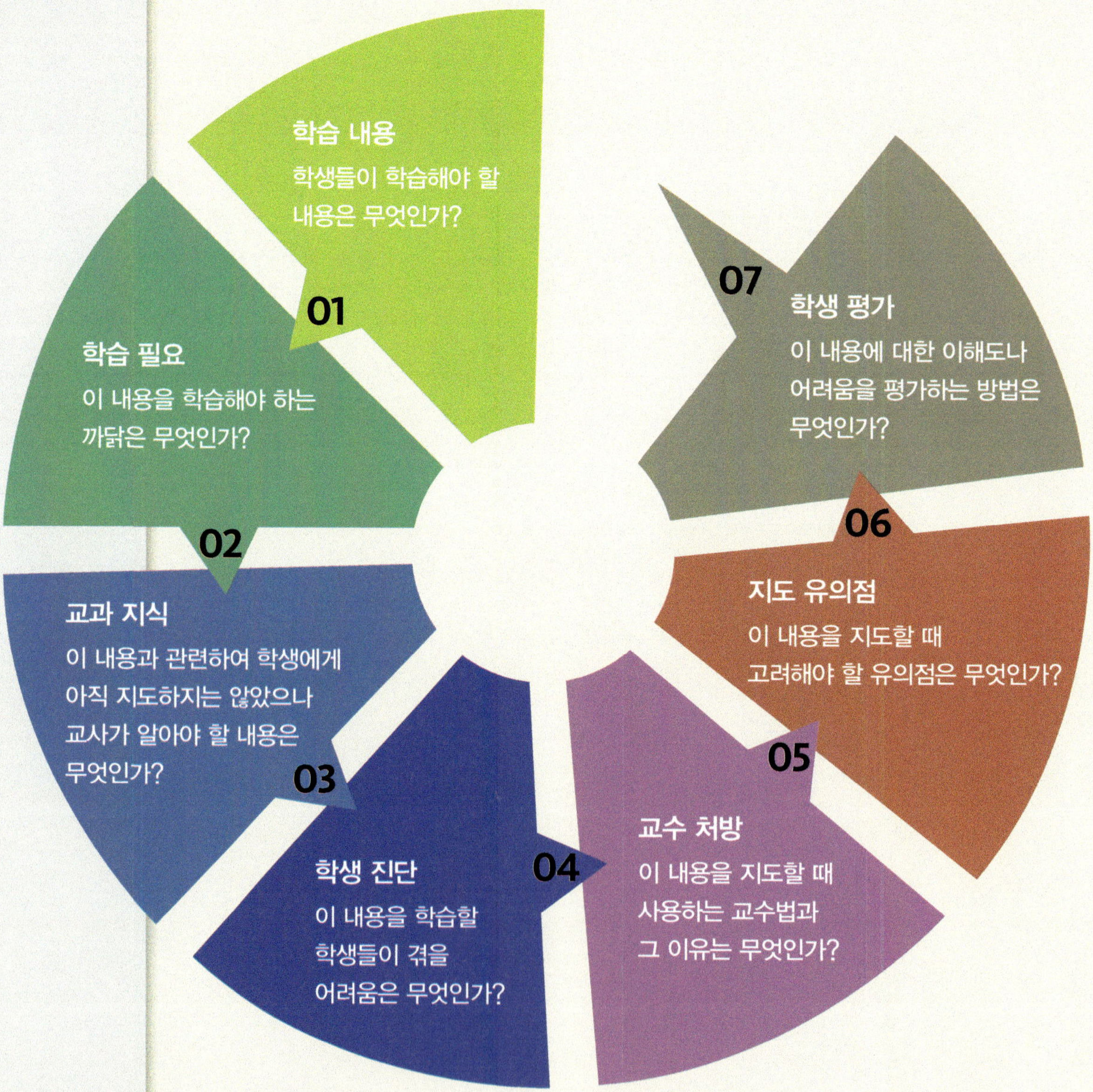

01

학습 내용

학생들이 학습해야 할 내용은 무엇인가?

이 단원은 문화의 의미와 기능, 표현, 문화의 형성과 변화, 문화의 유사점과 차이점, 문화를 서로 이해하고 존중하는 자세의 중요성을 깨닫게 하는 데 주안점이 있습니다.

단원의 지도 내용

- 문화의 의미와 기능 그리고 다양한 표현물
- 문화가 생겨나는 다양한 요인과 변화
- 문화의 유사점과 차이점
- 문화 간 상호 존중과 배움의 태도

교과서 살펴보기 | 단원 도입 살펴보기

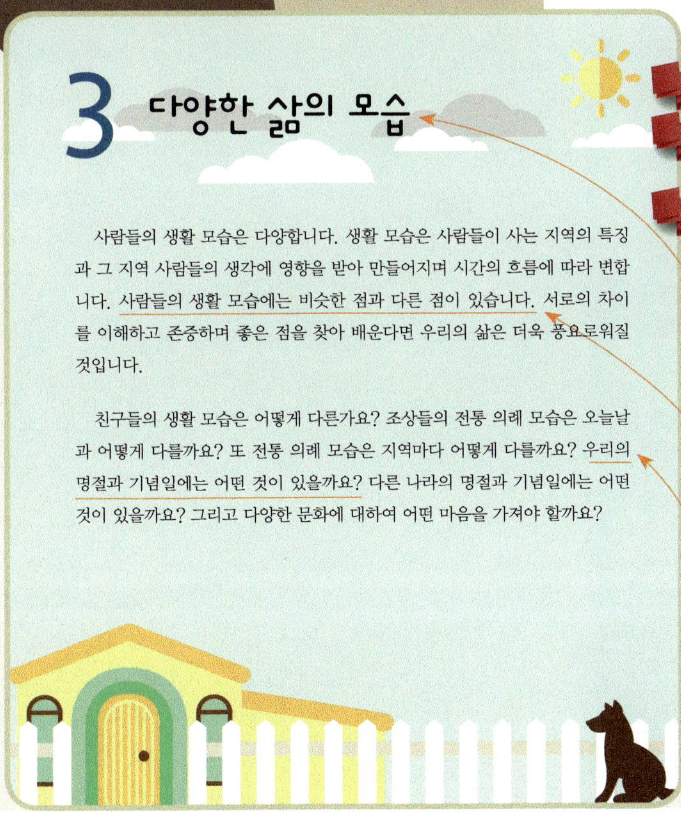

3 다양한 삶의 모습

사람들의 생활 모습은 다양합니다. 생활 모습은 사람들이 사는 지역의 특징과 그 지역 사람들의 생각에 영향을 받아 만들어지며 시간의 흐름에 따라 변합니다. 사람들의 생활 모습에는 비슷한 점과 다른 점이 있습니다. 서로의 차이를 이해하고 존중하며 좋은 점을 찾아 배운다면 우리의 삶은 더욱 풍요로워질 것입니다.

친구들의 생활 모습은 어떻게 다른가요? 조상들의 전통 의례 모습은 오늘날과 어떻게 다를까요? 또 전통 의례 모습은 지역마다 어떻게 다를까요? 우리의 명절과 기념일에는 어떤 것이 있을까요? 다른 나라의 명절과 기념일에는 어떤 것이 있을까요? 그리고 다양한 문화에 대하여 어떤 마음을 가져야 할까요?

학년 학기	3학년 2학기
단원(차시)	3-(3) 세계 여러 나라의 명절과 기념일 (10/15)
학습 주제	우리나라의 명절과 기념일

교과서의 단원 도입을 살펴보고 그림과 질문을 통해 단원의 학습 목표가 무엇인지 먼저 확인합니다.

사람들의 생활 모습에는 비슷한 점과 다른 점이 있다는 것은 본 단원의 성취 기준을 제시하는 것입니다.

우리의 명절과 기념일에는 어떤 것이 있을까요? 질문을 통해 우리나라의 명절과 기념일에 대해 공부할 것임을 알 수 있습니다.

이 수업은 10차시 수업으로 우리나라의 대표적인 명절과 기념일을 조사 · 정리하고, 그 속에 담긴 의미와 특징을 찾아보는 공부입니다.

이 수업의 학습 문제인 우리나라의 대표적인 명절과 기념일의 종류를 알아보고, 조사 · 정리하여 의미와 특징을 찾아보는 것입니다.

따라서 이 수업에서 학생들은 지난 시간에 배운 조사하는 방법에 따라 선택한 명절과 기념일에 대해 조사 · 정리하는 능력을 기를 수 있습니다. 이 활동을 통해 우리나라의 대표적인 명절과 기념일에 담긴 의미와 특징을 스스로 알 수 있습니다.

본시의 학습 문제

- 우리나라의 명절과 기념일에 대해 조사하고 특징과 의미를 알아봅시다.

우리나라의 대표적인 명절과 기념일의 의미와 특징 찾기

- 모둠별로 정리한 자료 분석을 통해 각각의 명절과 기념일이 가진 의미와 특징을 찾는다.

본시의 학습 요소

1. 우리나라의 대표적인 명절과 기념일을 조사 · 정리하기
2. 우리나라의 대표적인 명절과 기념일에 담긴 의미와 특징 찾기

본시 학습의 교과서 살펴보기

전 차시에서 학습한 조사하는 방법과 조사 내용을 중심으로 찾아보는 거구나.

우리나라의 대표적인 명절을 찾아보고, 날짜, 하는 일, 음식, 놀이, 의미를 알아보는 거구나.

우리나라의 대표적인 기념일을 찾아보고, 날짜, 하는 일, 의미를 알아보는 거구나.

활동1 달력에는 우리나라의 여러 명절과 기념일이 표시되어 있습니다. 우리나라의 명절에는 어떤 것들이 있을까요?

설	한식
• 날짜: 1월 1일(음력) • 하는 일: 차례, 세배, 복조리 걸기 • 음식: 떡국 • 놀이: 윷놀이, 연날리기 등 • 의미: 새해맞이	• 날짜: 4월 5일경 • 하는 일: 차례, 성묘 • 음식: 찬 음식 • 의미: 조상의 뜻을 기림.

우리나라의 기념일에는 어떤 것들이 있을까요? 기념일의 날짜와 의미를 알아보고, 관련 사진이나 그림을 찾아 붙여 봅시다.

어버이날	현충일
• 날짜: 5월 8일 • 의미: 조상과 부모님의 사랑을 기념함.	• 날짜: 6월 6일 • 의미: 나라를 위해 목숨을 바친 분들을 기림.

02

학습 필요

이 내용을 학습해야 하는 까닭은 무엇인가?

우리나라의 대표적인 명절과 기념일의 의미와 특징을 학습하는 까닭을 찾기 위해서는 반드시 교사용 지도서를 살펴보아야 합니다. 단원 개관을 살펴보면, 단원의 지도 목표를 먼저 찾을 수 있습니다. 문화의 유사점과 차이점, 문화를 서로 이해하고 존중하는 자세의 중요성을 깨닫게 하는 것이 주안점으로, 배워야 하는 이유를 제시하고 있습니다. 이것이 바로 본시 학습을 해야 하는 까닭입니다.

교사용 지도서 살펴보기

3 다양한 삶의 모습

1 단원의 개관

본 단원은 '우리들이 살아가는 모습', '변화하는 전통 의례', '세계 여러 나라의 명절과 기념일', '서로 배우고 존중하는 문화'라는 네 개의 제재를 통하여 문화의 의미와 기능 그리고 표현, 문화의 형성과 변화, 문화의 유사점과 차이점, 문화를 서로 이해하고 존중하는 자세의 중요성을 깨닫게 하는 데 주안점을 두고 있다.

첫째 제재에서는 우리 반과 세계 여러 나라 친구들의 다양한 생활 모습이 나타난 자료를 통하여 문화의 의미를 이해하도록 하였다. 그리고 이러한 문화는 우리의 생각과 행동에 영향을 미치며, 옷, 음식, 시, 노래, 춤, 언어, 종교, 글, 그림 등을 통하여 표현됨을 파악하도록 하였다.

둘째 제재에서는 옛날부터 우리 고장에 전해 내려오는 다양한 전통 의례를 조사해 보고 오늘날의 의례 모습과 비교하는 과정을 통하여 문화 속에 남아 있는 의미와 시간의 흐름에 따라 변화된 의미를 파악하도록 하였다.

셋째 제재에서는 우리나라와 세계 여러 나라의 명절과 기념일을 조사해 보는 활동을 통하여 각 나라의 문화는 서로 유사점과 차이점을 가지고 있음을 파악하도록 하였다.

넷째 제재에서는 여러 나라의 다양한 문화를 조사해 보고 다양한 문화 체험 활동을 통하여 서로 다른 문화 간에 발생하는 문화적 편견을 버리고 보다 깊은 이해와 다양한 문화를 서로 배우고 존중하는 태도를 가지도록 하였다.

단원의 지도 목표를 통해 알 수 있습니다.

본 제재의 지도 이유가 각 문화가 서로 유사점과 차이점을 가지고 있음을 파악하기라는 것을 알 수 있습니다.

2 단원의 목표

지식·이해

- 친구들이 다양한 생활 모습과 문화의 차이에 따른 생각과 행동의 차이를 이해한다.

03

교육과정 교과 지식

이 학습 내용과 관련하여 교사가 알아야 할 내용은 무엇인가?

본시 학습 내용을 더 잘 가르치기 위해서는 교사가 미리 알아 두어야 할 관련 내용이 있습니다. 그 중에서도 가장 먼저 알아 두어야 할 내용은 명절과 기념일과 관련한 학습의 계열입니다. 이것은 본시 학습 내용의 가르칠 범위를 결정하는 데 도움을 줍니다. 또한 우리나라의 대표적인 명절과 기념일뿐만 아니라 국경일에 대한 관련 지식을 알아 두어야 합니다. 이러한 관련 지식을 알아 두면 학생들이 명절, 기념일, 국경일과 관련하여 여러 가지 질문을 던졌을 때 학생의 수준이나 상황을 고려하여 적절한 답을 할 수 있습니다.

학습의 계열

3학년의 단원들은 슬기로운 생활에 통합되어 있는 사회과 요소들과의 연계성을 고려하면서, 이후 4학년부터 전개될 본격적인 사회과 학습에 대한 준비로서 설정되어 있습니다. 슬기로운 생활의 대주제 '우리나라'의 '우리나라를 알릴 수 있는 것, 나타내는 것, 자랑스러운 것들을 알아보고, 이들 내용을 중심으로 우리나라를 소개한다'와 '주변의 일상생활 속에서 우리의 전통문화를 찾아본다'의 교육과정 내용과 연계되어 있음을 알아야 합니다.

선수 학습	• **통합교과 가을 1-2. 2. 추석** – 조상에게 감사하는 마음 갖기(추석을 맞아 조상과 웃어른들을 공경하고 감사하는 마음을 갖는다.) – 추석 알아보기(추석에 대해 알아보고 우리 집의 추석 모습을 발표해 본다.) – 민속놀이 하기(추석과 추석에 한 일 등을 여러 가지 방법으로 표현하고, 다양한 민속놀이를 해 본다.) • **통합교과 우리나라 1-2. 1. 우리나라의 상징** – 우리나라의 상징 알기(태극기를 다는 날 조사하여 발표하기)
본시 학습	• **사회(3학년 2학기) 3. 다양한 삶의 모습(10/15)** – 우리나라의 명절과 기념일에 대해 조사하고 특징과 의미를 알 수 있다.
후속 학습	• **사회(4학년 1학기) 3. 더불어 살아가는 우리 지역(17/17)** – 우리 지역에 살고 있는 다른 나라 사람들의 문화 알아보기

교과 핵심 지식

우리나라의 대표적인 명절, 기념일, 국경일

우리나라의 대표적인 명절에는 설, 정월 대보름, 한식, 단오, 추석, 동지 등이 있습니다. 명절에는 전통 명절 음식을 만들어 먹으며, 고운 옷을 차려입고 여러 가지 민속놀이를 즐기며 하루를 보냅니다. 우리나라의 3대 명절은 설, 단오, 추석을 말하며 4대 명절은 한식을 포함합니다.

– 설(음력 1월 1일), 정월 대보름(음력 1월 15일), 한식(동지로부터 105일째 되는 날), 단오(음력 5월 5일), 추석(음력 8월 15일), 동지(음력 11월 또는 양력 12월 22일경)

우리나라의 기념일은 1973년 3월에 시행된 '각종 기념일 등에 관한 규정'에 의거하여 제정되며, 기념일에는 그에 부수되는 의식과 행사 등을 합니다. 각종 기념일의 의식과 행사는 엄숙하고 검소하게 행해야 하며 기념일의 의의를 높일 수 있도록 해야 합니다.

– 납세자의 날, 상공의 날, 향토 예비군의 날, 식목일, 보건의 날, 대한민국 임시 정부 수립 기념일, 4 · 19혁명 기념일, 장애인의 날, 과학의 날, 정보 통신의 날, 법의 날, 충무공 탄신일, 근로자의 날, 어린이날, 어버이날, 스승의 날, 5 · 18민주화 운동 기념일, 부부의 날, 성년의 날, 바다의 날, 환경의 날, 현충일, 6 · 10민주항쟁 기념일, 6 · 25전쟁, 철도의 날, 국군의 날, 노인의 날, 세계 한인의 날, 재향 군인의 날, 체육의 날, 문화의 날, 경찰의 날, 국제 연합일, 교정의 날, 저축의 날, 학생 독립 운동 기념일, 농업인의 날, 순국선열의 날, 무역의 날, 소비자의 날

우리나라의 국경일은 1949년 10월 1일 제정 · 공포한 '국경일에 관한 법률'에 따라, 삼일절, 제헌절, 광복절, 개천절, 한글날을 국경일로 정하여 해마다 국가에서 기념식을 열어 축하하고 있습니다.

– 삼일절(3월 1일), 제헌절(7월 17일), 광복절(8월 15일), 개천절(10월 3일), 한글날(10월 9일)

명절, 기념일, 국경일에 대한 구분

이 수업에서 학생들이 가장 많이 하는 질문 중에 하나는 '명절, 기념일, 국경일이 서로 어떻게 다른가요?' 라는 것입니다.

국경일과 기념일을 구분하는 것이 3학년 수준에서는 어려운 내용이라는 판단하에 본 제재에서는 국경일을 다루지 않고 있으나, 교사가 필요하다고 판단될 때에는 국경일(삼일절, 제헌절, 광복절, 개천절, 한글날)과 관련한 사항을 기념일과 구분하여 제시하도록 해야 합니다.

그리고 이전 차시에서 명절과 기념일의 의미를 학습하였지만, '(3) 세계 여러 나라의 명절과 기념일'이 제재의 전 학습을 통해 그 의미를 충분히 알 수 있도록 해야 함을 알아야 합니다.

04

학생 진단

이 내용을 학습할 학생들이 겪을 어려움은 무엇인가?

본시 학습 내용에 대한 성취도를 높이기 위해서는 학습 내용의 핵심적인 지식과 이에 대한 학생들의 이해도가 어떤지, 학생들의 이해도를 높이는 데 방해되는 걸림돌이 무엇인지 미리 예상하거나 실태를 파악하고 걸림돌을 제거하거나 이해도를 높이기 위한 대비책을 마련해 두는 노력이 필요합니다. 여기서는 학습 내용의 핵심 지식을 먼저 알아보고, 이에 대한 학생들의 이해도나 어려움에 어떤 것이 있는지 살펴봅니다.

학습 내용

학습 내용의 핵심적인 지식 : 우리나라의 대표적인 명절과 기념일

– 우리나라의 대표적인 명절과 기념일을 조사 · 정리하여 의미와 특징을 찾는다.

본시 학습에서 학생들에게 꼭 가르쳐야 할 세 가지 핵심 지식의 내용입니다.

핵심 지식 1 우리나라의 대표적인 명절과 기념일의 종류

- 우리나라의 대표적인 명절에는 설, 한식, 단오, 추석이 있고, 기념일에는 식목일, 어린이날, 어버이날, 현충일, 국군의 날이 있다.

핵심 지식 2 우리나라의 대표적인 명절에 담긴 의미와 특징

- 우리나라의 대표적인 명절의 특징은 날짜, 하는 일, 음식, 놀이를 중심으로 조사 · 정리한다.
- 우리나라의 대표적인 명절의 의미는 우리가 가져야 할 마음가짐을 중심으로 조사 · 정리한다.

• 우리나라의 대표적인 명절에는 풍년을 기원, 조상께 감사, 개인과 가족, 공동체의 건강을 바라는 마음이 담겨져 있다. 명절의 시기는 월별, 계절별로 다르며, 그에 따라 먹는 음식과 놀이, 행사도 각각 다르다.

핵심 지식 3 우리나라의 대표적인 기념일에 담긴 의미와 특징

• 우리나라의 대표적인 기념일의 특징은 날짜, 하는 일을 중심으로 조사 · 정리한다.

• 우리나라의 대표적인 기념일의 의미는 우리가 가져야 할 마음가짐을 중심으로 조사 · 정리한다.

• 우리나라의 대표적인 기념일에는 추모, 다짐, 기념, 감사, 공경 등의 마음이 담겨 있다.

여기서 잠깐!

핵심 지식으로 추가할 내용이 있다면 적어 보세요.

선개념

본시 학습 내용인 '우리나라의 명절과 기념일'과 관련하여 이미 배운 내용(선개념) 중에서 본시 학습을 방해하는 내용을 살펴보아야 합니다. 만약 이 내용에 대한 학생들의 이해가 부족할 때에는 보충 지도를 하여 이해도를 향상시킨 후 본시 학습을 지도해야 본시 학습의 성취도가 높아질 수 있습니다. 또한 이 내용 중에서 오개념이 형성된 경우에는 반드시 오개념을 바로잡아 주어야 본시 학습 내용에 대한 이해도가 높아질 것입니다. 선개념이 무엇인지 찾기 위해서는 관련 선수 학습 내용을 확인하면 됩니다. 본시 학습인 '우리나라의 대표적인 명절과 기념일'과 관련한 선수 학습 내용을 먼저 살펴본 후, 그 중에서 본시 학습을 위해 꼭 알아야 할 내용을 찾으면 됩니다.

⊙ '우리나라의 대표적인 명절과 기념일' 관련 선수 학습 내용

통합교과 1~2학년군 6단원 가을 〈추석〉

- 즐거운 추석맞이
- 추석을 준비해요
- 힘겨루기 놀이
- 달두 달두 밝다
- 추석을 만나요
- 차례를 지내요
- 베 짜기
- 달맞이해요
- 추석날
- 감사하는 마음
- 길쌈놀이
- 나의 추석

➡ 12개 주제, 총 20차시

통합교과 1~2학년군 7단원 우리나라 〈우리나라의 상징〉

- 태극기, 우리나라 국기(7/21)
  태극기를 다는 날을 조사하여 발표한다.

통합교과 외에도 국어 1~2학년군 4-가. 4단원. '어떻게 정리할까요?'에서는 본시 학습 내용과 관련 있는 '설빔'에 관한 내용으로 설날에 입는 옷, 마음가짐이 제시되고 있습니다.

선수 학습 내용 중에 본시 학습을 위해 학생들이 반드시 알고 있어야 할 개념에는 이런 것이 있습니다.

⊙ 학생들이 이미 알고 있어야 할 개념

- 추석에 하는 일
- 태극기를 다는 날과 관련된 기념일
- 우리나라를 대표하는 명절이나 기념일을 조사하는 방법

본시 학습을 위해 학생들이 이미 알고 있어야 할 기능도 살펴보아야 하겠지요.

⊙ 학생들이 이미 알고 있어야 할 기능

- 우리나라의 대표적인 명절과 기념일 조사하기
- 우리나라의 대표적인 명절과 기념일 정리하기
- 우리나라의 대표적인 명절과 기념일의 특징과 의미 발표하기

여기서 잠깐!

선개념에 추가할 내용이 있다면 적어 보세요.

알아두기

학생들이 잘 이해하고 있는지 확인해 보세요.

1) **추석에 하는 일 알아보기**
   - 벌초를 하고 성묘를 가요, 송편을 만들어요, 토란탕과 햇과일을 먹어요, 강강술래를 해요, 농사가 잘된 것에 대해 감사하는 마음을 가져요. 햇과일과 햅쌀로 만든 음식을 먹어요.

2) **태극기를 다는 날**
   - 삼일절(3월 1일), 현충일(6월 6일), 제헌절(7월 17일), 광복절(8월 15일), 국군의 날(10월 1일), 개천절(10월 3일), 한글날(10월 9일)

3) **우리나라의 대표적인 명절과 기념일을 조사하는 방법**
   - 달력
   - 인터넷 사이트
   - 학습 백과사전
   - 문화 관련 서적
   - 문화를 소개하는 기관의 누리집

4) **우리나라의 대표적인 명절과 기념일을 조사 · 정리하여 발표하기**
   - 우리나라의 명절과 기념일 중에서 조사하고 싶은 것을 선택하여 조사하고, 의미와 특징이 나타날 수 있도록 정리할 수 있는 기능이 필요하다. 또한 조사 · 정리한 내용을 발표하고 서로 공유할 수 있도록 하는 기능이 필요하다.

난개념

본시에서 학습해야 할 내용 중에서 학생들이 이해하기 어려워하는 내용(난개념)이 무엇인지 미리 알아 두어야 합니다. 가장 기본적인 난개념은 학습 목표입니다. 본시 학습의 난개념을 좀 더 자세히 살펴보기로 할까요?

난개념 1 추석, 설날 외 명절의 특징에 대한 이해

- 추석, 설날 명절은 많은 경험과 선수 학습으로 인해 이해가 쉬우나, 그 외 정월대보름, 한식, 단오, 동지 명절에 관한 이해를 하기 어렵다.
- 특히 한식은 불을 피우지 않고 찬 음식을 먹으며 이 날 각 가정에서는 제사 음식을 마련하여 성묘를 하기도 하는 일에 대한 이해가 어렵다.
- 단오와 관련하여 대표적으로 하는 일에 관한 이해가 어렵다.

난개념 2 어버이날 외 기념일의 특징에 대한 이해

- 대표적인 기념일 중에 현충일, 식목일, 국군의 날에 정확하게 하는 일에 대한 이해를 어려워한다.
- 기념일의 특징에 대해 조사할 때 특징에 대한 구체적인 개념이 잘 형성되지 않는다.

난개념 3 우리나라의 대표적인 명절과 기념일의 의미 찾기

- 대표적인 명절과 기념일을 조사하여 특징을 살펴보고, 그 속에 담긴 의미를 구체적으로 파악하는 데 어려움을 겪는다.

난개념(기능) 4 모둠별 활동 시 조사할 주제를 선정하는 과정

- 모둠별 조사활동을 해야 할 대표적인 명절과 기념일을 선택할 때, 모둠원들의 의견을 들어보고 결정하는 데 어려움이 있다.

난개념 5 조사하는 방법을 알고 있으나 실제 조사에서 적용하는 과정

- 달력, 인터넷 사이트, 학습 백과사전, 문화 관련 서적, 문화를 소개하는 기관의 누리집 등 조사하는 방법을 지식으로 알고 있으나, 실제 조사활동에서 활용하여 조사하는 과정에 시간이 많이 걸리고, 어려움을 느낀다.

난개념(기능) 6 조사한 내용을 구체적으로 정리하는 과정

- 다양한 매체를 통해 조사활동을 하고 난 뒤, 조사 내용을 다른 사람이 알아보기 쉽게 정리하는 과정을 어려워한다.

여기서 잠깐!

난개념에 추가할 내용이 있다면 적어 보세요.

오개념

본시에서 학습해야 할 내용과 관련하여 학생들이 이미 갖고 있는 선개념 중에서 잘못 알고 있거나 본시 학습 중에 잘못 이해할 가능성이 있는 내용(오개념)이 무엇인지도 파악해야 합니다. 이것을 오개념이라고 합니다. 흔히 볼 수 있는 오개념에는 어떤 것들이 있는지 예시를 통해 같이 고민해 보기로 할까요?

오개념 1 공휴일로 지정된 기념일을 명절로 잘못 알고 있다.

- 공휴일로 지정된 현충일을 국경일로 잘못 생각한다.
- 친숙한 기념일을 명절과 혼동하는 경우가 있다.

오개념 2 명절의 날짜와 관련하여 음력과 양력에 대해 잘못 알고 있다.

- 대부분의 명절은 음력 날짜인 것으로 잘못 알고 있는 경우가 있다.
- 명절의 날짜를 양력으로 잘못 알고 있는 경우가 있다.
- 상술에 의한 기념일(~데이)을 기념일로 잘못 알고 있는 경우가 있다.

여기서 잠깐!

오개념에 추가할 내용이 있다면 적어 보세요.

흥미, 태도

본시 수업 내용은 '우리나라의 대표적인 명절과 기념일의 특징과 의미를 아는 것' 외에도 조사, 비교 · 분석, 소개 활동을 통해 '우리나라의 명절과 기념일에 담긴 유사점과 차이점을 발견'하는 과정을 통해 사고 과정, 문제 해결 절차, 정보의 활용 능력, 의사소통 능력을 기를 수 있도록 해야 한다. 따라서 본시 학습과 관련한 학생들의 흥미나 태도 등을 살펴보고, 학습 목표 도달과 관련하여 지도해야 할 내용을 찾아보기로 하지요.

- 추석, 설날, 어버이날 등 일상생활에서 친숙한 명절이나 기념일에 대한 관심과 흥미는 있으나, 그 외의 것에는 관심이 부족하다.
- 모둠별 활동 의사결정을 할 때 자신의 의견을 내세우고, 다른 사람의 의견을 존중하려는 태도가 부족하다.
- 다양한 매체를 활용하여 직접 조사하는 활동에 적극적으로 참여한다.
- 스마트 기기, 컴퓨터 정보 활용에 대한 관심과 능력이 뛰어나다.

여기서 잠깐!

흥미, 태도와 관련하여 추가할 내용이 있다면 적어 보세요.

05

교수 처방

이 학습 내용을 지도할 때 사용하는 교수법과 사용 이유는 무엇인가?

본시 수업 내용은 '우리나라의 대표적인 명절과 기념일에 담긴 의미와 특징 알기'입니다. 앞에서 살펴본 학생들의 이해도 즉, 선개념, 난개념, 오개념을 지도하기 위해서는 학생 이해도의 내용 및 수준에 따라 적절한 표상 방법을 활용한 교수 처방이 필요하고, 이를 뒷받침하기 위해서는 교사와 학생의 상호작용을 활발하게 하는 수업 대화가 필요한데, 이것은 대체적으로 마중물 수업 전략으로 가능하지요. 따라서 교수법을 연구할 때에는 표상 전략과 마중물 전략을 함께 연구해야 합니다.

[전시 학습] 단계에서의 선개념과 교수 처방

선개념 ➜ **명절과 기념일에 대해 조사하는 방법**

달력을 활용하기, 인터넷 사이트에서 찾아보기, 학습 백과사전에서 찾아보기, 문화 관련 서적에서 찾아보기, 문화를 소개하는 기관의 누리집 활용하기 등의 방법을 알고 있는지 확인해야 한다.

예시 그림 ➜ 전시 학습 상기 단계에서 명절과 기념일에 대해 조사하는 방법에 대한 그림 자료를 예시 자료로 먼저 제시해 볼 수 있다.

지원, 참여 ➜ 제시한 예시 자료를 통해 다른 방법에 연결시켜 본 뒤 참여할 수 있도록 지원할 수 있다. 즉, 명절과 기념일에 대해 조사하는 다른 방법을 연결시켜 생각해 본 뒤, 선개념에 대해 알고 있는 학생들은 자리에서 일어나 표현하고 참여하는 방법으로 지원할 수 있다.

교사 지난 시간에 명절과 기념일에 대해 조사하는 방법에 대해 공부했습니다. 어떤 방법으로 조사할 수 있는지 기억이 나는 친구들은 자리에서 일어나 주세요.

학생 (다양한 방법이 생각나는 친구들은 그 자리에서 일어난다.)

교사 혹시 기억이 나지 않는 친구들은 이 자료를 보면서 다시 생각해 보세요(단서 제공).

학생 인터넷이나 책을 활용하면 됩니다.

교사 그렇군요. 그 방법 외에 또 어떤 방법이 있었나요?

학생 달력을 활용할 수 있습니다.

학생 누리집에 들어가서 찾습니다.

교사 그래요. 명절과 기념일에 대해 조사하는 방법으로 여러분들이 말한 것처럼, 달력, 인터넷 사이트, 학습 백과사전, 문화 관련 서적, 문화를 소개하는 기관의 누리집 등을 활용할 수 있습니다.

[동기 유발] 단계에서의 선개념과 교수 처방

선개념 추석, 설날의 명절에 먹는 음식, 하는 일, 어버이날의 기념일에 하는 일이다. 이 선개념을 활용한 딴청부리기를 통해 공부할 문제 제기와 함께 학습할 동기를 유발시킬 수 있도록 유도할 수 있다.

사진, 매체 카네이션, 카네이션과 선물을 받으시는 부모님 모습의 그림 자료를 제시하여 관련된 기념일을 추론해 보고 발표하여 참여하게 지원한다.

추론, 참여 설날에 먹는 음식(떡국), 하는 일(세배) 그림 자료와 '추석'이라는 낱말을 연결시켜 모순된 정보를 제시하며 딴청부리기를 한다. 선개념을 바탕으로 제시된 자료를 추론해 보고, 잘못된 사실을 바로잡으려고 하면서 참여하게 된다.

교사 웃어른들께 세배를 하고 떡국을 먹는 명절을 추석이라고 하는군요.

학생 아니에요. 이상해요.

교사 어! 선생님은 맞는 것 같은데, 어떤 점이 이상한가요?

학생 추석에 하는 일이 아니라 설날에 하는 일입니다.

교사 아! 그렇군요. 여러분들이 잘 알고 있군요. 그럼 추석에 먹는 음식이나 하는 일은 무엇인가요?

학생 송편을 먹고, 차례를 지내고 성묘를 하러 갑니다.

교사 그럼, 이 그림과 관련된 기념일은 무엇인지 말해 주세요.

학생 어버이날입니다.

교사 그렇군요. 어버이날에 또 어떤 일을 해 보았나요?

학생 선물도 드리고, 부모님을 기쁘게 해 드렸어요.

[배움 1] 단계에서의 난개념과 교수 처방

난개념 추석, 설날 외의 명절과 어버이날 외의 기념일의 특징에 대한 이해이다. 추석, 설날, 어버이날은 사전 경험으로 선개념이 형성되어 있어 특징에 대한 이해가 쉬우나, 그 외의 명절이나 기념일은 관련 경험이 부족하여 이해하기 어렵다.

그림, 매체 배움을 일으킬 수 있는 핵심 내용의 그림 자료를 제시하여 관련된 경험이 있는 학생을 발문으로 이끌어 내어 다른 학생들의 사고를 연결시켜 나간다.

연결, 도전 우리나라의 대표적인 명절인 단오, 한식, 정월 대보름, 대표적인 기념일인 현충일, 식목일, 국군의 날에 대한 그림 자료를 제시하여 학생들의 작은 경험을 연결시키고 다른 개념에까지 도전하기로 발전시켜 나가게 한다.

교사 여러분들이 알고 있는 명절에는 어떤 것들이 있나요?

학생 추석, 설이 있습니다.

교사 여러분들이 알고 있는 추석, 설에 어떤 일을 하였는지 발표해 봅시다.

학생 차례를 지냅니다. 세배를 하고 용돈을 받았습니다. 떡국을 먹습니다. 등

교사 여러분들이 말했던 것처럼, 온 가족이 모여서 전통 음식을 먹고 차례나 성묘를 하고 즐거운 놀이를 하면서 보내는 날을 명절이라고 합니다.
추석이나 설 외에도 한식, 단오 등의 명절이 있습니다.
(한식, 단오와 관련된 사진 자료를 제시한다.)

학생 (한식과 단오에 대한 관련 경험이 있는 학생들은 발표하고, 핵심 지식을 추론해 볼 수 있도록 한다.)

[배움 2] 단계에서의 난개념과 교수 처방

난개념 우리나라의 대표적인 명절과 기념일의 의미 찾기이다. '의미'에 대한 구체적 개념 형성이 어려워 정확한 학습 문제 인지가 어려울 수 있다.

설명 배움 전략의 설명을 통해 '의미'는 '담긴 뜻'과 '마음가짐'임을 예시를 통해 인식시켜 문제 해결과 행동 계획에 지침이 되도록 한다.

연결, 도전 학생들이 조사한 특징을 살펴보고 발표할 때 어떤 마음가짐으로 행동해야 하는지를 자유롭게 발표시킨 뒤에 잘못된 예시를 통해 의미를 정확하게 알고 표현할 수 있도록 한다. 학생들이 자신의 생각과 언어로 진술하면, 학생 경험과 학습 내용을 연결시켜 의미를 정확하게 알 수 있도록 한다.

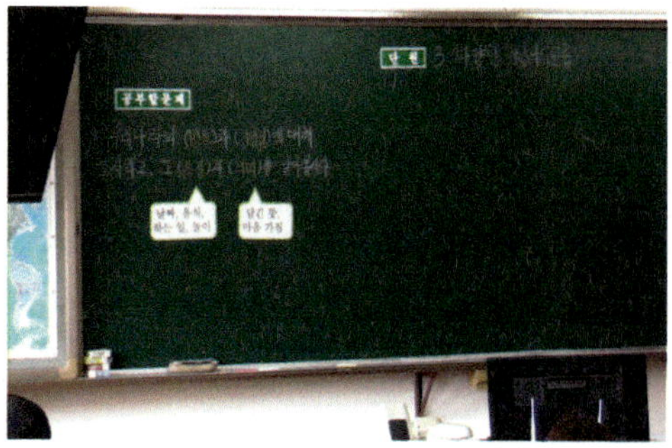

교사 여러분들이 설날에는 설빔을 입고 웃어른께 세배를 하는 특징이 있다고 하였습니다. 그런데, 세뱃돈이나 맛있는 명절 음식에만 관심을 가지는 친구도 있다네요. 그 친구들에게 해 주고 싶은 말이 있으면 발표해 봅시다.

학생 세배를 할 때에는 건강하시기를 빌거나, 감사하는 마음을 가져야 합니다.

교사 명절에는 웃어른들의 건강을 기원하거나 감사하는 마음을 가져야 하는군요.

학생 조상님들께도 감사하는 마음을 가져야 합니다.

교사 그렇군요. 조상님이나 웃어른께 감사하는 마음을 가져야 하는 의미가 있군요.

[배움 2] 단계에서의 난개념과 교수 처방

난개념 우리나라의 대표적인 명절과 기념일 중에서, 모둠별로 조사할 주제를 선정하는 과정이다. 4~5명으로 구성된 모둠에서 조사할 주제를 정하는 것은 각자의 의견을 제시하고 모으는 과정으로 시간도 많이 걸리고 생각보다 어려울 수 있다.

설명, 시범 배움 전략으로 'KWL(이미 알고 있는 것, 더 알고 싶은 것, 알게 된 것) 전략' 과제를 제시하고 시범으로 설명하여, 모둠원들 모두 더 알고 싶은 것을 중심으로 선택할 수 있도록 한다.

존중, 수용, 참여 배움 원리인 공감 중에서도 상대방의 의견 존중하기, 수용하기를 통해 난개념을 처방할 수 있도록 한다.

교사 선생님은 명절 중에서 설날에 대해서, 기념일 중에서는 어버이날에 대해서는 잘 알고 있어요. 그런데 단오나 한식, 국군의 날에 대해서는 잘 몰라서 더 알고 싶어요.(시범 보이기) 여러분들이 더 알고 싶은 것은 무엇인가요?

학생 네, 단오나 한식에 대해 잘 몰라서 더 알고 싶어요.

교사 그렇군요. 여러분들도 알고 있는 것은 무엇이고, 더 알고 싶은 것은 무엇인지 적어 보세요. 적고 난 다음에는 모둠별로 돌아가며 의견을 말하고, 모둠에서 조사하고 싶은 것을 한 가지씩 정해 보세요.

학생 (알고 있는 내용, 더 알고 싶은 내용을 적어서, 조사할 내용을 모둠별로 정한다.)

[배움 2] 단계에서의 난개념과 교수 처방

난개념 ➔ 우리나라의 대표적인 명절과 기념일의 특징과 의미를 조사하는 방법을 알고 있으나, 실제 조사활동에서 적용하는 과정이다.

매체 ➔ 조사 방법 중에서 각자 어떤 방법을 선택하여 조사할 것인지를 먼저 결정하여 조사할 수 있는 배움 전략으로 '창문 열기 토의 전략'을 재구성하여 과제로 제시할 수 있다. 모둠별 활동판에 개별적인 조사 내용과 조사 방법을 실제로 어떻게 적용할지를 시범으로 설명한다.

참여, 도전 ➔ 교사의 시범 설명을 듣고, 모둠원끼리 돌아가며 해결할 수 있는 기회를 제공하여 참여하기와 도전하기의 배움 원리로 실천할 수 있다.

교사 태경이는 무엇에 대해 조사한다고 하였나요? 단오에 대해 조사를 한다고 하였는데, 무엇을 활용하여 조사할 것인가요?

학생 단오에 대해서 조사할 것입니다.

교사 그럼, 여기에 '단오'라고 씁니다.
만약 이것을 조사하기 위해 '책'을 활용할 계획이면, 여기에 이렇게 '책'이라고 쓰면 되겠습니다.

학생 (선생님의 시범을 통해, 각자 조사 내용에 따른 조사 방법을 정하여 기록하고 모둠별로 반성해 보는 시간을 가지도록 한다.)

[배움 2] 단계에서의 난개념과 교수 처방

난개념 조사한 내용을 구체적으로 정리하는 과정을 들 수도 있다.

매체 조사한 내용을 정리하여 모둠원끼리 결과를 공유하고 발표할 수 있도록, 배움 전략으로 매체를 활용하여 조사 · 탐구 활동을 하도록 한다. 날짜, 하는 일이나 놀이, 먹는 음식, 의미를 적는 칸으로 나눈 원 모양의 매체를 활용하여 쉽게 정리하고 공유할 수 있도록 할 수 있다.

표현, 반성 매체를 통한 조사 · 탐구 결과를 정리하면서, 각자의 조사 · 탐구 내용을 반성하기의 배움 원리를 실천할 수 있다.

교사 명절에 대해 조사한 내용을 정리할 때에는 노란색 원을, 기념일에 대해 조사한 내용을 정리할 때에는 파란색 원을 활용할 수 있습니다. 정리를 다하고 나면, 모둠에서 돌아가며 발표를 하고 칠판에 구분하여 붙여 줍니다.

학생 (선생님의 시범과 설명에 따라 과제를 협동하며 해결하고, 조사 정리한 내용의 발표를 통해 다른 모둠의 결과와 비교해 본다.)

[배움 1] 단계에서의 오개념과 교수 처방

오개념 ➔ 공휴일로 지정된 기념일을 명절로 잘못 알거나, 명절과 기념일을 혼동하는 경우가 있다.

매체, 단서 ➔ 배움 전략으로 학생 경험과 핵심 지식을 연결시켜 설명하고, 명절과 기념일 카드의 색깔을 다르게 하는 단서를 제공할 수 있다.

개발 ➔ 배움 원리의 개발하기 지원으로 다른 기념일을 제시하여 인지시킨다.

교사 여러분들이 알고 있는 기념일에는 어떤 것들이 있나요?

학생 어버이날이 있습니다.

교사 그래요, 어버이날에 감사의 꽃을 달아드리는 행사를 하기도 하지요. 이렇게 나라에서 특별한 하루를 정하여 여러 가지 행사를 하거나 기념식을 하는 날을 기념일이라고 합니다.
그럼, ○○이는 국군의 날이 명절이라고 생각했었는데, 지금은 어떻게 생각하는지 국군의 날이 적힌 두 가지 색깔 카드 중에서 한 가지를 골라서 칠판에 붙여 보세요.

학생 (파란색 색깔 카드에 적힌 국군의 날 카드를 붙인다.)

교사 그래요, 어버이날이나 국군의 날 외에도 우리나라의 대표적인 기념일로 현충일, 식목일 등이 있습니다. (색깔 카드로 구분하여 종류를 정리해 볼 수 있도록 한다.)

[배움 2] 단계에서의 오개념과 교수 처방

오개념 상술에 의한 기념일(~데이)을 기념일로 잘못 알고 있는 경우가 있다. 그리고 대부분의 명절은 음력 날짜인 것으로 잘못 알고 있는 경우와 명절의 날짜를 양력으로 잘못 알고 있는 경우가 있을 수 있다.

매체, 단서 배움 전략으로 달력(매체)를 활용할 수 있는데, 대부분의 기념일과 명절은 달력에 표시되어 있음을 예로 들어 설명하고, 직접 확인할 수 있도록 한다.

연결 배움 원리로 학생들의 경험과 연결 지어 처방할 수 있도록 한다.

교사 명절이나 기념일의 날짜를 조사할 때에는 어떤 자료를 활용하면 좋을까요?

학생 네, 달력을 활용하면 좋습니다.

교사 그래요. 달력에는 양력과 음력이 다 표시되어 있으니, 잘 살펴보아야 합니다.
그리고, 달력에 표시되어 있는 것이 또 무엇이 있는지 살펴보세요.

학생 명절이나 기념일이 표시되어 있습니다.

교사 요즘 여러분들이 많이 지키려고 하는 다양한 '~데이'들은 우리들이 공부하고 있는 우리나라 기념일인지 잘 살펴보아야 합니다.

여기서 잠깐!

선개념, 난개념, 오개념에 대한 교수 처방으로 추가할 내용이 있다면 적어 보세요.

06

지도 유의점

이 학습 내용을 지도할 때 고려해야 할 유의점은 무엇인가?

이 제재는 우리나라와 세계 여러 나라의 명절과 기념일에 대해 조사, 비교·분석, 소개 활동을 통해 세계 여러 나라의 명절과 기념일에 담긴 유사점과 차이점을 발견하고, 나아가 우리나라와 세계 여러 나라의 문화를 존중하는 자세를 갖게 하는 데 주안점이 있습니다. 따라서 학생의 발달 수준과 교사의 수업 전문성 수준에서 고려해야 할 유의점을 알고 있어야 합니다.

학생 발달 수준에 따른 학습 활동

본 제재는 우리나라와 세계 여러 나라의 명절과 기념일에 대해 조사할 수 있는 인터넷 사이트, 학습 백과사전, 문화 관련 서적, 문화를 소개하는 기관의 누리집 등을 사전에 안내하여 학습이 이루어지도록 해야 합니다. 특히 사회과는 방법의 지역화를 위해 학습자에게 경험적, 심리적으로 가까운 생활 주변, 지역의 사실, 현상, 자원을 내용으로 이루어져야 합니다.

수업 전문성 수준에 따른 학습 내용

국경일과 기념일을 구분하는 것이 3학년 수준에서는 어려운 내용이라 국경일을 다루지 않았으나, 학생들의 반응을 볼 때 필요하다고 판단될 때에는 국경일(삼일절, 제헌절, 광복절, 개천절, 한글날)과 관련한 사항을 기념일과 구분하여 제시하도록 합니다.

우리나라의 국경일은 1949년 10월 1일 제정 공포한 '국경일에 관한 법률'에 따라, 삼일절, 제헌절, 광복절, 개천절, 한글날을 국경일로 정하여 해마다 국가에서 기념식을 열어 축하를 하고 있습니다.

우리나라 기념일은 1973년 3월에 시행된 '각종 기념일 등에 관한 규정'에 의거하여 제정되어 기념일에는 그에 부수되는 의식과 행사 등을 합니다. 각종 기념일의 의식과 행사는 엄숙하고 검소하게 행해야 하며 기념일의 의의를 높일 수 있도록 해야 합니다.

명절과 기념일의 뜻에 대해서는 한 차시를 통해서만 그 개념을 형성하는 것이 아니라, 전 차시를 통해 알게 해야 합니다.

07

학생 평가

이 학습 내용에 대한 학생들의 이해도나 어려움을 평가하는 방법은 무엇인가?

사회과 평가는 지식 영역, 기능 영역으로서 정보의 수집 및 활용 기능, 문제 해결 및 사고 기능, 사회적 참여 기능, 가치 · 태도 영역으로 나뉩니다. 사회과의 평가는 지식, 기능, 가치 · 태도를 종합적으로 평가함과 동시에 학습이 총체적인 과정이라는 관점에서 개인 수준에 맞는 평가를 지향하므로 평가의 주안점에 따라 다양한 평가 방법을 고려해야 합니다. 각 영역을 골고루 평가할 수 있도록 하고, 개인별 성취 수준과 평가 기준에 의한 평가가 이루어져야 하며, 내용 기준과 수업의 결과로 나타나는 행동 기준에 따라 평가합니다.

우리나라의 명절, 기념일의 종류와 특징, 의미를 알고 있는가?(지식 영역)

사회과에서 다루는 지식에는 사실적 지식, 기본 개념과 일반화 및 원리가 있습니다. 사실적 지식이란 특정 공간과 시간에 일어난 사건에 관한 지식을 말합니다. 그러나 사회과에서는 사실에 관한 지식만으로는 여러 사회 현상을 설명하는 데 한계가 있으므로, 사실적 지식보다는 적용 가능성이 큰 개념과 일반화를 평가하여 고등 사고력 또는 인지 기능을 측정해야 합니다.

이 차시의 지식 영역 내용으로 평가해야 할 내용은 우리나라의 명절과 기념일의 종류와 특징인데, 학습 활동을 통한 관찰 평가와 자기 평가를 통해 이루어집니다. 학습 활동 단계별 평가를 통해 개인별 성취 수준을 점검하고 확인해야 합니다.

활동1 단계에서는 우리나라의 명절과 기념일의 종류를 잘 알고 있는지 학습 과정과 학습장을 통한 관찰 평가가 이루어질 수 있습니다.

활동2 단계에서는 산출물과 보고서를 통한 체크리스트와 자기 평가를 통해 확인하고, 결과 발표를 통해 평가 결과를 환류할 수 있도록 합니다.

형성평가 단계에서 지식 영역의 학습 내용과 관련한 문제를 제시하여 학습의 정도를 스스로 점검할 수 있는 기회를 제공해야 합니다.

각 학습 과정과 형성평가를 통해 학습의 정도를 파악하고, 미진한 부분은 교사가 직접 핵심 내용, 난개념, 오개념에 대해 반복 지도를 하도록 하며, 이후 과제 제시를 통해 가정에서도 복습을 통해 학습할 수 있는 기회를 제공해야 합니다.

우리나라의 명절, 기념일의 특징과 의미를 주어진 자료를 활용하여 조사할 수 있는가?(기능 영역)

표현 기능, 자료를 읽어 내는 기능, 분석 및 해석 기능, 의사소통 기능, 정보처리 기능을 평가해야 하며, 지필이나 관찰로 이루어집니다.

이 차시에서는 우리나라의 명절, 기념일의 특징과 의미를 찾기 위해 주어진 자료를 활용하여 조사하는 활동을 통해 평가할 수 있습니다. 조사할 명절과 기념일을 선택하여 조사 활동 계획서를 작성하고, 그 방법에 따라 조사하는 과정과 공동 작업에 참여하는 과정을 평가하는 것입니다. 이 평가는 학습 산출물과 자기평가를 통해 이루어지고, 교사는 모둠활동에서 궤간순시를 통해 체크리스트를 통해서도 확인할 수 있습니다.

우리나라의 명절과 기념일에 담긴 의미를 이해하고 존중하는 태도를 가지는가?(가치 · 태도 영역)

가치 · 태도 영역에서는 사회적 요구와 개인적 욕구에 비추어 바람직한 가치와 합리적 가치의 내면화 정도, 가치 분석 및 평가 능력을 평가합니다. 가치 · 태도 영역과 관련하여 또 한 가지 고려해야 할 것은 학습자의 흥미, 관심, 요구, 습관입니다. 이러한 요소들은 정의적이며 과정적인 특성을 갖는 학습자 변인인 동시에 학업 성취를 위한 동기를 부여하는 원천입니다. 학습자의 흥미, 관심, 학습 동기와 태도는 학업 성취에 큰 영향을 미치기 때문에 이러한 정의적 영역은 평가 시 고려해야 할 중요한 내용이 됩니다.

다양한 문화의 차이를 이해하는 능력, 생태학적 관점에서 보는 능력, 민주 이념의 이해와 실천 능력을 교사의 관찰과 체크리스트를 통해 확인할 수 있습니다.

이 차시에서는 우리나라의 명절과 기념일에 담긴 의미를 이해하고 존중하는 태도를 가질 수 있는지를 확인해야 합니다. 나아가 우리나라와 세계 여러 나라의 문화를 존중하는 자세를 갖게 하는 데 주안점을 두고 평가해야 합니다.

학습의 전 과정에서 발문과 궤간순시를 통한 체크리스트, 관찰법을 통해 확인할 수 있고, 활동을 정리하면서 주요 내용을 발문하여 그 정도를 확인할 수 있습니다.

여기서 잠깐!

추가할 평가 내용이 있다면 적어 보세요.

PCK 본시 교수 · 학습 과정안

사회 3-2-3 다양한 삶의 모습(10/15)

사회과 PCK 수업 설계

학습 내용

- **교과:** 사회
- **학년–학기:** 3–2
- **단원:** 3. 다양한 삶의 모습
- **차시:** 10/15
- **주제:** 세계 여러 나라의 명절과 기념일

학습 필요

- 수업 의도: 다양한 조사 방법을 통해 우리나라의 대표적인 명절과 기념일을 조사 · 확인하여 문화 간의 유사점과 차이점을 스스로 발견할 수 있도록 한다.

학생 평가

- 우리나라 명절, 기념일의 종류와 특징 알기
- 관찰법, 자기평가, 산출물
- 모둠토의 활동자료, 보고서 학습장

교수 처방

〈배움 전략〉	〈배움 원리〉
□ 설명 – 비유	□ 공감 – 신뢰
■ 설명 – 예시	■ 공감 – 수용
■ 설명 – 그림	■ 공감 – 존중
■ 설명 – 정의	□ 공감 – 격려
□ 설명 – 실물	■ 공감 – 표현
□ 설명 – 비교	■ 지원 – 개발
□ 설명 – 대조	■ 지원 – 도전
■ 시범 □ 관찰	■ 지원 – 참여
□ 서사 □ 탐구	■ 지원 – 연결
■ 발문 ■ 추론	■ 지원 – 반성
■ 단서 □ 조작	
□ 연습 □ 요약	
■ 과제 ■ 메모	
■ 매체 ■ 발표	

학습 흐름

1. **우리나라의 명절과 기념일 알아보기**
   - 우리나라의 대표적인 명절과 기념일의 종류 알아보기
2. **각 명절과 기념일의 특징과 의미 알아보기**
   - 우리나라의 명절과 기념일의 특징과 의미 토의하고 발표하기
3. **맞춤형 선택학습**
   - 주요 내용 정리하기
   - 사진, 그림카드 놀이하기

학생 진단

- **선개념**
  조사하는 방법, 추석에 하는 일
- **난개념**
  (1) 경험하지 못한 명절과 기념일의 의미와 특징
  (2) 조사할 내용과 과정
- **오개념**
  기념일과 국경일, 양력과 음력의 구분

학생 배움중심의 수업 설계 개요

교과	사회(3-2)	단원(차시)	3. 다양한 삶의 모습(10/15)
학습 목표	우리나라의 명절과 기념일에 대해 조사하고 특징과 의미를 알 수 있다.		

단계	학습 과정 (학습 집단)	교수 · 학습 활동	배움중심 PCK 전략			자료(★) 및 유의점(※)
			배움 주춤	배움 전략	배움 원리	
도입	전시 학습 상기 동기 유발 학습 목표 확인	• **전시 학습 상기하기** – 명절, 기념일의 조사방법 • **학습 동기 유발하기** – 설날과 어버이날에 하는 일 그림자료 제시하기 • **공부할 문제 확인하기**	선개념 선개념 난개념	그림 사진 매체 예시	지원 참여 추론 참여	★그림 자료
전개 배움1	정보 수집 (전체) (개별)	• **우리나라의 명절과 기념일 알아보기** – 알고 있는 명절, 기념일의 종류 말해보기 – 알고 있는 명절과 기념일 외 다른 명절과 기념일의 종류를 사진자료로 제시하기 – 경험을 중심으로 명절과 기념일에 한 일 말해보기 – 한 일을 중심으로 명절과 기념일의 뜻과 우리나라 4대 명절 정리하기 • **명절과 기념일의 종류에 대해 알게 된 내용 도식화하여 정리하기**	난개념 오개념 난개념	매체 설명 단서 설명 예시	도전 개발 표현	★명절과 기념일의 종류 카드 ★내용 도식화 자료
전개 배움2	조사하기 (모둠)	• **각 명절과 기념일의 특징과 의미 알아보기** – 모둠활동 순서 안내하기 – 조사하고 싶은 명절과 기념일 정하기 – 조사계획 세우기 – 조사하기 – 조사내용 정리하기 • **맞춤형 선택활동하기** – 명절과 기념일에 대해 더 알아보기, 명절과 기념일 관련 사진, 그림카드 놀이 • **조사한 내용 발표하고 공유하기** – 다른 모둠과 결과 비교하기	난개념 난개념 오개념 난개념 난개념	설명 시범 매체 설명	존중 수용 참여 연결 표현 연결	★KWL 모둠 활동판, 달력, 창문 만들기, 달력, 조사 보고서
정리	정리하기 평가하기	• **학습한 결과 정리하기** – 판서 내용을 보면서 다시 한 번 정리하기 • **형성평가 실시하기** – 학습 내용과 관련된 문제 제시, 확인하기 • **적용하기** • **차시 예고하기**				★학습장 ★형성 평가, ppt

학생 배움중심의 교수 · 학습 과정안(약안)

교과	사회(3학년 2학기)	단원(차시)	3. 다양한 삶의 모습(10/15)
학습 목표	우리나라의 명절과 기념일에 대해 조사하고 특징과 의미를 알 수 있다.		

단계	학습 과정 (학습 집단)	교수 · 학습 활동	배움중심 PCK 전략			자료(★) 및 유의점(※)
			배움 주춤	배움 전략	배움 원리	
도입	전시 학습 상기	**• 전시 학습 상기하기** – 명절, 기념일의 조사방법	선개념	그림	지원 참여	★ 그림자료
	동기 유발	**• 학습 동기 유발하기** – 설날과 어버이날에 하는 일 그림자료 제시하기	선개념	사진 매체	추론 참여	
	학습 목표 확인	**• 공부할 문제 확인하기**	난개념	예시		

선개념

선개념 형성 정도를 파악하기 위한 활동 – 단서 제공

지난 시간에 학습한 명절, 기념일의 조사방법을 알고 있는 학생은 자리에서 일어나 확인하고, 기억나지 않는 학생들을 위해 그림자료를 단서로 제공하여 전원 참여를 유도한다.

선개념 형성 정도를 파악하기 위한 활동 – 사진, 매체

1~2학년군에서 학습한 내용을 바탕으로 설날, 추석에 하는 일과 먹는 음식, 어버이날에 하는 일에 대한 선개념을 딴청부리기로 확인하고, 오늘 학습할 명절과 기념일에 대해 학습할 동기를 유발하도록 한다.

난개념

난개념 형성 정도를 파악하기 위한 활동 – 예시, 설명

공부할 문제의 특징과 의미에 대한 개념 형성이 명확하지 않아, 특징은 날짜, 음식, 하는 일, 놀이이고, 의미는 담긴 뜻이나 마음가짐이라고 예시를 통해 설명한다.

단계	학습 과정 (학습 집단)	교수 · 학습 활동	배움중심 PCK 전략			자료(★) 및 유의점(※)
			배움 주춤	배움 전략	배움 원리	
전개 배움1	정보 수집 (전체)	**• 우리나라의 명절과 기념일 알아보기** – 알고 있는 명절, 기념일의 종류 말해보기 – 알고 있는 명절과 기념일 외 다른 명절과 기념일의 종류를 사진자료로 제시하기	난개념	매체	도전	★ 명절과 기념일의 종류 카드
		– 경험을 중심으로 명절과 기념일에 한 일 말해보기	오개념	설명 단서	개발	
		– 한 일을 중심으로 명절과 기념일의 뜻과 우리나라 4대 명절 정리하기	난개념	설명 예시	표현	★ 내용 도식화 자료
	(개별)	**• 명절과 기념일의 종류에 대해 알게 된 내용 도식화하여 정리하기**				

난개념 **난개념을 해결하기 위한 처방활동 – 그림, 매체**

추석, 설날, 어버이날은 사전 경험으로 선개념이 형성되어 있어 특징에 대한 이해가 쉬우나, 그 외의 명절이나 기념일은 관련 경험이 부족하여 이해하기가 쉽지 않다. 배움을 일으킬 수 있는 관련 그림자료를 제시하여 관련된 경험이 있는 학생을 발문으로 이끌어 내어 다른 학생들의 사고를 연결시켜 나간다.

오개념 **오개념을 해결하기 위한 처방활동 – 시범, 설명**

공휴일로 지정된 기념일을 명절로 잘못 알거나, 명절과 기념일을 혼동하는 경우가 있다. 명절과 기념일 카드의 색깔을 다르게 하는 단서를 제공하여 바르게 인지시킨다.

단계	학습 과정 (학습 집단)	교수 · 학습 활동	배움중심 PCK 전략			자료(★) 및 유의점(※)
			배움 주춤	배움 전략	배움 원리	
전개 배움2	조사하기 (모둠)	• **각 명절과 기념일의 특징과 의미 알아보기** – 모둠활동 순서 안내하기 – 조사하고 싶은 명절과 기념일 정하기 – 조사계획 세우기 – 조사하기 – 조사내용 정리하기 • **맞춤형 선택활동하기** – 명절과 기념일에 대해 더 알아보기, 명절과 기념일 관련 사진, 그림카드 놀이 • **조사한 내용 발표하고 공유하기** – 다른 모둠과 결과 비교하기	 난개념 난개념 오개념 난개념 난개념	 설명 시범 매체 설명	 존중 수용 참여 연결 표현 연결	★KWL 모둠 활동판, 달력, 창문 만들기, 달력, 조사 보고서

난개념 **난개념을 해결하기 위한 처방활동 – 설명, 시범**

4~5명으로 구성된 모둠에서 조사할 주제를 정하는 것은 각자의 의견을 제시하고 모으는 과정으로 시간도 많이 걸리고 생각보다 어려울 수 있다. 배움 전략으로 KWL 전략의 과제를 제시하고 시범으로 설명하여, 모둠원들 모두 더 알고 싶은 것을 중심으로 선택할 수 있도록 한다.

난개념을 해결하기 위한 처방활동 – 매체, 시범

조사하는 방법을 알고 있으나, 실제 조사활동에서 적용하는 과정과 조사한 내용을 구체적으로 정리하는 과정을 힘들어할 수 있다. '창문 열기 토의 전략'으로 조사방법을 실제로 어떻게 적용할지를 시범으로 설명하고, 원모양의 매체를 활용하여 쉽게 정리하고 공유할 수 있도록 매체를 제공할 수 있다.

오개념 **오개념을 해결하기 위한 처방활동 – 매체, 설명**

상술에 의한 기념일(~데이)을 기념일로 잘못 알고 있는 경우와 명절의 날짜와 관련하여 음력와 양력에 대한 오개념이 형성되어 있다. 배움 전략으로 달력 매체를 활용하여 직접 확인해 볼 수 있도록 한다.

난개념 **난개념을 해결하기 위한 처방활동 – 매체, 시범**

조사하는 방법을 알고 있으나, 실제 조사활동에서 적용하는 과정과 조사한 내용을 구체적으로 정리하는 과정을 힘들어할 수 있다. '창문 열기 토의 전략'으로 조사방법을 실제로 어떻게 적용할지를 시범으로 설명하고, 원모양의 매체를 활용하여 쉽게 정리하고 공유할 수 있도록 매체를 제공할 수 있다.

단계	학습 과정 (학습 집단)	교수 · 학습 활동	배움중심 PCK 전략			자료(★) 및 유의점(※)
			배움 주춤	배움 전략	배움 원리	
정리	정리하기 평가하기	• **학습한 결과 정리하기** – 판서 내용을 보면서 다시 한 번 정리하기 • **형성평가 실시하기** – 학습 내용과 관련된 문제 제시, 확인하기 • **적용하기** • **차시 예고하기**				★ 학습장 ★ 형성 평가, ppt

학생 배움중심의 교수·학습 과정안(세안)

교과	사회	대상	3학년 ○반	지도교사	○○○	장소	○학년 ○반 교실
단원	3. 다양한 삶의 모습			차시	10/15	교과서	교: 107~108쪽
학습 주제	우리나라의 명절과 기념일 알아보기						
학습 목표	우리나라의 명절과 기념일에 대해 조사하고, 특징과 의미를 알 수 있다.						
지도 중점	본 차시 수업은 우리나라의 명절과 기념일에 대해 조사해 보고, 그 특징과 의미를 파악하는 데 중점을 둔다. 교사의 시범, 예시, 설명과 학생 조사활동과 모둠 토의활동을 통해 문제를 해결하고자 한다. 특히 구조화된 학습 정리를 통해 학습 내용의 명료화와 내면화를 실현시키고자 한다.						
교수·학습 자료	교사	명절과 기념일 관련 사진 자료, 칠판 게시자료					
	학생	KWL차트, 조사활동 자료, 학습장, 그림자료 등					
학습 조직	전체 ➡ 모둠 ➡ 개별 ➡ 모둠 ➡ 전체						

도입(7')

학습 과정 (학습 집단)	교수·학습 활동	배움중심 PCK 전략			자료(★) 및 유의점(※)
		배움 주춤	배움 전략	배움 원리	
마음 열기 전시 학습 상기하기	• **학습 분위기 조성하기** – 반갑게 인사하며 학습 분위기를 조성한다. • **전시 학습 상기하기** – 지난 시간에 배운 내용을 발표한다. – 명절, 기념일의 조사방법 – 달력, 인터넷, 책, 각 기관 누리집 등	선개념	예시 그림	지원 참여	※ 전원참가하도록 한다. ★ 달력, 인터넷, 책 그림자료

선개념

T 지난 시간에 우리나라와 다른 나라의 명절이나 기념일을 조사하는 방법에 대해 배웠는데, 어떤 조사방법이 있었는지 기억을 떠올려 보세요.

S (지난 시간에 배운 내용을 떠올린다.)

T 생각이 난 친구들은 자리에서 일어나 주세요. 생각이 나지 않은 친구들은 이 자료를 보면서 다시 한 번 떠올려 보세요.(달력, 인터넷, 책 그림자료 제시)

S (떠오른 것을 발표하고 같은 생각인 친구들은 자리에 함께 앉는다.)

도입(7')

학습 과정 (학습 집단)	교수 · 학습 활동	배움중심 PCK 전략			자료(★) 및 유의점(※)
		배움 주춤	배움 전략	배움 원리	
동기 유발 (전체)	**• 학습 동기 유발하기** **모순된 정보 제공하기** – 설날에 먹는 음식, 하는 일의 장면을 제시하고 추석이라고 딴청부리기 **어버이날과 관련된 정보 제공하기** – 어버이날에 하는 일의 장면을 제시하고 어떤 날인지 생각해 보기	선개념	사진 매체	추론 참여	★'설날에 먹는 음식과 하는 일' 사진자료

선개념 설날, 추석에 하는 일과 먹는 음식, 어버이날에 하는 일에 대한 선개념을 확인하고 확장해 나간다.

T (세배, 떡국, 세뱃돈의 그림자료와 추석이라는 낱말을 제시한다.) 웃어른들께 세배를 하고 떡국을 먹는 명절을 추석이라고 하는군요.

S 아니에요. 이상해요.

T 그래? 선생님은 맞는 것 같은데, 어떤 점이 이상한가요?

S 추석에 하는 일이 아니라 설날에 하는 일입니다.

T 아! 그렇군요. 그럼, 이 그림과 관련된 기념일은 무엇인지 살펴보세요. (어버이날과 관련된 그림자료를 제시한다.)

도입(7')

학습 과정 (학습 집단)	교수 · 학습 활동	배움중심 PCK 전략			자료(★) 및 유의점(※)
		배움 주춤	배움 전략	배움 원리	
공부할 문제 확인 (전체)	**• 공부할 문제 확인하기** 동기 유발 자료와 교과서 107~108쪽의 사진을 보며 공부할 문제를 찾아본다. **공부할 문제** 우리나라의 명절과 기념일에 대해 조사하고, 그 특징과 의미를 알아 봅시다. 학습 후 도달점 행동을 명확히 알게 한다.	오개념 특징과 의미의 뜻	예시	격려하기 문제 해결 행동 계획 지침 제공	※학생 스스로 공부할 문제를 확인함으로써 자기주도적 학습 태도를 지니게 한다. ※특징과 의미에 대해 설명하여 구체적으로 목표를 인지하도록 한다.

오개념 T 우리나라의 명절과 기념일의 특징과 의미를 알아볼 때, 특징은 날짜, 음식, 하는 일, 놀이이고, 의미는 담긴 뜻이나 마음가짐입니다. 이것들에 대해서 알아보겠습니다.

– 특징과 의미를 구체화한 이미지

도입(7')

학습 과정 (학습 집단)	교수 · 학습 활동	배움중심 PCK 전략			자료(★) 및 유의점(※)
		배움 주춤	배움 전략	배움 원리	
학습 안내	• **공부할 순서 및 방법 탐색하기** 학습 순서 및 학습 활동 방법을 알아본다. 활동1 우리나라의 명절과 기념일 알아보기 활동2 각 명절과 기념일의 특징과 의미 알아보기 맞춤형 선택활동 – 명절과 기념일에 대해 더 알아보기 – 명절과 기념일 관련 사진, 그림카드 놀이하기 정리 우리나라의 명절과 기념일의 특징과 의미 되새기기				※ 학습 활동 안내는 내용과 방법을 자세히 안내하여 자기주도적 학습을 유도한다. ★ 학습 활동 안내자료
학습 규칙 안내	• **학습 규칙 안내하기** – 이야기는 소곤소곤 – 모둠활동은 힘~ 모아 – 발표는 자신 있게 – 즐겁게 공부해요!				※ 이야기는 소곤소곤, 모둠활동은 힘 모아, 발표는 자신 있게, 즐겁게 공부해요 학습 규칙을 인지하도록 한다.

전개(26')

학습 과정 (학습 집단)	교수 · 학습 활동	배움중심 PCK 전략			자료(★) 및 유의점(※)
		배움 주춤	배움 전략	배움 원리	
배움1 정보 수집 (전체)	• **학습 활동 전개하기** 활동1 우리나라의 명절과 기념일 알아보기 • **우리나라의 명절 알아보기** – 알고 있는 명절의 종류 말해보기 ✪ 추석, 설 – 알고 있는 명절 외 다른 명절의 종류를 사진자료로 제시하고, 낱말카드를 활용하여 설명한다. ✪ 한식, 단오, 정월대보름, 동지 – 경험을 중심으로 명절에 한 일을 말해보기 ✪ 차례를 지낸다, 절을 한다 등 – 한 일을 중심으로 명절의 뜻을 한 번 더 정리하고, 우리나라의 4대 명절을 설명한다.	난개념 오개념	매체 설명 단서	도전 개발	※ 허용적인 분위기를 조성하여 학생들이 자유연상법으로 확산적 사고를 할 수 있도록 유도한다. ※ 거품나무구조를 활용하여 도식화하여 정리한다.

난개념

T 여러분들이 알고 있는 명절에는 어떤 것들이 있나요?

S 추석, 설입니다.

T 여러분들이 알고 있는 추석, 설에는 어떤 일을 하였는지 발표해 봅시다.

S 차례를 지낸다. 세배를 하고 용돈을 받았다. 떡국을 먹었다 등

T 여러분들이 말했던 것처럼, 온 가족이 모여서 전통 음식을 먹고, 차례나 성묘를 하고 즐거운 놀이를 하면서 보내는 날을 명절이라고 합니다. 추석이나 설 외에도 한식, 단오 등의 명절이 있습니다.

S (한식과 단오에 대한 관련 경험이 있는 학생들은 발표하고, 핵심 지식을 추론해 볼 수 있다.)

– 한식, 단오의 중요 장면을 그림으로 제시하면서 설명하고 정리한다.

전개(26′)

학습 과정 (학습 집단)	교수 · 학습 활동	배움중심 PCK 전략			자료(★) 및 유의점(※)
		배움 추출	배움 전략	배움 원리	
정보 수집 (전체)	**• 우리나라의 기념일 알아보기** – 알고 있는 기념일의 종류 말해보기 ⓞ 현충일, 어버이날, – 알고 있는 기념일 외 다른 기념일의 종류를 사진자료로 제시하고, 낱말카드를 활용하여 설명한다. ⓞ 식목일, 국군의 날 등 – 우리나라 기념일의 다양한 종류를 예시를 들어 설명한다.	난개념 오개념	매체 설명 단서	도전 개발	※ 허용적인 분위기를 조성하여 학생들이 자유연상법으로 확산적 사고를 할 수 있도록 유도한다. ★ 학습장 ※ 거품나무구조를 활용하여 도식화하여 정리한다.
(개별)	**• 학습 정리하기** – 명절과 기념일의 종류에 대해 알게 된 내용을 도식화하여 정리한다.	난개념	설명 예시	표현	★ 내용 도식화 자료

오개념

T 여러분들이 알고 있는 기념일에는 어떤 것들이 있나요?

S 어버이날이 있습니다.

T 그래요. 어버이날에 감사의 꽃을 달아드리는 행사를 하기도 하지요. 이렇게 나라에서 특별한 하루를 정하여 여러 가지 행사를 하거나 기념식을 하는 날을 기념일이라고 합니다.

T 그럼, ㅇㅇ이는 국군의 날이 명절이라고 생각했었는데, 지금은 어떻게 생각하는지 국군의 날이 적힌 두 가지 색깔 카드 중에서 한 가지를 골라서 칠판에 붙여 보세요.

S (파란색 색깔 카드에 적힌 국군의 날 카드를 붙인다.)

T 그래요. 어버이날이나 국군의 날 외에도 우리나라의 대표적인 기념일로 현충일, 식목일도 있습니다.(색깔 카드로 구분하여 종류를 정리해 볼 수 있도록 한다.)

– 현충일, 식목일, 국군의 날의 중요 장면을 그림으로 제시하면서 설명하고 정리한다.

전개(26')

학습 과정 (학습 집단)	교수 · 학습 활동	배움중심 PCK 전략			자료(★) 및 유의점(※)
		배움 주춤	배움 전략	배움 원리	
배움2 대안 제시 (전체)	활동2 각 명절과 기념일의 특징과 의미 알아보기 **• 모둠활동 순서 안내하기** – 조사하고 싶은 기념일과 명절 정하기 – 조사계획 세우고, 조사하기 – 조사내용 정리하기	난개념 조사 하는 방법	설명 시범	존중 수용	※ 모둠구성은 4명 1조로 하며 상호협력, 배려하여 학습자 중심의 학습이 되게 한다.

난개념

T 각 명절과 기념일의 특징과 의미를 알아보기 위해 모둠활동을 어떤 순서로 하는지 안내하겠습니다.

S (PPT 자료와 선생님의 설명을 들으면서 순서를 정확하게 인지한다.)

– 조사학습 순서 안내 PPT 자료

전개(26')

학습 과정 (학습 집단)	교수 · 학습 활동	배움중심 PCK 전략			자료(★) 및 유의점(※)
		배움 주춤	배움 전략	배움 원리	
대안 제시 (모둠)	**• 조사하고 싶은 명절과 기념일 정하기** – KWL 차트 만들기 – 내가 알고 있는 명절과 기념일에 대한 KWL 차트를 작성한다. ✪ KWL 구조에 맞추어 자신의 생각을 쓴다(혼자 생각하기). ✪ 자기가 쓴 것을 말하고, 모둠활동판에 붙인다. ✪ 더 알고 싶은 내용 중에서 조사하고 싶은 명절과 기념일을 한 가지씩 정한다.	난개념	설명 시범	존중 수용	★ 교사 단어카드 ★ KWL 모둠활동판 ★ 달력, 스마트기기, 관련 책자
	• 조사계획 세우기 – 모둠학습판에 '창문 만들기 구조'를 활용하여 조사계획을 세운다. ✪ 조사내용과 방법을 기록한다. – 조사방법에는 책, 인터넷, 앱 자료가 있음을 알게 한다.	난개념	매체	참여 도전	★ 조사방법 실물자료

난개념 T 선생님은 명절 중에서 설날에 대해서, 기념일 중에서는 어버이날에 대해서 잘 알고 있어요. 그런데 단오와 국군의 날에 대해서 잘 몰라서 더 알고 싶어요. (시범 보이기) 여러분들이 더 알고 싶은 것은 무엇인가요?

S 네, 단오나 한식에 대해서 잘 몰라서 더 알고 싶어요.

T 그렇군요. 여러분들도 알고 있는 것은 무엇이고, 더 알고 싶은 것은 무엇인지 적어 보세요. 적고 난 다음에는 모둠별로 돌아가며 의견을 말하고, 모둠에서 조사하고 싶은 것을 한 가지씩 정해 보세요.

S (알고 있는 내용, 더 알고 싶은 내용을 적어서, 조사할 내용을 모둠별로 정한다.)

전개(26')

학습 과정 (학습 집단)	교수 · 학습 활동	배움중심 PCK 전략			자료(★) 및 유의점(※)
		배움 주춤	배움 전략	배움 원리	
배움2 특징과 의미 정리 (모둠)	• **조사 정리하기** – 각자 조사하고 싶은 내용과 방법에 따라 우리나라의 명절과 기념일에 대해 알아보고 특징과 의미를 정리한다. – 조사한 내용을 모둠별로 돌아가며 말한다. – 모둠발표가 끝나면, 칠판에 게시한다. • **빨리 끝난 모둠은 맞춤별 선택활동을 한다.** – 명절과 기념일에 대해 더 알아보기 – 명절과 기념일 관련 사진, 그림카드 놀이하기	난개념 오개념	매체 매체	표현 반성 연결	※ 궤간순시를 통해 학습상황을 점검하고 도움을 준다. ★ 조사보고서
결과 비교 (개별)	• **조사한 내용 발표하고 나누기** – 다른 모둠과 자신의 모둠의 결과를 잘 살펴본 후, 차이점을 발견한다. – 모둠별 발표를 한 후 발표내용을 판서로 제시한다. ㅇ 학생들이 알고 있는 추석, 설, 어버이날의 특징과 의미에 대해 설명하고 정리하기	난개념	설명	연결	★ 실물화상기 ※ 다른 모둠과 비교하여 어떤 점이 다른지 스스로 알게 유도한다.

난개념 T 명절에 대해 조사한 내용을 정리할 때에는 노란색 원을, 기념일에 대해 조사한 내용을 정리할 때에는 파란색 원을 활용할 수 있습니다. 정리를 다하고 나면, 모둠에서 돌아가며 발표를 하고 칠판에 구분하여 붙여 줍니다.

S (선생님의 시범과 설명에 따라 과제를 협동하여 해결한다.)

오개념 **T** 명절이나 기념일의 날짜를 조사할 때에는 어떤 자료를 활용하면 좋을까요?

S 네, 달력을 활용하면 좋습니다.

T 그래요. 달력에는 양력과 음력이 다 표시되어 있으니, 잘 살펴보아야 합니다. (단서 제공) 그리고 달력에 표시되어 있는 것이 또 무엇이 있는지 살펴보세요.

S 명절이나 기념일이 표시되어 있습니다.

T 요즘 여러분들이 많이 지키려고 하는 다양한 '~데이'들은 우리들이 공부하고 있는 우리나라 기념일인지 잘 살펴보아야 합니다.

정리(7')

학습 과정 (학습 집단)	교수 · 학습 활동	배움중심 PCK 전략			자료(★) 및 유의점(※)
		배움 주춤	배움 전략	배움 원리	
정리 및 평가 (전체)	**• 학습 내용 정리하기** – 학습1, 학습2의 판서 내용을 보며 오늘 공부한 내용을 다시 한 번 정리한다. **• 형성평가 실시하기** – 학습 내용과 관련된 문제를 제시하여 학습의 정도를 스스로 점검한다. (단답형, 선다형, 서술형 문제 등) – 오늘 '우리나라의 명절과 기념일'에 대한 공부를 잘하였는지 스스로 평가해 본다.				※ 학습의 정도를 형성평가로 점검하고 부족한 부분은 주요 내용을 다시 설명하여 피드백한다. ★ 형성평가, PPT
정리 및 적용	– 오늘 공부한 느낌을 PMI 기법으로 정리하여 발표한다. ○ 새롭게 알게 된 점이나 좋았던 점은? ○ 어려웠거나 아쉬웠던 점은? ○ 재미있었거나 칭찬해 주고 싶은 점은? **• 실생활에 적용하기** – 우리나라의 기념일이 되지 못한 10월 25일 독도의 날에 대해 생각을 나누어 본다.				※ PMI 기법으로 사고력과 비판력을 높이도록 한다. ★ 독도의 날 관련 사진
차시 예고	**• 차시 예고하기** – 다음 시간에는 세계 여러 나라의 명절과 기념일을 공부하게 될 것임을 알게 한다.				★ 다른 나라의 명절 장면

평가 계획

평가 영역	평가 내용	평가 시기	평가자	평가 방법	평가 척도
지식 기능 태도	우리나라 명절, 기념일의 종류와 특징과 의미를 알고 있는가?	활동1, 2	교사 학생	관찰법 자기평가	상 중 하
	우리나라 명절, 기념일의 특징과 의미를 주어진 자료를 활용하여 조사할 수 있는가?	활동2	교사 학생	산출물 자기평가	상 중 하
	우리나라의 명절과 기념일에 담긴 의미를 이해하고 존중하는 태도를 가지는가?	전 과정	교사	관찰법	상 중 하

수업 후기

이미경
김해 장유초등학교 교사

학생 배움중심의 사회과 PCK 수업 설계를 하고 실제로 수업에 적용하면서 3학년 학생들의 수준에 맞춘 수업으로 학생들의 배움이 일어났는지에 대하여 내 자신의 수업을 되돌아보았다.

'우리나라의 명절과 기념일 알아보기' 수업을 준비하면서 수업 전 가장 고민한 부분은 3학년 학생들에게 다소 어려울 수도 있는 본시 내용을 어떻게 하면 조금이라도 더 쉽게, 흥미를 유도하며 학습할 수 있도록 할 것인가 하는 것이었다. 그래서 수업의 내용과 방법이 균형을 이루는 사회과 수업을 위해 PCK 교수법을 기반으로 수업을 설계하고자 하였던 것이다.

내용적 측면에서 본시 수업을 준비할 때 어려웠던 점은 명절과 기념일이라는 제재의 특성상 그 범위와 내용이 너무 광범위해서 3학년 학생 수준에 맞는 범위와 내용을 어떻게 결정할 것인가 하는 것이었는데, 교과서와 교사용 지도서, 사회과 교수학습 참고자료, 명절과 기념일 관련 도서 등을 참고하여 우리나라의 대표적인 4대 명절과 학생들의 생활과 관련이 깊은 기념일을 중심으로 수업 시간에 다루어야 할 명절과 기념일의 종류를 결정할 수 있었다.

방법적 측면에서는 학생들의 선개념을 활용한 KWL 차트 만들기와 창문 만들기 구조를 활용하여 학생 개개인의 아이디어를 먼저 생성한 다음 모둠별 토의토론 학습과 조사학습이 효과적으로 이루어지도록 유도하였다.

수업 중 나타난 오개념으로는 명절과 기념일, 국경일을 각각 구분하지 못하거나 개인적인 기념일과 국가 기념일을 혼동하는 경우가 있었고, 난개념으로는 명절의 의미나 유래, 음력과 양력의 구분 등이 있었고, KWL 차트 만들기나 창문 만들기 구조 활용 등 수업의 방법적 측면에서도 훈련되어 있지 않은 학생들에게는 다소 어려움이 있었다.

수업을 마친 후엔 늘 아쉬움이 남는데, 이번 수업도 역시 마찬가지였다. 흔히 수업의 왕도가 없다고 하는데, 최고의 수업도 없음을 느낀다. 그렇지만 최고보다는 최선을 찾는 것을 목표로, 수업 설계 단계에서부터 쏟은 연구와 열정, 무수한 시행착오와 고민의 결과인 이번 수업은 학생의 적극적인 수업 참여와 학생 간 또는 학생과 교사 간의 역동적인 상호작용을 이끌어 냄으로써 학생을 성장시키고 또한 교사인 나도 성장하는 계기가 되었음을 확신한다.

4 CoRe 활용 학생 배움중심의 과학과 PCK 수업 설계

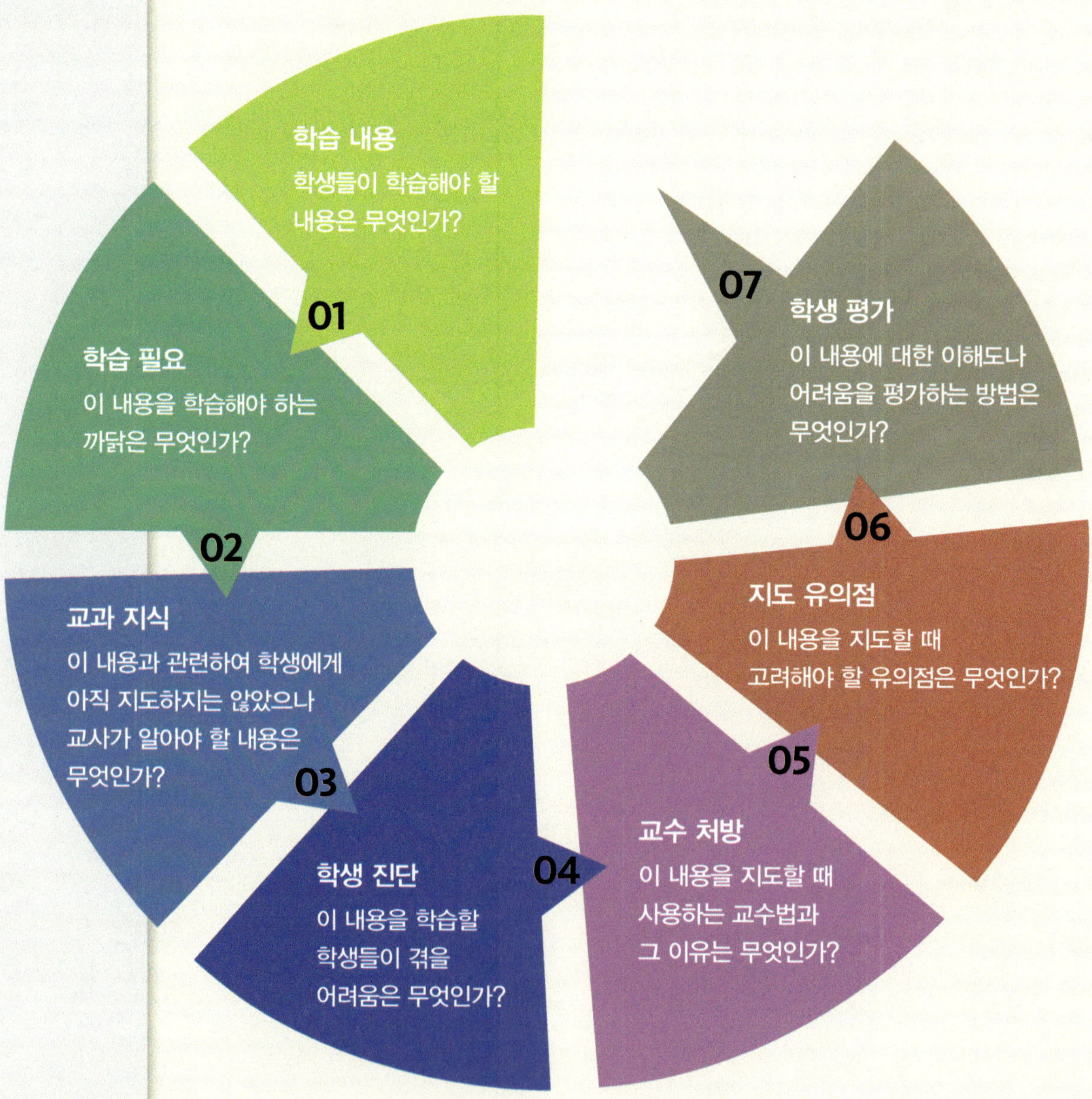

01

학습 내용

학생들이 학습해야 할 내용은 무엇인가?

이 단원은 우리 주변에서 볼 수 있는 식물들에 대한 흥미와 관심을 높이고 주변의 식물에 대한 탐구심을 높일 수 있도록 하는 단원입니다. 그리고 여러 가지 식물에 대한 관찰을 통하여 식물의 형태 및 사는 장소의 다양성에 대한 이해를 얻도록 합니다.

단원의 지도 내용

- 주변의 식물을 관찰하고 식물의 다양한 생김새 이해
- 다양한 식물을 관찰하고 사는 곳에 따른 식물의 특징 이해
- 식물이 우리 생활에 어떻게 이용되는지 찾기

교과서 살펴보기 | **단원 도입 살펴보기**

학년 학기

4학년 2학기

단원(차시)

1. 식물의 세계(3/10)

학습 주제

잎의 생김새와 특징 관찰하기

교과서의 단원 도입을 살펴보고 그림과 질문을 통해 단원의 학습 목표가 무엇인지 먼저 확인한다.

우리 주변에는 많은 식물이 살고 있다. 위와 같은 질문을 통해 식물의 생김새와 식물이 사는 곳에 따른 특징을 공부할 것임을 알 수 있다.

이 수업은 3차시 수업으로 잎의 생김새를 관찰하고 분류 기준에 따라 식물을 분류하는 수업입니다.

이 수업의 학습 문제인 잎의 생김새를 관찰하고 그 특징에 따라 식물을 분류하기 위해서는 잎을 관찰하는 방법을 알아야 하고 분류하는 기준도 정해야 합니다.

본시의 학습 문제

- 잎의 생김새와 특징을 관찰하여 봅시다.

본시 학습의 교과서 살펴보기

잎의 생김새와 특징을 관찰하여 봅시다

식물은 보통 잎, 줄기, 뿌리를 가지고 있으며 꽃을 피우고 열매를 맺기도 합니다. 이러한 각 부분의 생김새는 식물마다 제각각입니다.

여러 식물의 잎을 모아 생김새와 특징이 비슷한 것끼리 분류하여 봅시다.

잎은 모양이 둥근 것과 길쭉한 것, 잎 둘레가 매끈한 모양인 것과 톱니 모양인 것, 홑잎인 것과 겹잎인 것 등으로 나눌 수 있습니다.

본시의 학습 문제

교사의 고민 :
우리 주변에 있는 여러 식물들 중에서 어떤 식물들의 잎을 수집해서 관찰해야 할까?

식물의 잎의 생김새를 관찰하고 그 특징에 따라 분류하기 위해서는 분류 기준을 정해야 하는구나!

따라서 이 수업에서 학생들은 여러 가지 식물의 잎을 관찰하는 방법을 알고 그에 따라 잎의 생김새를 관찰하고 분류 기준에 따라 식물을 분류해야 합니다. 그리고 잎이 줄기에 달린 모양도 관찰하고 그 특징에 따라 식물을 분류함으로써 학생들의 과학 탐구 능력을 기를 수 있습니다.

본시의 학습 요소

1. 잎의 생김새 살펴보기
2. 잎의 생김새에 따라 식물 분류하기
3. 잎이 줄기에 달린 모양에 따라 식물 분류하기

과학과

해 보기

잎이 줄기에 달린 모양 비교하기

1 여러 가지 식물의 잎이 줄기에 달린 모양을 관찰하여 봅시다.

2 줄기 아랫부분부터 잎이 달린 순서를 표시하고 마주나기잎, 어긋나기잎, 돌려나기잎, 무리지어나기잎으로 나누어 봅시다.

3 잎이 줄기에 달린 모양에 따라 식물을 분류하여 봅시다.

여러 가지 식물의 잎이 줄기에 달린 모양을 관찰하고 비교하는구나!

마주나기잎

▲ 개나리

어긋나기잎

▲ 참나리

돌려나기잎

▲ 잔대

무리지어나기잎

▲ 은행나무

잎이 줄기에 달린 모양에 따라 식물을 마주나기잎, 어긋나기잎, 돌려나기잎, 무리지어나기잎으로 나눌 수 있도록 지도해야겠구나.

02

학습 필요

이 내용을 학습해야 하는 까닭은 무엇인가?

잎의 생김새와 특징을 관찰해야 하는 까닭을 찾기 위해서는 반드시 교사용 지도서를 살펴보아야 합니다. 단원 개관을 살펴보면, 단원 소개에서 이 내용을 학습해야 하는 이유를 찾을 수 있으며, 단원의 학습 목표 네 가지 중에서 첫 번째의 학습 목표인 '주변의 식물을 관찰하고 식물의 다양한 생김새를 이해한다.'가 바로 본시 학습 목표와 관련이 있음을 알 수 있습니다.

교사용 지도서 살펴보기

본 단원을 지도하는 이유를 알 수 있구나!

소개

식물의 세계를 다룬 이 단원을 통하여 우리 주변의 다양한 식물을 관찰하여 봄으로써 식물의 다양성에 대한 이해를 돕고 서식지에 따라 생김새와 크기가 달라짐을 알며, 이러한 차이가 주변 환경에 대한 적응 현상과 밀접한 관련이 있음을 이해하게 한다. 또, 식물이 우리 생활과 밀접한 관계를 가지고 있으며 다양한 방법으로 이용되고 있음을 알 수 있게 한다.

우리 주변에서 쉽게 볼 수 있는 식물들을 통하여 식물에 대한 관심과 탐구심을 높이고, 주변의 식물들에 대한 관찰을 통하여 식물의 공통된 구성 부분을 찾아내고 다양한 식물의 생김새를 이해하며, 각 식물이 사는 곳에 따라 다른 특징을 가지고 있음을 알 수 있게 한다.

한편 식물은 사람의 식생활을 비롯하여 의생활, 주생활, 약재, 여가 등 많은 용도로 사용되고 있음도 알게 한다.

단원의 학습 목표이구나!

습 목표

1. 주변의 식물을 관찰하고 식물의 다양한 생김새를 이해한다.
2. 다양한 식물을 관찰하고 사는 곳에 따른 식물의 특징을 이해한다.
3. 식물이 우리 생활에 이용되는 예를 찾고 다양한 쓰임에 대하여 이해한다.
4. 주변의 다양한 식물을 관찰하고 식물을 아끼고 보호하는 태도를 가진다.

습 계열

사전 학습	식물의 세계	후속 학습
▣ 1학년 1학기 ··· 슬기로운 생활 : 봄맞이, 즐거운 여름 ▣ 2학년 1학기 ··· 슬기로운 생활 : 가을 마당	▣ 중단원 1: 식물의 생김새 • 학교 주변에서 자라는 식물의 이름과 특징 알아보기 • 잎의 생김새와 특징 관찰하기 • 줄기의 생김새와 특징 관찰하기 • 뿌리의 생김새와 특징 관찰하기 • 꽃과 열매의 생김새와 특징 관찰하기 ▣ 중단원 2: 식물이 사는 곳	▣ 5학년 1학기 ··· 과학 : 식물의 구조와 기능 ▣ 5학년 1학기 ··· 과학 : 작은 생물의 세계

03

교육과정 교과 지식

이 학습 내용과 관련하여 교사가 알아야 할 내용은 무엇인가?

본시 학습 내용을 더 잘 가르치기 위해서는 교사가 미리 알아 두어야 할 관련 내용이 있습니다. 그 중에서도 가장 먼저 알아 두어야 할 내용은 식물과 관련한 학습의 계열입니다. 이것은 본시 학습 내용의 가르칠 범위를 결정하는 데 도움을 줍니다. 또한 식물과 식물은 어떻게 분류하는지에 대한 배경 지식을 알아 두어야 합니다. 이러한 배경 지식이 있으면 학생들이 식물과 관련하여 여러 가지 질문을 던졌을 때 학생의 수준이나 상황을 고려하여 적절한 답을 할 수 있습니다.

학습의 계열

선수 학습	• 1학년 1학기: 슬기로운 생활 – 봄맞이, 즐거운 여름 • 2학년 1학기: 슬기로운 생활 – 가을 마당 • 4학년 1학기: 과학 – 식물의 한살이	
본시 학습	• 4학년 2학기: 과학(1. 식물의 세계) 중단원 1 : 식물의 생김새 – 학교 주변에서 자라는 식물의 이름과 특징 알아보기 – 잎의 생김새와 특징 관찰하기 – 줄기의 생김새와 특징 관찰하기 – 뿌리의 생김새와 특징 관찰하기 – 꽃과 열매의 생김새와 특징 관찰하기	중단원 2 : 식물이 사는 곳 – 들과 숲에 사는 식물의 특징 알아보기 – 연못이나 강가에 사는 식물의 특징 알아보기 – 높은 산과 사막, 바닷가에 사는 식물의 특징 알아보기
후속 학습	• 5학년 1학기: 과학 – 식물의 구조와 기능 • 5학년 1학기: 과학 – 작은 생물의 세계	

교과 핵심 지식

이 수업은 식물의 잎을 관찰하는 내용으로 식물에 대한 교사의 배경 지식이 필요합니다. 그러므로 식물은 어떻게 구성되어 있고, 그 특징은 무엇인지를 폭넓게 알고 있다면 학생들의 다양한 사고를 수용하고 돌출되는 궁금증을 해결하는 데 도움이 될 것입니다.

여기서 잠깐!

식물이란?

식물은 동물, 균류, 원생생물, 원핵생물과 함께 생물계를 구성하고 있다. 식물은 다음과 같은 특징을 보인다. 첫째, 식물은 성장과 생명 유지에 필요한 에너지를 스스로 얻는다. 식물은 물과 이산화탄소, 태양에너지를 이용하여 녹말을 만들어 내는데, 이것을 광합성이라고 한다. 광합성은 주로 식물의 잎에 있는 엽록체에서 이루어진다. 둘째, 식물은 스스로 이동할 수 없다. 처음 싹이 틀 때 뿌리가 자리 잡은 곳에서 이동하지 않고 죽을 때까지 한 장소에서 살아간다. 셋째, 식물은 죽을 때까지 계속해서 자란다. 광합성을 통하여 양분을 만들어 내는 기간 동안 계속해서 자라며 기온이 낮은 겨울에는 성장이 멈추기도 한다. 넷째, 생식 기관으로는 꽃과 홀씨주머니(포자낭) 등이 있다.

우리 주위의 식물들의 모습은 저마다 다릅니다. 식물의 전체적인 모양과 크기, 색깔을 비교해 보면 식물의 생김새나 특징이 매우 다양하다는 것을 알 수 있지요. 따라서 식물을 자세히 관찰하면, 생김새와 특징에 따라 기준을 세워 식물을 분류할 수 있어요. 생김새에 따라 이름이 붙여진 식물도 있고, 그 식물이 가지고 있는 특징에 따라 이름이 붙여진 식물도 있습니다. 그러나 식물은 공통적으로 뿌리, 줄기, 잎, 꽃, 열매나 씨로 구성되어 있습니다.

여기서 잠깐!

재미있는 식물 이름

사람들은 식물에 이름을 붙일 때, 식물이 사는 곳, 전체적인 생김새, 크기, 꽃의 색깔 등의 특징이 잘 드러나도록 이름을 붙이기도 한다. 이러한 특징은 식물 이름의 앞 글자에 나타나는 경우가 많다. 예를 들면 산부추, 산수국은 산에 사는 식물이다. 벌개미취, 벌노랑이는 벌판에 사는 식물이라서 앞 글자가 벌이다. 또 잎이 우산처럼 생긴 우산나물, 털이 나 있는 털머위도 앞 글자를 보면 식물의 생김새를 짐작할 수 있다. 또는 이름 전체가 그 식물의 특징을 나타낼 수도 있다. 잎이 두꺼워 불 속에 넣으면, 타면서 '꽝꽝'하는 소리가 난다고 해서 이 나무는 꽝꽝나무라는 이름이 붙여졌다.

이 수업에서는 우리 주변의 다양한 식물의 잎을 수집하여 관찰하게 됩니다. 지구상에는 다양한 종류의 식물이 있으며 그 식물은 어떻게 분류하는지를 교사가 알고 있어야 학생들의 질문에 적절하게 대처하고 바르게 설명할 수 있을 것입니다.

여기서 잠깐!

식물은 어떻게 분류하나요?

지구상에는 35만 종의 식물이 살고 있다. 이렇게 많은 식물은 선태식물(이끼류), 양치식물(고사리류), 꽃식물(겉씨식물, 속씨식물) 등으로 분류할 수 있다. 이 가운데 겉씨식물과 속씨식물은 꽃이 피고 씨가 맺히는 '꽃식물'이라고 하며, 선태식물과 양치식물은 꽃이 피지 않는 식물로 '민꽃식물'이라고 부른다.

본 수업에서 잎의 생김새와 특징에 따라 식물을 분류하게 됩니다. 식물은 잎, 줄기, 뿌리, 꽃, 열매로 이루어져 있어요. 그리고 식물을 관찰할 때에는 시각, 청각, 후각, 미각, 촉각을 모두 이용하고 전체의 모양을 먼저 관찰한 다음 부분의 모양을 자세하게 관찰해야 합니다. 식물의 잎은 모양과 크기, 잎 둘레의 모양, 잎자루에 붙은 잎의 수가 제각각이란 사실을 알 수 있습니다. 그리고 잎이 줄기에 달린 모양도 비교하여 식물을 관찰하게 됩니다.

여기서 잠깐!

잎의 생김새에 따른 식물 분류하기와 잎이 줄기에 달린 모양에 따른 식물 분류하기

잎의 모양이 둥근 것과 길쭉한 것, 잎 둘레가 매끈한 모양인 것과 톱니 모양인 것, 홑잎인 것과 겹잎인 것 등으로 나눌 수 있다. 둥근 모양의 잎을 가진 식물에는 연과 자라풀이 있고 길쭉한 모양의 잎을 가진 식물에는 붓꽃과 자주달개비가 있다. 잎 둘레가 매끈한 식물에는 부레옥잠, 감, 목련 등이 있고 잎 둘레가 톱니 모양인 식물에는 엉겅퀴, 벚나무, 버드나무, 밤나무 등이 있다. 홑잎인 식물에는 복숭아나무와 벚나무가 있고 겹잎인 식물에는 아까시나무와 콩이 있다.

잎이 줄기에 달린 모양에 따라 마주나기잎, 어긋나기잎, 돌려나기잎, 무리지어나기잎으로 식물을 분류할 수 있다. 마주나기잎에는 개나리, 쥐똥나무, 별꽃 등이 있고 어긋나기잎에는 해바라기, 참나리, 강낭콩, 느티나무, 강아지풀 등이 있다. 그리고 돌려나기잎에는 잔대, 돌나물, 검정말 등이 있고 무리지어나기잎에는 소나무, 은행나무 등이 있다.

04

학생 진단

이 내용을 학습할 학생들이 겪을 어려움은 무엇인가?

본시 학습 내용에 대한 성취도를 높이기 위해서는 학습 내용의 핵심적인 지식과 이에 대한 학생들의 이해도가 어떤지, 학생들의 이해도를 높이는 데 방해되는 걸림돌이 무엇인지 미리 예상하거나 실태를 파악하고 걸림돌을 제거하거나 이해도를 높이기 위한 대비책을 마련해 두는 노력이 필요합니다. 여기서는 학습 내용의 핵심 지식을 먼저 알아보고, 이에 대한 학생들의 이해도나 어려움에 어떤 것이 있는지 살펴봅니다.

학습 내용

핵심 지식 : 잎의 생김새와 특징에 따라 식물 분류하기

본시 학습에서 학생들에게 꼭 가르쳐야 할 두 가지 핵심 지식의 내용입니다.

핵심 지식 1 잎의 생김새에 따라 식물 분류하기

- 학교 화단이나 운동장 주변의 식물을 직접 관찰하거나 채집하여 교실에서 관찰할 수 있으며, 분류 기준에 따라 식물의 잎을 분류할 때에는 적당한 식물을 골라서 관찰하도록 해야 한다.
- 둥근 모양의 잎과 길쭉한 모양의 잎으로 분류하기에는 연, 자라풀, 붓꽃, 자주달개비가 적당하고, 큰 잎과 작은 잎으로 분류하기에는 호박, 배추, 토끼풀, 개구리밥이 좋을 것이다.
- 둘레가 매끈한 잎과 둘레가 톱니 모양인 잎으로 분류하기에는 부레옥잠, 감, 벚나무, 느티나무가 적당하고, 홑잎과 겹잎으로 분류하기에는 복숭아나무, 벚나무, 아까시나무, 콩이 좋을 것이다.

핵심 지식 2 잎이 줄기에 달린 모양에 따라 식물 분류하기

- 식물의 잎이 줄기에 달린 모양이 다양함을 관찰하고, 줄기 아랫부분부터 잎이 달린 순서를 표시하며 잎이 줄기에 달린 모양에 따라 식물을 분류한다.
- 잎이 줄기에 달린 모양에 따라 마주나기잎, 어긋나기잎, 돌려나기잎, 무리지어나기잎으로 분류한다.
- 개나리와 같이 줄기에 잎이 두 장씩 마주 보며 난다고 마주나기잎이라 하고, 참나리, 강아지풀과 같이 줄기에 잎이 한 장씩 어긋나게 붙어 난다고 어긋나기잎이라고 한다.
- 잔대, 도라지는 줄기에 잎이 세 장 이상 돌려 난다고 돌려나기잎이라 하고, 소나무, 은행나무와 같이 여러 개의 잎이 줄기의 한 부분에 무리지어 난다고 무리지어나기잎이라 한다.

민들레, 배추와 같이 잎이 뿌리 부분에서 붙어 난다고 뿌리나기잎이라고 한다. 뿌리나기잎은 일반적인 식물의 모양과 많이 다르기도 하며 주변에서 많이 발견되지 않는 경우이므로 이를 제외한 네 가지 잎차례로만 분류한다.

여기서 잠깐!

핵심 지식으로 추가할 내용이 있다면 적어 보세요.

선개념

본시 학습 내용인 '식물'과 관련하여 이미 배운 내용(선개념) 중에서 본시 학습을 방해하는 내용을 살펴보아야 합니다. 만약 이 내용에 대한 학생들의 이해가 부족할 때에는 보충 지도를 하여 이해도를 향상시킨 후 본시 학습을 지도해야 본시 학습의 성취도를 높일 수 있습니다. 또한 이 내용 중에서 오개념이 형성된 경우에는 반드시 오개념을 바로잡아 주어야 본시 학습 내용에 대한 이해도가 높아질 것입니다. 선개념이 무엇인지 찾

기 위해서는 관련 선수 학습 내용을 확인하면 됩니다. 본시 학습인 '식물'과 관련한 선수 학습 내용을 먼저 살펴본 후, 그 중에서 본시 학습을 위해 꼭 알아야 내용을 찾으면 됩니다.

⊙ '식물' 관련 단원의 선수 학습 내용

4-1. 과학: 3단원 식물의 한살이

- 한살이를 관찰하기에 적합한 식물 알아보기(1/11)
- 여러 가지 씨앗 관찰하기(2/11)
- 씨앗이 싹트는 데 필요한 조건 확인하기(3/11)
- 씨앗이 싹트는 과정 알아보기(4/11)
- 식물의 한살이를 관찰하기 위해 씨앗 심기(5/11)
- 식물이 자라는 데 필요한 조건 알아보기(6/11)
- 잎과 줄기가 자라는 모습 알아보기(7/11)
- 꽃과 열매가 자라는 모습 알아보기(8/11)
- 식물의 한살이 알아보기(9/11)
- 식물의 한살이 비교하기(10/11)
- 되짚어보기/확인하기/과학 글쓰기(11/11)

4-2. 과학: 1단원 식물의 세계

- 학교 주변에서 자라는 식물의 이름과 특징 알아보기(1~2/11)

선수 학습 내용 중에 본시 학습을 위해 학생들이 반드시 알고 있어야 할 개념에는 이런 것이 있습니다.

⊙ 학생들이 이미 알고 있어야 할 개념

- 식물의 구성 요소(뿌리, 줄기, 잎, 꽃과 열매)
- 식물을 관찰하는 방법

여기서 잠깐!

선개념에 추가할 내용이 있다면 적어 보세요.

알아두기

학생들이 잘 이해하고 있는지 확인해 보세요.

1) 식물의 구성 요소

– 식물은 크게 뿌리, 줄기, 잎, 꽃으로 구성되어 있다. 그런데 뿌리, 줄기, 잎은 주로 영양과 생장에 관계되는 일을 하기 때문에 '영양기관'이라고 하고, 꽃은 번식을 담당하기 때문에 '생식기관'이라고 한다.

2) 식물을 관찰하는 방법

– 식물의 관찰에는 오감(시각, 청각, 후각, 미각, 촉각)을 이용해야 한다. 잎의 생김새를 관찰할 때에는 시각과 촉각을 주로 이용한다. 식물의 전체적인 모양을 먼저 관찰하고, 부분의 모양을 자세히 관찰해야 한다.

난개념

본시에서 학습해야 할 내용 중에서 학생들이 이해하기 어려워하는 내용(난개념)이 무엇인지 미리 알아 두어야 합니다. 가장 기본적인 난개념은 학습 목표와 관련이 있습니다. 본시 학습의 난개념을 좀 더 자세히 살펴보기로 할까요?

난개념 1 잎의 생김새에 따라 식물을 분류하기가 어렵다.

- 잎 전체의 모양, 잎의 둘레의 모양, 잎의 크기, 잎의 두께 등을 자세히 관찰하지 못한다.
- 잎의 공통점과 차이점을 찾아보고 분류 기준을 정하지 못한다.
- 분류 기준에 따라 식물을 분류하지 못한다.

난개념 2 잎이 줄기에 달린 모양에 따라 식물을 분류하기가 어렵다.

- 줄기 아랫부분부터 잎이 달린 순서를 자세히 관찰하지 못한다.
- 잎이 줄기에 달린 모양의 차이점을 찾아보면서 분류 기준을 정하지 못한다.
- 분류 기준에 따라 식물을 분류하지 못한다.

여기서 잠깐!

난개념에 추가할 내용이 있다면 적어 보세요.

오개념

본시에서 학습해야 할 내용과 관련하여 학생들이 이미 갖고 있는 선개념 중에서 잘못 알고 있거나 본시 학습 중에 잘못 이해할 가능성이 있는 내용이 무엇인지도 파악해야 합니다. 이것을 오개념이라고 합니다. 특히 본시 수업에서는 학생은 물론, 교사 가운데에도 식물의 생김새에 따라 식물을 분류하거나 잎이 줄기에 달린 모양에 따라 식물을 분류하는 데 익숙하지 않아 혼란스러워하는 경우를 쉽게 볼 수 있습니다. 흔히 볼 수 있는 오개념에는 어떤 것들이 있는지 예시를 통해 같이 고민해 보기로 할까요?

오개념 돌려나기잎과 마주나기잎을 구분하지 못한다.

- 같은 높이의 줄기에 잎이 붙어 있기 때문에 돌려나기잎과 마주나기잎을 구분하지 못한다.
- 같은 높이의 줄기에 2장의 잎이 돌려 나있기 때문에 마주나기잎을 돌려나기잎이라고 생각한다.
- 같은 높이의 줄기에 2장 이상의 잎이 마주 보며 나있기 때문에 돌려나기잎을 마주나기잎이라고 생각한다.

여기서 잠깐!

오개념에 추가할 내용이 있다면 적어 보세요.

흥미, 태도

본시 수업 내용은 잎의 생김새에 따라 식물을 분류하면서 식물에 따라 잎의 생김새가 다양함을 알게 하고, 생활 주변에서 볼 수 있는 다양한 식물에 대한 관심을 가지고 관찰하는 태도를 길러 주어야 한다. 따라서 본시 학습과 관련한 학생들의 흥미나 태도 등을 살펴보고, 학습 목표 도달과 관련하여 지도해야 할 내용을 찾아보기로 하지요.

- 생활 주변에서 많은 종류의 식물을 볼 수 있지만, 그 다양한 식물의 잎에 대해 관심을 가지고 관찰하지 못하고 무관심하게 지나친 경우가 많다.
- 여러 가지 식물 잎을 채집하고 그 생김새를 관찰하는 활동에 대한 학생들의 흥미는 높은 편이다.
- 식물 잎의 생김새가 식물에 따라 차이가 없고 비슷하다고 생각한다.
- 잎의 생김새를 관찰할 때 잎 전체의 모양, 잎의 둘레 모양, 잎의 크기, 잎의 두께 등을 자세히 관찰하지 않는다.
- 잎이 줄기에 달린 모양이 식물에 따라 다름을 찾으려는 태도가 부족하다.

여기서 잠깐!

흥미, 태도와 관련하여 추가할 내용이 있다면 적어 보세요.

05

교수 처방

이 학습 내용을 지도할 때 사용하는 교수법과 사용 이유는 무엇인가?

본시 수업 내용은 '잎의 생김새와 특징을 관찰하고 분류하기'입니다. 앞에서 살펴본 학생들의 이해도, 즉 선개념, 난개념, 오개념을 지도하기 위해서는 학생 이해도의 내용 및 수준에 따라 적절한 표상 방법을 활용한 교수 처방이 필요하고, 이를 뒷받침하기 위해서는 교사와 학생의 상호작용을 활발하게 하는 수업 대화가 필요한데, 이것은 대체적으로 마중물 수업 전략으로 가능합니다. 따라서 교수법을 연구할 때에는 배움 전략과 배움 원리를 함께 연구해야 합니다.

[전시 학습] 단계에서의 선개념과 교수 처방

선개념 ➔ **식물을 이루는 부분에 대해 알아보기**
① 지난 시간에 배운 식물에 대해 생각한다.
② 봉숭아 실물을 제시한다.
③ 식물을 이루는 부분을 파악한다.

실물 ➔ 학교 주변에서 많이 볼 수 있는 봉숭아를 보여 주면서 식물을 이루는 부분을 찾을 수 있도록 한다.

연결하기 ➔ 4학년 1학기 '식물의 한살이' 단원에서 배운 내용을 상기하면서 이번 시간에 배울 내용과 연결 짓도록 한다.

교사 지난 시간에 배운 학교 주변의 식물에는 어떤 것들이 있었나요?

학생 장미, 무궁화, 강아지풀, 봉숭아입니다.

교사 (학교 화단에서 수집한 봉숭아나무 실물을 보여준다.)
선생님이 우리 학교 화단에 있는 식물을 가지고 왔어요. 잘 보이나요? 식물의 이름은 무엇인가요?

학생 봉숭아입니다.

교사 1학기 때 '식물의 한살이' 단원에서 식물의 몸은 어떻게 구성되어 있는지를 배웠지요. 그러면 이 봉숭아의 몸은 어떻게 구성되어 있을까요?

학생 뿌리, 줄기, 잎으로 이루어져 있어요.

교사 그렇죠! 그리고 꽃도 피고 열매를 맺기도 합니다.

[배움 1] 단계에서의 선개념과 교수 처방

선개념	**잎의 생김새를 관찰하는 방법 알아보기** ① 잎을 관찰해 본 경험을 생각한다. ② 연꽃 잎의 그림을 칠판에 제시한다. ③ 잎을 관찰하는 방법을 파악한다.
그림, 단서	– 학교의 연못에서 볼 수 있는 연꽃 잎의 그림을 보면서 잎을 관찰하는 방법을 찾을 수 있도록 한다. – 식물의 잎을 관찰할 때에는 오감 중에서 시각을 주로 이용해야 하는 이유를 알도록 단서를 제공한다.
연결하기 수용하기	4학년 1학기 '식물의 한살이' 단원에서 배운 씨앗을 관찰하는 방법을 상기하면서 잎을 관찰하는 방법으로 연결 짓도록 한다.

교사 여러분, 우리 주변에 식물들이 많죠. 어떤 식물들이 있나요?

학생 향나무, 강아지풀, 호박, 소나무, 봉숭아, 연꽃입니다.

교사 지난 시간에 배운 식물을 잘 알고 있네요. 그러면 이런 식물들의 잎을 관찰할 때에는 어떻게 하면 좋을지 생각해 봐요.

교사 (연꽃 잎의 그림을 칠판에 보여 준다.)

교사 여기에 연꽃 잎이 있어요. 잎을 어떻게 관찰하면 될까요?

학생 눈으로 모양을 관찰해요.

학생 냄새를 맡아 봅니다.

학생 손으로 만져 볼 수도 있어요.

교사 잎을 관찰할 때에는 오감 중에서 시각을 주로 이용합니다. 그리고 잎의 전체를 관찰하고 나서 부분을 관찰하는 것이 좋아요. 그런데, 맛을 보면 어떨까요?

학생 독이 있을 수도 있어 위험해요.

교사 그래요. 맛은 보지 않습니다. 또 잎의 어떤 곳을 관찰하면 될까요?
(잎의 가장자리를 손짓한다.)

학생 잎의 가장자리의 모양을 관찰해요.

교사 좋아요. 잎의 전체적인 모양, 가장자리의 모양, 크기, 두께 등 다양하게 관찰해 봅니다.

[배움 2] 단계에서의 난개념과 교수 처방

난개념 ➔ **잎의 생김새에 따른 식물의 분류 기준 정하기**

① 관찰한 잎의 생김새가 다양함은 생각하나 잎의 공통점과 차이점을 정확하게 파악하지 못한다.

② 잎의 생김새를 분류하기 위한 기준을 찾는 데 어려워한다.

그림, 시범 ➔ 연꽃, 강아지풀, 감나무, 느티나무, 단풍나무, 아카시아 잎의 그림을 각각 제시하여 보면서 잎의 생김새에 따른 식물의 분류 기준을 제시한다.

수용하기 연결하기 ➔ 대비되는 두 장의 잎의 그림을 보여 주면서 차이점을 찾도록 학생들의 생각을 수용하며, 잎의 생김새에 따른 식물의 분류 기준을 정할 수 있도록 유도한다.

교사 여러 가지 잎의 모양을 관찰해 보았어요. 관찰한 잎의 모양은 어떠했나요?

학생 다양했어요.

교사 응, 맞아요. 이런 다양한 모양의 잎을 분류해 보도록 해요. 그럼, 잎을 분류하려면 뭐가 있어야 할까요?

학생 분류 기준입니다.

교사 잎을 분류하는 기준에는 어떤 것들이 있나요? (잠시 기다린다.) 기준을 찾기 힘들면 잎들의 같은 점과 다른 점을 생각해 봐요.

(연꽃 잎과 강아지풀 잎의 그림을 칠판에 제시한다.)

여기에 연꽃 잎과 강아지풀 잎이 있어요. 잎 모양의 차이점은 무엇일까요?

학생 연꽃 잎은 둥글고 강아지풀 잎은 길쭉해요.

교사 맞아요. 잎 전체의 모양을 자세히 관찰하면 연꽃 잎은 둥근 모양이고 강아지풀 잎은 길쭉한 모양입니다. 그래서 잎 전체의 모양을 보고 둥근 모양과 길쭉한 모양으로 분류하면 됩니다.

(감나무 잎과 느티나무 잎의 그림을 칠판에 제시한다.)

이번에는 감나무 잎과 느티나무 잎의 둘레 모양을 잘 보세요. 차이점은 무엇일까요?

학생 감나무는 매끈하고 느티나무는 톱니모양입니다.

교사 그렇죠. 잎의 가장자리의 모양을 자세히 관찰하면 감나무 잎은 둘레가 매끈하고 느티나무 잎은 둘레가 톱니 모양입니다. 그래서 잎의 둘레 모양을 보고 매끈한 모양과 톱니모양으로 분류하면 됩니다.

(단풍나무 잎과 아카시아 잎의 그림을 칠판에 제시한다.)

단풍나무 잎과 아카시아 잎이 있어요. 잎자루 하나에 달린 잎을 보세요. 차이점은 무엇일까요?

학생 단풍나무 잎자루는 한 장의 잎으로 되어 있고 아카이사 잎자루 하나에는 여러 개의 잎이 있어요.

교사 잘 찾았어요. 한 장의 잎으로 된 홑잎도 있고, 잎자루 하나에 여러 개의 작은 잎이 붙어 있는 겹잎도 있지요.

여기서 잠깐!

잎의 생김새에 따른 식물 분류하기

- 잎의 공통점과 차이점을 생각하면서 분류 기준에 따라 잎을 분류하기
- 잎의 크기에 따라 큰 잎과 작은 잎으로 분류하기
- 잎 전체의 모양에 따라 둥근 모양의 잎과 길쭉한 모양의 잎으로 분류하기
- 잎의 둘레 모양에 따라 매끈한 모양의 잎과 톱니모양의 잎으로 분류하기
- 잎자루 하나에 달린 잎의 수에 따라 홑잎과 겹잎으로 분류하기

[배움 3] 단계에서의 난개념과 교수 처방

난개념 ➔ **잎이 줄기에 달린 모양에 따라 식물 분류하기**

① 잎이 줄기에 달린 모양을 관찰할 수는 있으나, 잎이 줄기에 달린 순서를 비교하지 못한다.

② 잎이 줄기에 달린 모양에 따라 이름을 붙이지 못해서 분류하는 데 어려워한다.

그림 ➔ 잎차례(마주나기잎, 어긋나기잎, 돌려나기잎, 무리지어나기잎)의 그림을 각각 제시하여 보면서 잎이 줄기에 달린 순서를 비교하면서 이름을 붙인다.

수용하기 연결하기 ➔ 잎차례(마주나기잎, 어긋나기잎, 돌려나기잎, 무리지어나기잎)의 그림을 보여 주면서 잎이 줄기에 어떤 순서로 달려 있는지를 생각하면서 잎차례의 이름을 붙이도록 도와준다.

교사 잎은 식물의 어떤 부분에 달려 있나요?

학생 줄기

교사 그럼, 잎은 줄기에 달린 모양이 같을까요?

학생 달라요.

교사 식물에 따라 잎이 줄기에 달린 모양이 어떻게 다른지 관찰하고 분류해 봐요. 먼저 잎이 줄기에 달린 모양이 어떤 것들이 있는지 알아봅시다.

(마주나기잎, 어긋나기잎, 돌려나기잎, 무리지어나기잎의 그림을 칠판에 제시한다.)

여기에 네 가지 식물의 잎이 줄기에 달린 모양이 달라요. 잎이 줄기에 달린 순서를 비교하면서 이름을 어떻게 붙이면 좋을지 생각해 봐요.

먼저 개나리는 줄기에 잎이 어떤 순서로 달려 있나요?

학생 잎이 나란하게 마주 보고 있어요.

교사 그렇죠. 잎이 마주 보고 있다고 해서 마주나기잎이라고 해요.

그럼, 참나리는 줄기에 잎이 어떻게 붙어 있나요?

학생 잎이 한 장씩 번갈아 가며 어긋나 있어요.

교사 이와 같이 잎이 어긋나게 붙어 있어서 어긋나기잎이라고 해요.

잔대는 줄기에 잎이 어떤 모양으로 나 있나요?

학생 여러 장의 잎이 돌아가며 붙어 있어요.

교사 그래요. 줄기의 같은 높이에 잎이 여러 장 돌아가며 나있어서 돌려나기잎이라고 해요.

은행나무는 줄기에 잎이 어떻게 붙어 있나요?

학생 여러 장의 잎이 뭉쳐 있어요.

교사 그래서 무리지어나기잎이라고 해요.

과학과

[배움 3] 단계에서의 오개념과 교수 처방

난개념 ➔ **잎이 줄기에 달린 모양에 따라 식물 분류하기**

① 잎이 줄기에 달린 모양 중에서 돌려나기잎과 마주나기잎을 혼동하거나 구분하지 못한다.

그림, 정의 관찰, 발표 ➔ 마주나기잎과 돌려나기잎의 그림을 동시에 제시하여 보면서 잎이 줄기의 같은 높이에 마주나기잎은 2장, 돌려나기잎은 4장이 붙어 있음을 설명한다.

격려하기 개발하기 ➔ 마주나기잎과 돌려나기잎의 그림을 보여 주면서 잎이 줄기에 몇 장이 붙어 있는지를 생각하면서 잎차례의 이름을 붙이도록 도와 준다.

교사 (마주나기잎과 돌려나기잎의 그림을 칠판에 제시한다.)

돌려나기잎과 마주나기잎을 구분할 수 있나요? 혼동하거나 잘 구분하지 못하는 경우가 있어요.

돌려나기잎과 마주나기잎의 차이점을 생각해 봐요.

돌려나기잎과 마주나기잎을 구분할 수 있는 차이점은 무엇일까요?

학생 마주나기잎은 2장으로 되어 있고 돌려나기잎은 4장으로 되어 있어요.

교사 그래요. 줄기의 같은 높이에 잎이 2장인 것은 마주나기잎이라고 하고 3장 이상인 것은 돌려나기잎이라고 합니다.

그러면 모둠별로 준비된 자료를 가지고 잎이 줄기에 달린 모양을 관찰하고 분류해 봅시다.

학생 (모둠별로 잎이 줄기에 달린 모양을 관찰하면서 돌려나기잎, 마주나기잎, 어긋나기잎, 무리지어나기잎으로 분류하여 모둠 활동판에 붙인다.)

교사 선생님을 보세요. 짝! 짝! 짝! 모둠별로 활동이 끝났군요. 관찰하고 분류한 내용을 발표해 보도록 해요.

학생 (잎이 줄기에 달린 모양에 따라 분류한 내용을 모둠별로 발표한다.)

교사 발표를 참 잘했어요. 발표한 내용과 다르거나 추가로 이야기할 모둠이 있나요? (없으면 교사가 적절하게 코멘트한다.)

여기서 잠깐!

선개념, 난개념, 오개념에 대한 교수 처방으로 추가할 내용이 있다면 적어 보세요.

06

지도 유의점

이 학습 내용을 지도할 때 고려해야 할 유의점은 무엇인가?

본시 학습의 내용은 잎의 생김새를 관찰하고 그 특징에 따라 식물을 분류하는 공부입니다. 이런 학습 내용을 지도하고자 할 때 유의해야 할 점이 있습니다. 식물의 잎을 어떻게 준비해야 하며 준비하지 못했을 경우에는 어떻게 대체 활동을 할 것인지 그리고 식물의 잎을 관찰하고 분류하면서 어디에 중점을 두어야 하는지를 염두에 두어야 합니다.

잎의 생김새와 특징을 관찰하고 분류하기

생활 주변에서 많은 종류의 식물을 볼 수 있지만, 그 다양한 식물의 잎에 대해 관심을 가지고 관찰하지 못하고 무관심하게 지나치는 경우가 많습니다. 따라서 학생들에게 생활 주변에서 식물의 잎을 미리 채집하여 교실에서 관찰할 수 있도록 안내하고 교사도 다양한 잎을 수집해야 합니다. 그리고 준비한 잎의 식물 이름을 알 수 있으면 좋지만 잎을 관찰하고 생김새에 따라 식물을 분류하는 활동을 하면서 학생들이 수집한 잎의 식물 이름을 모르는 경우가 있을 수 있으며, 잎의 생김새를 보고 식물의 이름을 알아보기보다는 다양한 식물의 잎의 생김새를 관찰하고 분류하는 데 중점을 두어야 합니다.

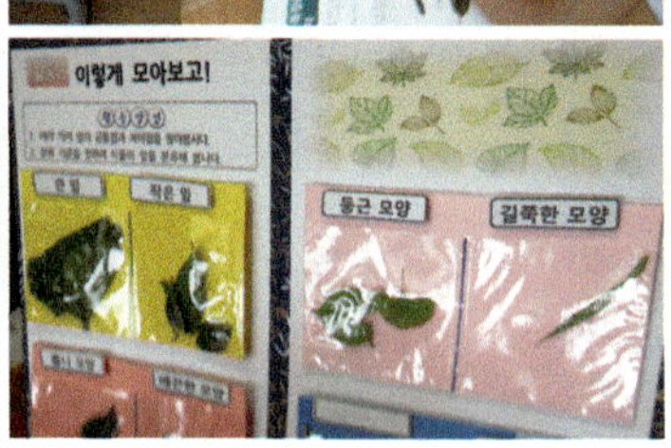

여기서 잠깐!

식물의 잎을 채집하지 못한 경우 대안적 활동

생활 주변의 다양한 식물의 잎을 준비하지 못했을 경우에는 '실험 관찰' 부록에 제시한 식물 카드를 활용하여 카드 속의 식물이 가지고 있는 잎의 생김새를 알아맞혀 보게 하는 활동을 할 수 있다. 그리고 식물 카드를 이용하여 잎의 생김새가 비슷한 식물을 찾아 분류해 보는 활동을 할 수 있다.

또한 다양한 식물의 잎을 복사한 종이 자료를 활용하여 잎의 생김새를 관찰하고 분류하는 활동을 할 수도 있다. 학교와 지역 여건에 따라 여러 가지 대안적인 활동을 전개하면 된다.

식물은 모두 잎이 있나요?

식물은 잎에서 광합성으로 자라게 됩니다. 그러나 다른 식물로부터 양분을 빼앗아 살아가는 일부 기생 식물들은 잎이 거의 퇴화되기도 합니다.

여기서 잠깐!

식물은 모두 잎이 있나요?

식물은 물과 이산화탄소를 이용하여 스스로 양분을 만들어 살아간다. 양분을 만들기 위해서는 물과 이산화탄소 외에 햇빛이 필요하다. 식물의 이러한 작용을 광합성이라고 한다. 광합성이 일어나는 장소는 잎이며, 잎 속의 엽록체에 있는 엽록소가 광합성을 담당한다. 그러므로 식물에서 잎은 양분을 만들어 내는 무엇보다도 중요한 부분으로서 잎의 크기나 배열 등이 햇빛을 많이 받는 구조를 가지려고 한다.

그러나 다른 식물로부터 양분을 빼앗아 살아가는 일부 기생 식물들은 스스로 양분을 만들 필요가 없으므로 잎이 거의 퇴화되기도 하였다. 새삼은 나무에 기생하는 덩굴 식물로, 씨는 땅 위에서 싹이 트지만 다른 식물에 달라붙으면 뿌리가 없어지고 가느다란 줄기만 계속 자란다. 잎은 비늘모양이고 매우 작아 거의 없는 것처럼 보인다.

07

학생 평가

이 학습 내용에 대한 학생들의 이해도나 어려움을 평가하는 방법은 무엇인가?

본시 학습의 내용은 4학년 2학기 1단원 '식물의 세계'의 3차시 잎의 생김새를 관찰하고 그 특징에 따라 식물을 분류하는 공부입니다. 따라서 본시 학습 내용에 대한 학생들의 학습 이해도를 확인하려면 잎의 생김새를 관찰하고 분류했는지를 확인해야 합니다. 일반적으로 학습 이해도의 확인을 정리 단계에서 형성평가를 통해 실시하는 경우가 많으나, 학습 이해도에 따른 교사의 처방을 강화하기 위해서는 정리 단계의 형성평가 이외에도 전개 단계에서 과정 중심의 평가가 필요합니다. 이에 따라 본시에 학생들이 도달해야 할 성취 기준과 평가 기준을 정하고 활동지, 관찰, 산출물로 평가합니다. 수업 과정에서 학생들이 잎의 생김새를 잘 관찰할 수 있는지, 관찰한 것을 기준에 따라 분류할 수 있는지를 다양한 방법으로 확인함으로써 학생들의 학업 성취도를 판단하고 적절한 피드백을 할 수 있는 자료로도 활용합니다.

대영역	생명	중영역	44. 식물의 세계	소영역	식물의 생김새와 특징

성취 기준	44(가)-2. 잎의 생김새를 관찰하고 그 특징에 따라 식물을 분류할 수 있다.		
평가 기준	상	잎의 생김새를 자세하게 관찰하고 여러 가지 분류 기준을 세워 그 특징에 따라 식물을 분류할 수 있다.	
	중	잎의 생김새를 관찰하고 분류 기준을 세워 식물을 분류할 수 있다.	
	하	잎의 생김새를 관찰하고 식물을 분류할 수 있다.	
평가 영역	평가 관점	평가 시기	평가 방법
지식 탐구 태도	잎의 생김새와 특징을 알고 있는가?	전개/정리	질문
	잎의 생김새를 관찰하고 분류할 수 있는가?	전개	관찰, 포트폴리오
	학습에 대한 흥미와 호기심을 가지고 적극 참여하는가?	전단계	관찰, 자기평가

여기서 잠깐!

학업 성취도 확인 방법

본시에 학생들이 도달해야 할 성취 기준을 정하고 다양한 방법으로 도달 정도를 확인할 수 있다. 지식 영역인 '잎의 생김새와 특징을 알고 있는가?'는 정리 단계에서 ppt 자료를 활용하여 확인하면 된다. 탐구 영역인 '잎의 생김새를 관찰하고 분류할 수 있는가?'는 전개 단계에서 개인별 활동지와 공책, 모둠 학습판 내용으로 확인할 수 있다. 태도 영역인 '학습에 대한 흥미와 호기심을 가지고 적극 참여하는가?'는 공책을 활용한 자기평가 방법으로 실시하면 됩니다.

평가 기준	상	잎의 생김새를 자세하게 관찰하고 여러 가지 분류 기준을 세워 그 특징에 따라 식물을 분류할 수 있다.

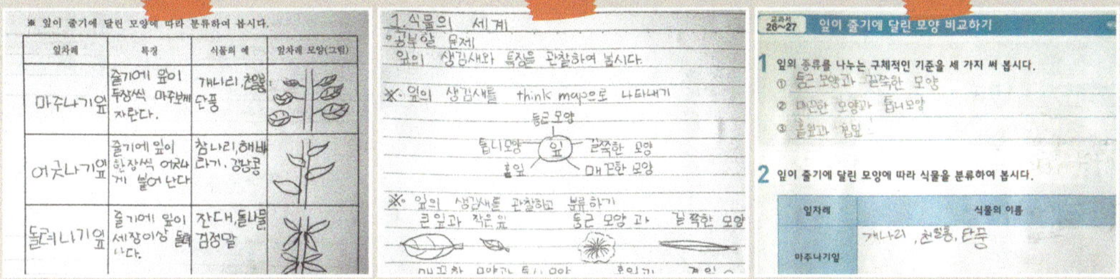

평가 기준	중	잎의 생김새를 관찰하고 분류 기준을 세워 식물을 분류할 수 있다.

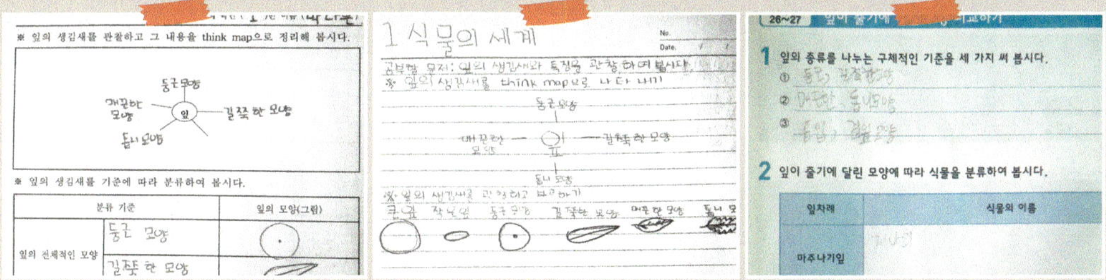

평가 기준	하	잎의 생김새를 관찰하고 식물을 분류할 수 있다.

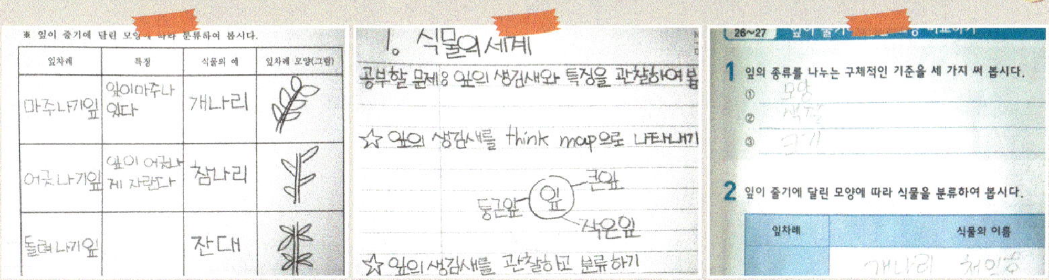

PCK 본시 교수 · 학습 과정안

과학 4-2-1 **식물의 세계(3/10)**

과학과 PCK 수업 설계

학습 내용

- **교과:** 과학
- **학년–학기:** 4–2
- **단원:** 1. 식물의 세계
- **차시:** 3/11
- **주제:** 잎의 생김새와 특징 관찰하기

학습 필요

- 잎의 생김새를 관찰하고 비교하여 그 특징에 따라 분류해봄으로써 식물에 따라 잎의 생김새가 다양함을 알게 하고, 생활 주변의 식물에 때한 관심을 가지고 관찰하려는 태도를 기르고자 함

교수 처방

〈배움 전략〉

□ 설명 – 비유
□ 설명 – 예시
■ 설명 – 그림
■ 설명 – 정의
■ 설명 – 실물
□ 설명 – 비교
□ 설명 – 대조
■ 시범 ■ 관찰
□ 서사 ■ 탐구
■ 발문 □ 추론
■ 단서 □ 조작
□ 연습 □ 요약
□ 과제 □ 메모
■ 매체 ■ 발표

〈배움 원리〉

□ 공감 – 신뢰
■ 공감 – 수용
■ 공감 – 존중
■ 공감 – 격려
□ 공감 – 표현
■ 지원 – 개발
■ 지원 – 도전
□ 지원 – 참여
■ 지원 – 연결
□ 지원 – 반성

학생 평가

- 잎의 생김새와 특징에 따라 식물 분류하기
- 질문, 관찰, 자기평가 포트폴리오
- 공책, 활동지, 모둠 활동판, PPT

학습 흐름

1. **잎의 생김새 관찰하기**
   - 잎의 생김새를 관찰하는 방법을 알아보고 관찰하기
2. **잎의 생김새에 따라 분류하기**
   - 잎의 생김새를 분류 기준에 따라 분류하기
3. **잎이 줄기에 달린 모양으로 분류하기**
   - 잎이 줄기에 달린 모양에 따라 분류하기

학생 진단

- **선개념**
  식물을 이루는 부분을 알고, 잎을 관찰하는 방법 알기
- **난개념**
  잎의 생김새에 따른 분류 기준과 잎이 줄기에 달린 모양에 따른 분류 기준을 정하기 어려움
- **오개념**
  돌려나기잎과 마주나기잎을 구분하지 못함

학생 배움중심의 수업 설계 개요

교과	과학(4-2)	단원(차시)	1. 식물의 세계(3/10)
학습 목표	잎의 생김새를 관찰하고 그 특징에 따라 식물을 분류할 수 있다.		

단계	학습 과정 (학습 집단)	교수 · 학습 활동	배움중심 PCK 전략			자료(★) 및 유의점(※)
			배움 주춤	배움 전략	배움 원리	
탐색 및 문제 파악(6′)	선수 학습 상기(전체)	• **선수 학습 주요 내용 떠올리기** – 식물을 이루는 부분에 대해 알아보기	선개념	실물 발문	연결 연결	★봉숭아 (실물)
자료 제시 및 탐색(5′)	배움1 잎의 생김새 관찰하기 (전체 및 개인)	• **잎의 생김새를 관찰하는 방법 알아보기** – 잎을 관찰해 본 경험 이야기하기 – 잎을 관찰하는 방법 알아보기	선개념	발문 그림 단서	수용 연결 격려	★연꽃 잎 그림, 식물의 잎(실물)
자료 제시 및 탐색 (10′)	배움2 잎의 생김새에 따라 분류하기 (전체 및 모둠)	• **잎의 생김새를 분류 기준에 따라 분류하기** – 잎의 공통점과 차이점을 찾아보고 분류 기준 알아보기 – 분류 기준에 따라 식물의 잎을 분류하기	난개념	그림 시범 관찰	수용 연결 도전	★여러 가지 잎의 그림 및 실물
추가자료 제시 및 탐색 (12′)	배움3 잎이 줄기에 달린 모양으로 분류하기 (전체 및 개인)	• **잎이 줄기에 달린 모양에 따라 식물 분류하기** – 잎이 줄기에 달린 모양 관찰하기 – 분류 기준 정하기 – 잎이 줄기에 달린 모양에 따라 분류하기	난개념 오개념	발문 그림 그림 정의 관찰 발표	수용 연결 격려 개발 도전 표현	★잎차례 그림, 식물의 잎(실물)
적용 및 응용 (7′)	형성평가 정리 및 예고	• **PPT 자료를 활용하여 학습한 내용 평가하기** • **학습 내용 정리하기** • **차시 학습 내용 안내하기**		매체 발문	반성 존중	

학생 배움중심의 교수·학습 과정안(약안)

교과	과학(4-2)	단원(차시)	1. 식물의 세계(3/10)
학습 목표	잎의 생김새를 관찰하고 그 특징에 따라 식물을 분류할 수 있다.		

학습 과정 (학습 집단)	교수·학습 활동	배움중심 PCK 전략			자료(★) 및 유의점(※)
		배움 주출	배움 전략	배움 원리	
학습 분위기 조성 (전체) 선수 학습 상기 (전체)	**• 학습 준비 및 마음 열기** – 본 차시와 관련되면서 수업 분위기를 조성할 수 있는 '식물송'을 부르며 공부할 준비하기 **• 선수 학습 주요 내용 떠올리기** – 식물을 이루는 부분에 대해 알아보기	선개념	실물 발문	연결 연결 수용	※ 허용적인 분위기 속에서 학습할 수 있도록 유도한다. ※ 선개념에 대한 진단 및 처방으로 출발점 행동을 고른다. ★ 봉숭아(실물)

선개념 **선개념 형성 정도를 파악하기 위한 활동 – 실물, 발문**

학교 주변에서 많이 볼 수 있는 봉숭아를 보여 주면서 식물을 이루는 부분을 알고 있는지를 확인하고 식물의 잎부분을 정확하게 인지하도록 하여 이번 시간에 학습할 내용과 자연스럽게 연결하도록 한다. 배움중심 수업에서 되돌리기는 교사만이 할 수 있는 것으로 교사는 학생들의 앎을 수시로 확인하여 되돌리기하여 재지도할 수 있도록 계획해야 한다.

학습 과정 (학습 집단)	교수·학습 활동	배움중심 PCK 전략			자료(★) 및 유의점(※)
		배움 주출	배움 전략	배움 원리	
동기 유발 (전체)	**• 동기 유발 자료 제시하기** – 동기 유발 자료를 제시하여 과학적 탐구심과 호기심을 불러일으키기			수용 연결	★ 모자, 가방 ※ 학습 내용과 관련된 소재로 흥미와 호기심 및 과학적 탐구심을 유발한다.

학습 과정 (학습 집단)	교수 · 학습 활동	배움중심 PCK 전략			자료(★) 및 유의점(※)
		배움 주춤	배움 전략	배움 원리	
공부할 문제 확인 (전체)	• **공부할 문제 찾기** – 공부할 문제를 생각 공책에 쓰기 **공부할 문제** 잎의 생김새를 관찰하고 기준에 따라 분류해 봅시다.		유추	신뢰	※ 공부할 문제를 명확히 인지시켜 도달점 행동을 분명히 한다.
공부할 순서 안내 (전체)	• **공부할 순서 안내하기** – 공부할 내용을 생각해 보고 발표하기 **공부할 순서** 배움1 잎의 생김새 관찰하기 배움2 잎의 생김새에 따라 분류하기 배움3 잎이 줄기에 달린 모양으로 분류하기		발문 단서	수용 격려	※ 공부할 순서는 학생이 발표한 내용을 바탕으로 하여 정하고 학습활동 전체의 흐름과 중점 내용을 확실히 이해할 수 있도록 명확하고 자세하게 안내한다.
배움1 잎의 생김새 관찰하기 (전체 및 개인)	• **잎의 생김새를 관찰하는 방법 알아보기** – 잎을 관찰해 본 경험 이야기하기 – 잎을 관찰하는 방법 알아보기	선개념	발문 그림 단서	수용 연결 격려	★ 연꽃 잎 그림, 식물의 잎, 돋보기
	• **잎의 생김새 관찰하기** – 잎을 관찰하여 생각 공책에 think map으로 정리하기 • **관찰 결과 발표하기** – 다양한 모양의 잎을 관찰한 결과 발표하기		연습	도전 표현 수용 격려	※ 관찰, 의사소통, 일반화의 탐구과정을 거치게 하며, think map으로 창의적인 생각을 유도한다.
	– 발표한 관찰 결과들이 적절한지, 보완할 부분이 있는지 파악하기 – 잎을 관찰하는 방법에 따라 관찰하였는지 확인하기		발문	반성	※ 학생들이 관찰한 결과를 수용하고 자유롭게 발표시킨다.

선개념 **개념 지도를 위한 선개념 활용을 위한 활동 – 그림, 단서, 발문**

학교의 연못에서 볼 수 있는 연꽃 잎의 그림을 보면서 잎을 관찰하는 방법을 찾을 수 있는지 확인해야 한다. 그리고 오감 중에서 시각을 주로 이용해야 하는 이유를 알도록 단서를 제공하여 잎을 관찰하는 데 어려움이 없도록 한다.

학습 과정 (학습 집단)	교수 · 학습 활동	배움중심 PCK 전략			자료(★) 및 유의점(※)
		배움 주춤	배움 전략	배움 원리	
배움2 잎의 생김새에 따라 분류하기 (전체 및 개인)	**• 잎의 생김새를 분류 기준에 따라 분류하기** – 어떤 방법으로 분류할 수 있는지 알아보기 – 잎의 공통점과 차이점을 찾아보고 분류 기준 알아보기 – 분류 기준에 따라 식물의 잎을 분류하기 – 관찰한 식물의 잎을 모둠판에 분류 기준에 따라 붙이기	난개념	발문 그림 시범 관찰	수용 신뢰 연결 도전 개발	★ 식물의 잎 (실물, 그림)
	• 분류한 내용 발표하기 – 분류 기준에 따라 식물의 잎을 분류한 내용을 발표하기 ⭘ 큰 잎과 작은 잎 ⭘ 둥근 모양과 길쭉한 모양 ⭘ 둘레가 매끈한 잎과 둘레가 뾰족한 잎 ⭘ 홑잎과 겹잎		발표	표현 격려	※ 학생들의 다양한 생각을 수용하여 사고력 신장에 힘쓴다.

난개념 **난개념 지도를 위한 활동 – 그림, 시범**

다양한 식물의 잎의 생김새를 분류하기 위한 기준을 찾는 데 어려움을 느낀다. 그래서 연꽃, 강아지풀, 감나무, 느티나무, 단풍나무, 아카시아 잎의 그림을 각각 제시하여 보면서 잎의 생김새에 따른 식물의 분류 기준을 찾도록 한다. 그런 다음에 다양한 식물의 잎을 관찰하면서 식물을 분류할 수 있도록 안내한다.

학습 과정 (학습 집단)	교수 · 학습 활동	배움중심 PCK 전략			자료(★) 및 유의점(※)
		배움 주춤	배움 전략	배움 원리	
배움3 잎이 줄기에 달린 모양으로 분류하기 (전체 및 개인)	**• 잎이 줄기에 달린 모양에 따라 식물 분류하기** – 잎이 줄기에 달린 모양 관찰하기 – 분류 기준 정하기 – 잎이 줄기에 달린 모양에 따라 분류하기 **• 분류한 내용 발표하기** – 잎이 줄기에 달린 모양에 따라 분류한 내용을 발표하기 ⭘ 마주나기잎(개나리) ⭘ 어긋나기잎(강낭콩) ⭘ 돌려나기잎(잔대) ⭘ 무리지어나기잎(은행나무, 소나무)	난개념 오개념	발문 그림 그림 정의 관찰 발표	수용 연결 격려 개발 도전 표현	★ 잎차례 그림, 식물의 잎(실물) ※ 잎차례를 예시자료를 활용한 의사소통을 통해 찾을 수 있도록 유도한다.

난개념 **난개념 지도를 위한 활동 – 그림, 발문**

잎이 줄기에 달린 모양을 관찰할 수는 있으나, 어떻게 분류해야 하는지 어려워할 수 있다. 그래서 그림을 제시하여 잎이 줄기에 달린 순서를 비교하여 분류하도록 유도하고 잎이 줄기에 달린 모양에 따라 이름을 붙일 수 있도록 지도한다.

오개념 **오개념 지도를 위한 활동 – 그림, 정의**

잎이 줄기에 달린 모양 중에서 돌려나기잎과 마주나기잎을 혼동하거나 구분하지 못하는 경우가 있다. 그래서 마주나기잎과 돌려나기잎의 그림을 동시에 제시하여 보면서 잎이 줄기의 같은 높이에 마주나기잎은 2장, 돌려나기잎은 4장이 붙어 있음을 발견하도록 지원한다.

학습 과정 (학습 집단)	교수 · 학습 활동	배움중심 PCK 전략			자료(★) 및 유의점(※)
		배움 주출	배움 전략	배움 원리	
형성평가 (전체)	• **형성평가 실시하기** – 프레젠테이션 자료를 활용하여 중요 학습 내용을 퀴즈 형식으로 평가하기		매체	반성 신뢰	★PPT ※학생들의 학습 도달도를 확인하고 피드백을 제공한다.
학습 내용 정리 (전체)	• **학습 내용 정리하기** – 동기 유발 문제를 해결하기 – 실생활에서 잎이 사용되는 예를 알아보기 – PMI 기법으로 좋았던 점, 아쉬운 점, 흥미로웠던 점을 이야기하기		발문	표현 존중 연결	
차시 예고 (전체)	• **차시 학습 내용 알기** – 다음 시간에 배울 내용과 관련된 프레젠테이션 자료를 보여주기		매체	연결	★PPT ※다음 시간에 대한 기대감을 가질 수 있도록 한다.

학생 배움중심의 교수 · 학습 과정안(세안)

교과	과학	대상	4학년 ○반	지도교사	○○○	장소	과학실
단원	1-(1) 식물의 생김새			차시	3/10	교과서	교: 26~27쪽 실: 9~10쪽
학습 주제	잎의 생김새와 특징 관찰하기						
학습 목표	잎의 생김새를 관찰하고 그 특징에 따라 식물을 분류할 수 있다.						
지도 중점	본 차시 수업은 생활 주변에서 볼 수 있는 잎의 생김새를 관찰해 보고 비교하여 그 특징에 따라 분류해 보는 활동을 전개하고자 설계하였으며, 학생 진단을 통해 예상되는 오개념과 난개념에 대한 다양한 교수 처방을 제시하여 학생 배움이 잘 일어나도록 지도한다.						
교수·학습 자료	교사	여러 가지 잎, 돋보기, 프레젠테이션 자료					
	학생	관찰 학습지, 모둠판					
학습 조직	전체 ➡ 모둠 ➡ 개별 ➡ 모둠 ➡ 전체						

도입(6')

학습 과정 (학습 집단)	교수 · 학습 활동	배움중심 PCK 전략			자료(★) 및 유의점(※)
		배움 주춤	배움 전략	배움 원리	
학습 분위기 조성 (전체) 선수 학습 상기 (전체)	• **학습 준비 및 마음 열기** – 본 차시와 관련되면서 수업 분위기를 조성할 수 있는 '식물송'을 부르며 공부할 준비하기 • **선수 학습 주요 내용 떠올리기** – 식물을 이루는 부분에 대해 알아보기	선개념	실물 발문	연결 연결 수용	※ 허용적인 분위기 속에서 학습할 수 있도록 유도한다. ※ 선개념에 대한 진단 및 처방으로 출발점 행동을 고른다. ★ 봉숭아(실물)

선개념 **생활 주변에서 쉽게 볼 수 있는 식물의 실물을 보여 주면서 식물을 이루는 부분에 대해 알아보기**

T 선생님이 우리 학교 화단에 있는 식물을 가지고 왔어요. 잘 보이나요? 식물의 이름은 무엇인가요?

S 봉숭아입니다.

T 이 봉숭아의 몸은 어떻게 구성되어 있나요?

S 뿌리, 줄기, 잎으로 이루어져 있어요.

T 그리고 꽃이 피고 열매를 맺기도 합니다.

도입(6')

학습 과정 (학습 집단)	교수 · 학습 활동	배움중심 PCK 전략			자료(★) 및 유의점(※)
		배움 주출	배움 전략	배움 원리	
동기 유발 (전체)	• **동기 유발 자료 제시하기** – 동기 유발 자료를 제시하여 과학적 탐구심과 호기심을 불러일으키기 **선생님! 어디 가세요?** • 기침을 하는 학생 • 모자와 가방을 챙기시는 선생님 • "선생님 어디 가세요?" • "기침에 좋은 약초 찾으러 간단다." • "약초를 어떻게 찾아요?" • "그 약초는 잎 모양이 작은 타원형이고, 가장자리가 톱니모양으로 되어 있으며 줄기에 어긋나기로 달려 있지."			수용 연결	※ 교사의 적극적인 표정, 몸짓으로 활기찬 수업 분위기를 유도한다. ★ 모자, 가방 ※ 학습 내용과 관련된 소재로 흥미와 호기심 및 과학적 탐구심을 유발한다.
공부할 문제 확인 (전체)	• **공부할 문제 찾기** – 공부할 문제를 생각 공책에 쓰기 **공부할 문제** 잎의 생김새를 관찰하고 기준에 따라 분류해 봅시다.		유추	신뢰	※ 공부할 문제를 명확히 인지시켜 도달점 행동을 분명히 한다.
공부할 순서 안내 (전체)	• **공부할 순서 안내하기** – 공부할 내용을 생각해 보고 발표하기 **공부할 순서** 배움1 잎의 생김새 관찰하기 배움2 잎의 생김새에 따라 분류하기 배움3 잎이 줄기에 달린 모양으로 분류하기		발문 단서	수용 격려	※ 공부할 순서는 학생이 발표한 내용을 바탕으로 하여 정하고 학습활동 전체의 흐름과 중점 내용을 확실히 이해할 수 있도록 명확하고 자세하게 안내한다.

전개(27')

학습 과정 (학습 집단)	교수 · 학습 활동	배움중심 PCK 전략			자료(★) 및 유의점(※)
		배움 주춤	배움 전략	배움 원리	
배움1 잎의 생김새 관찰하기 (전체 및 개인)	• **잎의 생김새를 관찰하는 방법 알아보기** – 잎을 관찰해 본 경험 이야기하기 – 잎을 관찰하는 방법 알아보기 ✪ 오감 중에서 시각과 촉각을 주로 이용 ✪ 전체 →부분	선개념	발문 그림 단서	수용 연결 격려	★ 연꽃 잎 그림, 식물의 잎, 돋보기
	• **잎의 생김새 관찰하기** – 잎을 관찰하여 생각 공책에 think map으로 정리하기 • **관찰 결과 발표하기** – 다양한 모양의 잎을 관찰한 결과 발표하기		연습	도전 표현 수용 격려	※ 관찰, 의사소통, 일반화의 탐구과정을 거치게 하며, think map으로 창의적인 생각을 유도한다.
	– 발표한 관찰 결과들이 적절한지, 보완할 부분이 있는지 파악하기 – 잎을 관찰하는 방법에 따라 관찰하였는지 확인하기		발문	반성	※ 학생들이 관찰한 결과를 수용하고 자유롭게 발표시킨다.

선개념

T 여러분, 우리 주변에 식물들이 많죠. 어떤 식물들이 있나요?

S 향나무, 강아지풀, 호박, 소나무, 봉숭아 등

T 이런 식물들의 잎을 관찰할 때에는 어떻게 하면 좋을지 생각해 봐요.

봉숭아나무 잎의 그림을 칠판에 제시하기

T 여기, 봉숭아나무 잎이 있어요. 잎을 어떻게 관찰하면 될까요?

S 눈으로 보거나 냄새를 맡을 수도 있어요. 손으로 만져 볼 수도 있어요.

T 잎을 관찰할 때에는 오감 중에서 시각과 촉각을 이용하고 잎의 전체를 관찰하고 나서 부분을 관찰하는 것이 좋아요. 그리고 잎에는 독이 있을 수 있기 때문에 맛을 보면 위험할 수가 있어요.

전개(27')

학습 과정 (학습 집단)	교수 · 학습 활동	배움중심 PCK 전략			자료(★) 및 유의점(※)
		배움 주춤	배움 전략	배움 원리	
배움2 잎의 생김새에 따라 분류하기 (전체 및 개인)	• **잎의 생김새를 분류 기준에 따라 분류하기** – 어떤 방법으로 분류할 수 있는지 알아보기 – 잎의 공통점과 차이점을 찾아보고 분류 기준 알아보기 – 분류 기준에 따라 식물의 잎을 분류하기 – 관찰한 식물의 잎을 모둠판에 분류 기준에 따라 붙이기	난개념	발문 그림 시범 관찰	수용 신뢰 연결 도전 개발	★ 식물의 잎 (실물, 그림)
	• **분류한 내용 발표하기** – 분류 기준에 따라 식물의 잎을 분류한 내용을 발표하기 ○ 큰 잎과 작은 잎 ○ 둥근 모양과 길쭉한 모양 ○ 둘레가 매끈한 잎과 둘레가 뾰족한 잎 ○ 홑잎과 겹잎		발표	표현 격려	※ 학생들의 다양한 생각을 수용하여 사고력 신장에 힘쓴다.

난개념

T 여러 가지 잎의 생김새를 관찰해 보았어요. 관찰한 잎의 모양은 어떠했나요?

S 다양했어요.

T 응, 맞아요. 이런 다양한 모양의 잎을 분류해 보도록 해요.
그럼, 잎을 분류하려면 뭐가 있어야 할까요?

S 기준입니다.

T 잎을 분류하는 기준에는 어떤 것들이 있나요?

T 기준을 찾기 힘들면 잎들의 같은 점과 다른 점이 무엇인지 생각해 봅니다.

S 잎의 크기, 전체 모양, 가장자리의 모양 등

– 봉숭아나무 잎과 아까시나무 잎을 홑잎과 겹잎으로 분류하는 모습을 시범으로 보여 주기
– 잎의 공통점과 차이점을 생각하면서 분류 기준을 정하고 잎을 분류하기
– 잎의 공통점과 차이점을 생각하면서 잎을 나누고 나서 분류 기준을 정하기

전개(27')

학습 과정 (학습 집단)	교수 · 학습 활동	배움중심 PCK 전략			자료(★) 및 유의점(※)
		배움 주춤	배움 전략	배움 원리	
배움3 잎이 줄기에 달린 모양으로 분류하기 (전체 및 개인)	**• 잎이 줄기에 달린 모양에 따라 식물 분류하기** – 잎이 줄기에 달린 모양 관찰하기 – 분류 기준 정하기 – 잎이 줄기에 달린 모양에 따라 분류하기 **• 분류한 내용 발표하기** – 잎이 줄기에 달린 모양에 따라 분류한 내용을 발표하기 ⭘ 마주나기잎(개나리) ⭘ 어긋나기잎(강낭콩) ⭘ 돌려나기잎(잔대) ⭘ 무리지어나기잎(은행나무, 소나무)	난개념 오개념	발문 그림 그림 정의 관찰 발표	수용 연결 격려 개발 도전 표현	★ 잎차례 그림, 식물의 잎(실물) ※ 잎차례를 예시자료를 활용한 의사소통을 통해 찾을 수 있도록 유도한다.

난개념

T 잎은 식물의 어떤 부분에 달려 있나요?

S 줄기요.

T 그럼, 잎은 줄기에 달린 모양이 같을까요?

S 달라요.

T 식물에 따라 잎이 줄기에 달린 모양이 어떻게 다른지 관찰하고 분류해 봐요.

T 먼저 잎이 줄기에 달린 모양에는 어떤 것들이 있는지 알아봅시다.

– 잎차례(어긋나기잎, 마주나기잎, 돌려나기잎, 무리지어나기잎) 그림을 제시하기
– 다양한 잎차례 그림을 보고 학생들이 잎이 줄기에 달린 모양의 이름을 교사와의 의사소통을 통해 붙여 보기

오개념

T 돌려나기잎과 마주나기잎을 구분할 수 있나요? 잘 구분하지 못할 수도 있어요.

T 돌려나기잎과 마주나기잎의 차이점은 무엇일까요?

S 마주나기잎은 2장으로 되어 있고, 돌려나기잎은 3장 이상으로 되어 있어요.

정리(7')

학습 과정 (학습 집단)	교수 · 학습 활동	배움중심 PCK 전략			자료(★) 및 유의점(※)
		배움 주춤	배움 전략	배움 원리	
형성평가 (전체)	• **형성평가 실시하기** – 프레젠테이션 자료를 활용하여 중요 학습 내용을 퀴즈 형식으로 평가하기 **1. 잎의 생김새를 관찰하는 방법을 설명한 것으로 적당하지 않은 것은?** ① 잎의 전체적인 모양을 먼저 관찰한다. ② 잎을 손으로 만져 보면서 감촉이나 두께를 알아본다. ③ 잎의 크기를 관찰하고 맛도 알아본다. ④ 잎의 둘레 모양을 관찰한다. ⑤ 잎의 전체적인 모양을 관찰하고 부분의 모양을 자세히 관찰한다. **2. 다음 중 잎의 모양이 나머지 셋과 다른 것은 어느 것인가?** ① 목련 ② 장미 ③ 벚나무 ④ 연 ⑤ 자주달개비 **3. 다음의 그림을 보고 식물의 잎이 줄기에 달린 모양을 쓰시오.**		매체	반성 신뢰	★PPT ※학생들의 학습 도달도를 확인하고 피드백을 제공한다.
학습 내용 정리 (전체)	• **학습 내용 정리하기** – 동기 유발 문제를 해결하기 – 실생활에서 잎이 사용되는 예를 알아보기 – PMI 기법으로 좋았던 점, 아쉬운 점, 흥미로웠던 점을 이야기하기		발문	표현 존중 연결	
차시 예고 (전체)	• **차시 학습 내용 알기** – 다음 시간에 배울 내용과 관련된 프레젠테이션 자료를 보여주기		매체	연결	★PPT ※다음 시간에 대한 기대감을 가질 수 있도록 한다.

평가 계획

평가 영역	평가 관점	평가 시기	평가 방법
지식 탐구 태도	잎의 생김새와 특징을 알고 있는가?	전개/정리	질문
	잎의 생김새를 관찰하고 분류할 수 있는가?	전개	관찰 포트폴리오
	학습에 대한 흥미와 호기심을 가지고 적극 참여하는가?	전단계	관찰 자기평가

판서 계획

단원 1. 식물의 세계

(1) 식물의 생김새

공부할 문제

잎의 생김새를 관찰하고 기준에 따라 분류해 봅시다.

공부할 순서

① 잎의 생김새 관찰하기

② 잎의 생김새에 따라 분류하기

③ 잎이 줄기에 달린 모양으로 분류하기

잎을 관찰하는 방법(think map)

잎차례 그림 자료

학습장 활용 계획

생각 공책을 활용하여 공부할 문제를 스스로 기록하고, 잎의 생김새를 관찰하고 그 내용을 think map으로 표현하며 잎차례에 따라 분류하는 기준을 정리하게 한다.

평가 내용	자기평가(상, 중, 하)
공부할 문제 찾기	
잎의 생김새를 think map으로 정리하기	
잎차례 쓰기	
학습 활동에 흥미와 호기심을 가지고 적극 참여하였는가?	

활동지

단원(차시)	1. 식물의 세계(3/10)	교과서	과학: 26~27쪽, 실험 관찰: 9~10쪽
학습 주제	잎의 생김새와 특징 관찰하기		

4학년 (　　)반　이름 (　　　　　　　　　　　　)

※ 잎의 생김새를 관찰하고 그 내용을 think map으로 정리해 봅시다.

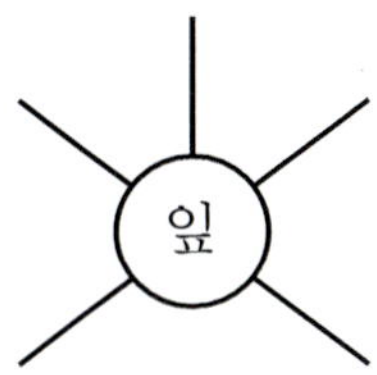

※ 잎의 생김새를 기준에 따라 분류해 봅시다.

분류 기준		잎의 모양(그림)
잎의 전체적인 모양		
잎의 둘레 모양		
잎의 모양(잎의 개수)		

※ 잎이 줄기에 달린 모양에 따라 분류해 봅시다.

잎차례	특징	식물의 예	잎차례 모양(그림)

수업 후기

최연석
산청 신안초등학교 수석교사

학생 배움중심의 과학과 PCK 수업 설계를 하고 실제로 수업에 적용하면서 4학년 학생들의 수준에 맞춘 수업으로 학생들의 배움이 일어났는지에 대해 나 자신의 수업을 되돌아보았다.

4학년 2학기 1단원 '식물의 세계'의 3차시 학습 내용은 잎의 생김새와 특징에 따라 식물을 분류하는 것이었다. 선개념으로 식물의 구성 요소를 확인하면서 식물의 잎을 도입하고 식물을 관찰하는 방법을 확인하면서 잎을 관찰하는 방법을 알 수 있도록 연결해 주었더니 학생들이 잎의 생김새를 관찰하는 데 도움이 되었던 것 같았다. 그리고 잎의 생김새에 따른 식물을 분류할 때에는 분류 기준을 정하지 못하는 학생들을 위해 그림 자료를 통해 분류 기준을 설명했더니 의외로 쉽게 분류하였으나, 분류하기가 애매한 잎들도 있다는 것을 설명할 필요가 있었던 것이 아쉬웠다. 한편 잎이 줄기에 달린 모양에 따라 식물을 분류하기 위한 난개념과 오개념의 처방으로 학생들이 모둠별로 잎을 관찰하고 분류하는 활동을 자기주도적으로 할 수 있었다.

수업을 되돌아보면서 나 자신의 수업 진행 태도와 장단점 그리고 배움이 크게 일어난 학생이 얼마나 있었는지, 배움이 소외된 학생은 없었는지 등을 다시 한 번 마음에 새길 수 있는 기회가 된 것 같다. 앞으로도 학생 배움중심의 수업 설계로 학생들의 배움이 더 욱더 잘 일어나는 수업을 해 보고 싶다.

참고 문헌

강기원(2003). "수업 딜레마에 관한 해석학적 사례 연구"－초등 사회과를 중심으로－, 서울대학교 대학원 박사학위논문.

강기원(2004). "초등 사회과 교실 수업 이해", 『열린교육』, 제12권 2호, 한국열린교육학회, pp.57~58.

강기원(2006). "수업연구 발표대회에 관한 질적 사례 연구", 『사회과 교육』, 제45권 3호, p.242.

강인애(1997). 왜 구성주의인가?: 정보화시대와 학습자 중심의 교육환경. 문음사.

경상남도교육청(2012). 과학과 PCK 중심 수업설계. 경남교육 2012－035.

곽영순(2007). 교육과정 개정에 따른 과학과 내용 교수 지식(PCK) 연구, 한국교육과정평가원 연구보고 RRI－2007－3－3, 한국교육과정평가원.

곽영순(2008). "과학과 교과교육학 지식 유형별 교사 전문성 신장 특징 연구", 『한국과학교육학회지』, 제28권 6호, pp.592~602.

곽영순 · 강호선(2005). 교사평가 수업평가, 도서출판 원미사.

권낙원 역(2001). 교수 방법. 원미사.

김덕희(2006). 학교단위 수업장학 평가 도구 개발, 경북대학교대학원 박사학위논문.

문공주(2009). 교학교사 교수내용지식(PCK)의 구조와 형성 과정 탐색: 근거 이론에 의한 접근, 이화여자대학교 대학원 박사학위 청구 논문.

민현식(2001). "교수 화법론", 『국어 화법과 담화 전략』, 한국화법학회.

박남수(2004). "수업관찰 및 분석방법". 대구대학교 강의자료.

박성혜(2003). "교사들의 과학 교과교육학 지식과 예측 변인", 『한국과학교육학회지』, 제23권 6호, 671~683.

박태호(1996). 사회구성주의 패러다임에 따른 작문 교육 이론 연구, 한국교원대학교 대학원 석사학위 논문.

박태호(2004). "좋은 국어 수업을 위한 수업 대화 전략과 수준", 『어문교육연구』, 제13집, 한국교원대학교 어문교육연구소.

박태호(2009). 초등 국어 수업 관찰과 분석, 정인 출판사.

박태호(2011). "국어 수업에 나타난 PCK 교수 변환 사례", 『학습자중심교과교육연구』, 제11권 제4호, pp.103~121.

박태호(2013). 학생 배움 중심의 PCK 수업 컨설팅. 학생배움중심수업코칭전문가직무연수 자료.

백조현, 박수홍, 강문숙(2010). 스토리텔링기반 수학과 수업설계전략 모형개발: 확률과 통계를 중심으로, 『교육혁신연구』, 제20권 1호, pp.113~141.

변홍규(1996). 질문제시의 기법, 교육과학사.

서근원(2004). 산들초등학교의 교육공동체 형성에 관한 교육인류학적 접근, 서울대학교 대학원 박사학위 논문.

서근원(2007). 수업을 왜 하지, 우리교육.

서근원(2011). "아이의 눈으로 수업보기-교육적 실천으로서의 교육인류학의 수업 이해", 교원능력개발 현장지원 맞춤형 연수, 전라북도교육청.

설양환 · 박태호 외 역(2005). 효과적인 수업 관찰 기법, 아카데미프레스.

양윤정(2007). 교육과정 개정에 따른 미술과 내용 교수 지식 연구(PCK), 연구보고 RRI-2007-3-6, 한국교육과정평가원.

이경은(2007). 수업 실제에 나타나는 교사의 Pedagogical Content Knowledge에 관한 사례 연구: 중학교 도형의 성질을 중심으로, 서울대학교 대학원 석사학위 논문.

이경화(1996). "교수학적 변환론의 이해", 『대한수학교육학회 논문집』, 제6권 1호. 대한수학교육학회, pp.203~212.

이병석 역(1999). 교수 원리와 실제. 서울: 원미사.

이연숙(2006). 교수학적 내용지식(PCK) 및 그 표상(PCKr)의 개념적 정의와 분석 도구 개발: 예비 과학 교사의 '힘과 에너지' 수업 사례를 중심으로, 서울대학교 대학원 교육학 석사학위 논문.

이용숙 · 조영태(1987). 국민학교 수업방법, 배영사.

이주섭 외(2002). "학교 교육 내실화 방안 연구(Ⅱ) 국어과 교육 내실화 방안-좋은 수업 사례에 대한 질적 연구-", 한국교육과정평가원.

이혜순(2006). 상징적 상호작용을 통한 수업문화 연구, 경인교육대학교 교육대학원 석사학위 논문.

이흔정(2009). "교사지식의 교수학적 변환 연구", 『교육의 이론과 실천』, vol. 14. no.1. pp.145~166.

임성규(2008). "좋은 문학 수업의 기준과 요건-문화 현상으로로서의 초등학교 문학 수업", 『한국초등국어교육학회』. vol. 36, pp.389~418.

임찬빈 외(2004). 수업 평가 기준, 한국교육과정평가원, pp.64~65.

장은아(1999). 수업 중 교사 · 학생의 대화 전략, 한양대학교 교육학 석사학위 논문.

장효순(2009). CORE 개발 과정을 통한 과학 교사의 PCK 변화에 관한 사례 연구, 한국교원대학교 대학원 석사학위 논문.

정유정(2010). CORE를 활용한 교육실습 수업지도 과정의 의미 탐색, 한국교원대학교 대학원 석사학위 논문.

정정훈 · 김영천(2005). "초등학교 초임교사의 전문성 발달과 딜레마에 관한 사례 연구", 『열린교육연구』, 제13권 2호, pp.71~100.

조벽(2001). 조벽 교수의 명강의 노하오 & 노와이, 해냄.

최현섭 · 박태호 · 이정숙(2000). 구성주의 작문 교수 · 학습론, 박이정.

한희정(2010). 교육과정의 설계와 실행에 구성된 PCK 분석: 초등 영어 교사 사례를 중심으로, 한국교원대학교 대학원 박사학위 논문.

Abell, S.K.(2007). Research on science teacher knowledge. In S.K. Abell and N.G. Lederman (Eds.), *Handbook of Research on Science Education*. Mahwah, NJ: Lawrence Erlbaum Associates, Publishers.

Andrews, D., Hull, T. E., & DeMeester, K. (2010). *Storytelling as an instructional method: research perspectives*. 정옥년, 김동식 역(2013). 스토리텔링 수업 연구. 강현출판사.

Ball, D., L.(1988). Knowledge and reasoning in mathematical pedagogy : examining what prospective teachers bring to teacher education. Unpublished doctoral dissertation, Michigan State, Michigan State University.

Borich, G., D.(2003). Observation skills for effective teaching, Pearson Education.

Brophy, J., & Good, T.(1986). Teacher behavior and student achievement. in M. C. Wittrock(ed.), *Handbook of research on teaching* (3rd ed), New York: Macmillian, pp.328–375.

Chen,W., & Ennis, C. D.(1995). Content knowledge transformation: An examination of the relationship between content knowledge and curricular. *Journal of Teaching & Teacher Education, 11*, pp.389–401.

Chevallard, Y.(1985). La Transposition Didactique, Grenoble: La Pensee Sauvage.

Clark, H, H., & Schaefer, E. F.(1989). Contributing to discourse. cognitive science, 13, 259–254.

Cochran, K., De, Ruiter., J., & King, R.(1993). Pedagogical content knowing–an integrative model for teacher preparation. *Journal of Teacher Education*, 44(4), 263–272.

Danielson, C., Axtell, D., Bevan, P., Cleland, B., Mckay, C., Phillips, E., Wright, K.(2009). Implementing The Framework for Teaching in Enhancing Professional Practice an ASCD Action Tool, ASCD.

Delaney, K., D.(1997). Understanding social studies for teaching: A sociocultural approach to teacher–interns' learning pedagogical social studies knowledge. Unpublished doctoral dissertation. University of North Carolina.

Duffy, G., Roehler, L., & Herrman, B.(1988). Modeling mental process helps poor readers become strategic readers. The Reading Teacher, 41(8), pp.762–767.

Egan, K.(1990). Educational Development, New York: Oxford University Press.

Fisher., D., & Frey., N.(2008). Better Learning through structured teaching, ASCD.

Florio–Ruane, S., & Lensmire, Timothy, J.(1989). Transforming Future Teachers' Ideas about Writing Instruction P. 28, ERIC Number: ED309440

Gallimore, R., & Tharp, R.(1992). "Teaching Mind in society : Teaching, schooling, and literate discourse" In Moll, L. C(ed), *Vygotsky and education : the instructional implication and applications of sociohistorical psychology*, NY : Cambridge University.

Gess–Newsome, J.(1999). Pedagogical content knowledge: An introduction and orientation. In J. Gess–Newsome and N. G. Lederman (Eds.), *Examining pedagogical content knowledge*. Boston: Kluwer Academic Publisher.

Graeser, A. C., Pearson , N. K., & Magliano, J.P.(1995). Collaborative dialogue patterns in naturalistic one to one tutoring, Applied Cognitive Psychology, 9, pp.359–387.

Grossman, P.(1990). *The Making of a Teacher: Teacher Knowledge and Teacher Education*. New York: Teachers College Press.

Hume, G. D., Evens, M. W., Rovick, A, & Michael, J. A.(1996). Hinting as a tactic in one–on–one, The Journal of Learning Science, 5, pp.23–47.

INTASC(2008). *Interstate New Teacher Assessment and Support Consortium*, 〈*online*〉, *available*, http://www.ccsso.org/intascst.

Lee, E.(2007). Literature review: Pedagogical content knowledge as specialized knowledge for teaching. *Journal of the Korea Association for Research in cience Education*, 27(8), 699–710.

Lee, E., & Luft, J.(2008). Experienced secondary science teachers' representation of pedagogical content knowledge. *International Journal of Science Education*, 30(10), 1343–1363.

Magnusson, S., Krajcik, J., and Borko, H. (1999). Nature,sources,and development of pedagogical content knowledge for science teaching. In J.Gess-Newsome and N. G. Lederman (Eds.), *Examining pedagogical content knowledge*, Boston: Kluwer Academic Publishers.

Marks, R.(1990). Pedagogical content knowledge: From a mathematical case to a modified conception. *Journal of Teacher Education*, 41,3-11.

McArthur, D., Stasz, C., & Zmuidzinas, M.(1990). Tutoring techniques in algebra, cognition and instruction, 7, pp.197-244.

National Board for Professional Teaching Standards.(2001). Five Core proposition, 〔online〕, available: http://www.nbpts.org.

NCATE(1998). *Program standards for elementary teacher preparation(review and comment edition)*, Washington DC : Author.

Park Soonhye(2007). "Teacher efficacy as an affective affiliate of pedagogical content knowledge" 한국과학교육학회지, 제27권 8호, pp.743~754.

Park(2005). A study of PCK of science teachers for gifted secondary students going through the National Boards certification process. unpublished doctoral disseration, University of Georgia, Athens.

Park, S., and Oliver, S.(2008). Revisiting the conceptualization of pedagogical content Knowledge(PCK) : PCK as a conceptual tool to understand teachers as Professionals. *Research in Science Education*, 38(3), pp.261-284.

Roehler, L., & Duffy, G.(1991). Teacher's instructional action. In R. Barr, M Kamil, P. Mosenthal, & P.D.

Rosenshine, B., & Stevens, R.(1986). *Teaching functions*, in M. C. Wittrock(ed.), Handbook of research on teaching(3rd ed), New York: Macmillan, pp.376-391.

Rowe, M., B.(1974). Wait-time and rewards as instructional variables, their influence in language, logic and fate control. Part 1: wait time. J. Res. Sci. Teaching 11, pp.1-94.

Shulman, L., S.(1986). Those who understand: Knowledge Groth in Teaching, Educatonal Researcher, Vol, 15, No. 2, pp. 4-14.

Shulman, L., S.(1987). Knowledge and teaching: Foundations of the new reform. Harvard Educational Review, 57(1), 1-22.

Shulman, L., S.(2004). The wisdom of practice: essay on teaching, learning, learning to teach, Jossey-Bass A Wiley.

William, R., Veal., & James, G., MaKinster. (1999). "Pedagogical content knowledge taxonomies". *Electronic Journal of Science Education*, 3(4). Retrieved February, 26, 2003.

Wilson, S., M.(1988). Understanding historical understanding : Subject matter knowledge and the teaching of U.S. history. Unpublished doctoral dissertation. Stanford University.

Zemelman, S, Daniels, H., & Hyde A.(1998). *Best practice new standard for teaching and learning in America's school(2nd edition)*, NH : Reed Elsevier, Inc.

저자 약력

박태호
한국교원대학교 대학원 박사
한국교육과정평가원 연구원
유타주립대학교 방문 교수
현) 공주교육대학교 교수

문지영
_국어
2001 경남대학교 교육사회 및 행정 전공 박사
2008 경상남도 수업우수인증교사 '수업명사'
2010~현) 경상남도 교육연구정보원 교수학습과정안 개발위원
2011~현) 수업컨설턴트 및 수업관련 직무연수 강사
2012~현) 창의인성수업연구회 '공감대화' 회장
현) 경상남도 김해시 월산초등학교 수석교사

나미경
_수학
2005 경남대학교 교육대학원 평생교육학 석사
2007 경상남도 수업우수인증교사 '수업명사', ' 통영교육청 명품교사' 1호
2010~현) 경상남도 교육연구정보원 교수학습지도안 개발위원
수업관련 직무연수 강사
현) 경상남도 통영시 유영초등학교 수석교사

이옥경
_사회
2008 경남대학교 교육대학원 교육과정 및 수업전공 석사
2007 경상남도 수업우수인증교사 '수업명사'
2011~현) 경상남도 김해교육지원청 수업컨설턴트
2012~현) 경상남도 교육연구정보원 교수학습지도안 개발위원
현) 경상남도 김해시 주석초등학교 수석교사

최연석
_과학
2006 진주교육대학교 교육대학원 초등수학교육 전공 석사
2012~현) 진주교육대학교 초등교육학과 겸임교수
2012~현) 산청교육지원청 수업컨설턴트 및 수업관련 직무연수 강사
현) 경상남도 산청군 신안초등학교 수석교사

포스터 출처

한국방송광고진흥공사 : 83페이지
한국장애인고용공단 : 99페이지

사진 출처

야외생물연구회 : 211, 212, 213, 225, 228, 250페이지

아하! 학생 배움중심의

PCK 수업설계 I

발행일 2015년 1월 7일 초판 발행 | 2016년 1월 15일 2쇄 발행
지은이 박태호, 문지영, 나미경, 이옥경, 최연석 | **삽화** 신윤경 | **발행인** 홍진기 | **발행처** 아카데미프레스
주소 413-756 경기도 파주시 문발동 출판정보산업단지 507-9 | **전화** 031-947-7389 | **팩스** 031-947-7698
이메일 info@academypress.co.kr | **웹사이트** www.academypress.co.kr
출판등록 2003. 6. 18 제406-2011-000131호

ISBN 978-89-97544-57-8 93370

값 18,000원